法治与改革研究

第一卷

主　编　陈金钊
执行主编　黄　涛

山东人民出版社
国家一级出版社　全国百佳图书出版单位

图书在版编目(CIP)数据

法治与改革研究. 第1卷/陈金钊主编. —济南:
山东人民出版社,2015.3
ISBN 978-7-209-08911-1

Ⅰ.①法...　Ⅱ.①陈...　Ⅲ.①社会主义法制-关系-体制改革-中国-文集　Ⅳ.①D920.0-53

中国版本图书馆CIP数据核字(2015)第062099号

责任编辑:李怀德

法治与改革研究(第1卷)
陈金钊　主编

山东出版传媒股份有限公司
山东人民出版社出版发行
社　址:济南市经九路胜利大街39号　邮　编:250001
网　址:http://www.sd-book.com.cn
发行部:(0531)82098027　82098028
新华书店经销
日照报业印刷有限公司印装
规　格　16开　(180mm×250mm)
印　张　16.75
字　数　310千字
版　次　2015年3月第1版
印　次　2015年3月第1次
ISBN 978-7-209-08911-1
定　价　48.00元

如有质量问题,请与印刷厂调换。电话:(0633)8221365

卷首语

寻求法治与改革的和谐

党的十八届四中全会的《决定》开宗明义，“依法治国，是坚持和发展中国特色社会主义的本质要求和重要保障，是实现国家治理体系和治理能力现代化的必然要求，事关我们党执政兴国，事关人民幸福安康，事关党和国家的长治久安”。由是，改革与法治是关乎中华民族繁荣与兴盛之未来的重大实践命题。

改革是任何想要不断谋求发展，谋求实现善治的国家的永恒主题，法治则是衡量一国政治生活是否走向文明的基本尺度。改革与法治的关系是当今世界转型国家共同面临的基本命题。当代政治家们清醒意识到，倘若不通过法治思维和法治方式推进改革，改革成果将无法确保，并且，今日谋求之改革，也应是将法治之基本精神融入其中的改革。法治之于改革，既是手段，也是目的。

回顾历史，古今中外的优秀政治家皆懂得运用法律推动政治转型与发展。历史上所谓变法改制者，皆发生在政治转型时期，昔有梭伦变法，解放奴隶，为后世称道，又有商鞅改制，确立封建政治，为秦一统天下确立法统。及至启蒙时代，英法诸国，皆有变法改革事项，最终确立现代政体，开三权分立宪政法治一途。晚清民国，则有戊戌变法，引入新风。今人思考法治与改革之关系，也应深入历史，从昔日的变法改制中吸取政治智慧。

今日之改革与法治，并非传统意义上之立法改制，今日之改革，是建立现代治理体系，今日之法治，是现代崇尚自由、平等与公正之法治。今日之思考法治与改革的关系，重点在以法治思维和法治方式推动改革发展。今日之改革，是全方位的改革，不仅关乎政治、经济、文化，也关乎社会、生态与和平，凡此种种，都要求法律人扩大眼界，了解社会各个重要领域的历史与现实，如此，方能确立符合实际之法治。

改革要求法之改变，法治要求法之安定，在推行改革和确立法治之间，表面上看确有种种矛盾，但法治绝非意味着通过法律条文施行治理。深入讨论改革与法治之间的关系，需要理解法治究竟如何运作，在变革时代，有必要诉诸专门化的法律方法吸收改革需求。一种与当代改革适应的法治思维和法治方式如何形成，是当今法学理论应该思考的根本问题。

由是，本书题名为《法治与改革研究》，一者在于梳理历史上诸种变法改制形态，吸收古今中外变法改制之智慧；二者在于凸显社会各个领域的变革要求，凸显变革的急迫性；三者在于寻找一种吸收改革要求的法治思维或法律方法，谋求法治与改革之间的和谐。

目　录

本卷特稿

中华帝国之政治精神及其法制架构述论

赵 明*

编者按 本稿与作者的另一篇文稿《中国的现代革命与法制转型述论》（刊于喻中主编:《政治法学研究》2014 年第 1 卷，法律出版社 2014 年版）一同反映了作者赵明教授对中国法制传统及其现代转型的系统思考。赵明教授长期以来关注于政治法律文化传统的思考，尤其深刻地反思了在现代西方文明的冲击之下传统中华法系的现代命运。出版有《近代中国的自然权利观》《先秦儒家政治哲学引论》《政治意志与法权意识的契合》等专著，在这些著作中，对于古今政治文明的探索与对于现代法治精神的探讨相结合，从而使其有关改革与法治的思考具有深刻的历史哲学纬度。

我只能回忆——再不会别的了。

——尼采

在今天，历史几乎唯一地只是一个客观的东西，是知识和好奇心的对象，是获得对将来行为的实际指导的机遇和场所，是客观批判的对象和拒斥的对象（被当作某个过时的东西），是材料收集和样本收集，是一般系统观察的“各种案例”的一个混杂物。因为我们今天并没有真正看到生存现象，所以我们不再经验到蕴含于历史本身中的良知和责任的意义；历史本身不只是人们对之有所认识的某个东西，不只是书本讨论的对象，毋宁说，我们自身就是历史，我们在历史中承荷自身。因此，甚至那种贯穿于本已发生历史中的要向历史返回的动机，也是毫无生气的和被掩盖了的。

——海德格尔

* 赵明，北京航空航天大学法学院教授，博士生导师。

一、“轴心时期”中华文明的精神突破

无论是中华帝国的农业文明，还是西方现代民族国家的资本主义文明，其实都根源于各自的深厚精神传统，它们各自走到现代人类文明的“地球村”而成为当代文明的重要组成部分。在解决现代性精神困境的时代主题中，它们又无疑可以有自己的独特贡献，而重返各自的精神传统乃是做出当代贡献的前提。

任何思想传统和哲学谱系都离不开对精神性和神圣性的关切和追问，人的精神性和神圣性问题的提出绝非思想家们的无谓玄想和纯粹语言游戏，而是有着实实在在的关切对象，这就是政治。就人类哲学思想的源头而论，哲学首先是关于政治的哲学；而哲学史长河中每一次重大的思想转换又总是与政治问题的变革有着深刻的内在逻辑关联。因为，政治始终构成为人的生活的现实场景，人对自己生命历程的自觉，正是开始于对政治共同体生活的切实关注。①

存在主义哲学家雅斯贝尔斯在其历史哲学中提出了著名的“轴心时期”说。他指出，从公元前800年到公元前200年的几个世纪里，在中国、印度和希腊等几大主要文明区域里，几乎同时出现了自己的文化“先知”，他们在相互隔绝、彼此没有信息交流的背景下差不多同时完成了一次意义深远的精神转变：

> 那是些完成了飞跃的民族，这种飞跃是他们自己过去的直接继续。对他们来说，这一次飞跃如同是第二次诞生。通过它，他们奠定了人类精神存在的基础，以及所谓的真正的人类历史。

“轴心时期”对于人类历史之所以有如此巨大的意义，根本原因就在于：

> 它将人性引进世界历史唯一的脉络中。
>
> 在它之后，只有开始展现人性的个人和民族才是在正史的进程之内。不过这种人性的发端不是藏匿的、精心谨守的秘方，而是迈入到光天化日之下。它充满了对交往的无限渴望，将自己展示给一切人，把自己暴露在任何

---

① 巴克在讨论古希腊政治理论时亦指出：“不管智者们在观点上有着怎样的分歧，他们都一致地从自然转向了人。我们已经看到，普罗塔哥拉和高尔吉亚轻松地实现了这一转向，后者通过指出过去的自然哲学概念的不可能性，前者则通过强调人类感觉尺度的真理性和价值；许多智者追随着他们，在人的活动的所有表现形式中来研究人——在他的政治中，他的法律中，他的语言中。此后，对‘人类事件’的研究将成为思想由之流淌的沟渠。那种思想只可能主要是政治的。人与国家的联系是如此紧密，以至于根本不可能纯粹地讨论个人的伦理，任何关于人类行为的哲学都必定在很大程度上是一种‘政治的’哲学。”（［英］巴克：《希腊政治理论——柏拉图及其前人》，卢华萍译，吉林人民出版社2003年版，第110页。）

> 检验与核实面前。然而，只有为它准备就绪的人才能了解它。在此范围内，它是个“公开的秘密”。凡是被它改造的人都苏醒过来了。①

雅斯贝尔斯出于准确把握人类历史之本质的哲学意图，而将迄今为止的人类演进历程划分为四个时期，即史前时代、古代文明、轴心时期和科学技术时代。有意思的是，在集中而系统地表述其历史哲学思想的巨著《历史的起源与目标》中，他没有按照这四个时期的先后顺序展开论述，而是首先讨论“轴心时期之特征”，其意图无需读者揣摩：

> 我们以提前描绘轴心期的特征而开始写这本书，因为在我们看来，理解这个时期对于世界历史的整体观念是极其重要的。
>
> 假如存在这种世界历史轴心的话，它就必须在经验上得到发现，也必须是包括基督徒在内的所有人都能接受的那种事实。这个轴心要位于对于人性的形成最卓有成效的历史之点。自它以后，历史产生了人类所能达到的一切。它的特征即使在经验上不必是无可辩驳和明显确凿的，也必须是能使人领悟和信服的，以便引出一个为所有民族——不计特殊的宗教信条，包括西方人、亚洲人和地球上一切人——进行历史自我理解的共同框架。看来要在公元前500年左右的时期内和在公元前800年至200年的精神过程中，找到这个历史轴心。正是在那里，我们同最深刻的历史分界线相遇，我们今天所了解的人开始出现。我们可以把它简称为“轴心期”。②

虽然漫长的“史前时代”包含着人的生物进化和历史演变这两个最起码的因素，其结果是人完全变成了人——人类整体在生物学意义上获具了生命的基本结构和稳固根基，在其后的历史发展过程中再没有改变，并且人逐渐意识到自己作为“类存在”而拥有与“同胞”的“一致性”③，但对于追忆、撰写人类历史的我们来说，这毕竟是一个沉默的历史时代。

而在“古代文明”时期，人类生存的整个环境立即变得跟“史前时代”不同了：

---

① ［德］雅斯贝尔斯：《历史的起源与目标》，魏楚雄、俞新天译，华夏出版社1989年版，第62、66~67页。

② ［德］雅斯贝尔斯：《历史的起源与目标》，魏楚雄、俞新天译，华夏出版社1989年版，第62、7~8页。

③ “人性的先决条件之一是人类的一致性，它在自然法则和人类法则的照耀下，不断被背弃，又永远重新提出它的要求。这就是我们为什么能从对古代人成功的理解中，获得人类的特殊满足以及要求把人当作人来理解的道理。这正像伦勃朗画一个黑人，或者像康德所指出的那样，绝不能把人的生命完全看作是一种手段，而永远要把它当作其自身的目标。”（［德］雅斯贝尔斯：《历史的起源与目标》，魏楚雄、俞新天译，华夏出版社1989年版，第53~54页。）

> 那再不是一个沉寂的世界，人们用笔录文函相互对话。一旦我们学会识辨他们的手稿和语言，他们就能对我们说话。他们用建筑物说话，国家的存在与组织团体是大动土木的先决条件；他们用艺术品说话，艺术品隐藏的含义对我们来说毫不熟悉，然而其形式却意味深长。①

尽管如此，人类在其“古代文明”时期却缺乏任何表现其特殊性的精神运动：

> 在最初的显著创造之后，比较起来没多少精神运动的几千年过去了；那是一个不断从中亚向外迁徙的时期，是征服与革命的时期，是各民族的灭绝与混合的时期，以及不断重建只有大灾祸才能打断的古老文化的时期。因此，层出不穷的事件就是对几千年历史的描述，而这些事件还并不具有对人性有至关紧要的历史决定性的特点。②

光阴荏苒，物换星移。人类在经历了数十万年的“史前时代”和数千年的“古代文明”之后，最终迎来了“轴心时期”的精神突破。琐罗亚斯德、“以赛亚第二”、佛陀、孔子、毕达哥拉斯这五位开启人类精神生活崭新历程的伟大“先知”，以及他们的名字所象征的一切，都几乎同时在印度、中国和西方这三个互不知晓的地区出现了。雅斯贝尔斯无比简洁而深邃地概括了这个持续时间虽短却具有深远意义的时代之特征和成就：

> 世界上所有三个地区的人类全都开始意识到整体的存在、自身和自身的限度。人类体验到世界的恐怖和自身的软弱。他探询根本性的问题。面对空无，他力求解放和拯救。通过在意识上认识自己的限度，他为自己树立了最高目标。他在自我的深奥和超然存在的光辉中感受绝对。
>
> 这一切皆由反思产生。意识再次意识到自身，思想成为它自己的对象。人们试图通过交流思想、理智和感受而说服别人，与此同时就产生了精神冲突。人们尝试了各种最矛盾的可能性。讨论，派别的形成，以及精神王国分裂为仍互相保持联系的对立面，造成了濒临精神混乱边缘的不宁和运动。
>
> ［由此而］产生了直至今天仍是我们思考范围的基本范畴，创立了人类仍赖以存活的世界宗教之源端。无论在何种意义上，人类都已迈出了走向普遍性的步伐。

其直接的结果是：

> 以前无意识接受的思想、习惯和环境，都遭到审查、探究和清理。一切

---

① ［德］雅斯贝尔斯：《历史的起源与目标》，魏楚雄、俞新天译，华夏出版社 1989 年版，第 55 页。

② ［德］雅斯贝尔斯：《历史的起源与目标》，魏楚雄、俞新天译，华夏出版社 1989 年版，第 61 页。

皆被卷入漩涡。至于仍具有生命力和现实性的传统实体，其表现形式被澄清了，因此也就发生了质变。①

这是一个在精神上既继承传统又超越传统的时代，既彻底怀疑过去又无比依恋过去的时代，既坚定地否弃和破坏旧秩序又无限向往和追求新秩序的时代。在这个时代，人性力量通过善与恶的激烈较量而得以前所未有的释放，人们个性鲜明而勇猛精进而大胆突破，却又始终在整体内不断地反省自身，并通过与某种绝对的精神实体自觉地建立起联系而超越自己：

> 人们明白自己面临灾难，并感到要以改革、教育和洞察力来进行挽救。他们制定计划，努力控制事件的进程，并第一次要恢复或创建良好的环境。历史在总体上被看作是世界表现形式的序列，它或者是不断衰落的过程，或者是循环运动，或者是上升发展。人们殚精竭虑地寻求人类能最和睦地共同生活、实行最佳统治管理的方法。改革的观念支配了实践活动。哲学家们周游列国，成为智囊和导师。他们或者遭到蔑视，或者得到追随。他们投入讨论，并互相抗争。在孔子受挫于卫国和柏拉图在锡拉丘兹的失败之间，在培养未来国士的孔子学塾和服务于同一目的的柏拉图学园之间，可以找出社会学的类似现象。②

总而言之，人们在清楚地意识到现实生活中一切苦难的根源在于政治共同体严重失序的同时，却又表现出前所未有的政治意识的觉醒，个性的张扬、思想的解放、观念的改变、精神的突破，指向的则是普遍的、和平的、正义的政制重建。在象征这个伟大时代的五位“先知”中——

> 只有佛陀作为例外是远离政治的。如果能够得到机会的话，孔子是乐于从政的。孔子的门徒们在他们的导师去世后，不得不等待了将近350年，儒家哲学才成为选任公共职位的通行证。琐罗亚斯德明显地感觉到，一位统治者的庇护对于保证他传道的成功来说，是必须的条件。毕达哥拉斯和他的弟子们则不可能避开政治参与。在公元前6世纪的希腊世界，在某些城邦，如果一群志同道合的哲学家不想受到伤害的话，就必须成为主人。毕达哥拉斯的信徒们嘲弄权力，结果经受了意外之灾。至于“以赛亚第二”，他充分发挥了他高度的政治期望。他拥戴居鲁士二世成为耶和华神授的君王，因为居鲁士允许巴比伦的犹太之囚返回犹太；但是他又期望其结果应导致一个世界帝国的建立，这个帝国应当由耶和华做皇帝，而不是居鲁士，犹太人而不是

① ［德］雅斯贝尔斯：《历史的起源与目标》，魏楚雄、俞新天译，华夏出版社1989年版，第8～9页。

② ［德］雅斯贝尔斯：《历史的起源与目标》，魏楚雄、俞新天译，华夏出版社1989年版，第11～12页。

波斯人应当成为帝国的臣民。[①]

无论五位“先知”及其信徒在个人精神追求和取得的最高成就方面有多大的不同，他们所象征的这个时代，其集体性的精神突破之结局都首先体现为政治性的——无论印度还是西方，抑或中国，几乎同时凭借兼并和征服的军事手段而建立起了强大的世界性帝国，将“轴心时期”强烈而躁动的精神嬗变最终凝结为高度统一的政治意志和法制结构，乃至于在“轴心期”末期出现的各个世界性帝国，都坚信自己为人类和平而幸福的生活奠定了永久而坚实的基础。

如果说，人类三大“文明中心”[②]在互不知晓的情况下各自独立进入“轴心期”，那么其独立实现的精神突破都是相对于各自的文明传统而言的，都各自“处处保留着与先前存在的事物的精神联系”[③]。中国“轴心期”的诸子百家在实现精神突破的过程中直面的就是夏、商、周“三代”的“礼乐文明”传统。

中华民族究竟是如何起源的，又是如何经历其漫长的“史前时代”而进入其“古代文明”时期，这无论如何都是说不清道不明的，借助于丰富而繁杂的神话传说，人们尽可以发挥诗意的历史想象与合理的理论推演，以建立起承前启后的历史演变脉络。被鲁迅先生赞誉为“无韵之离骚，史家之绝唱”的《史记》正可作如是观。司马迁自道其抱负曰：“究天人之际，通古今之变，成一家之言。”[④]《史记》是名副其实的关于中华帝国文明从孕育到成型定鼎的伟大“通史”。

如果说政治共同体即国家的形成乃是“古代文明”的重要标志，那么古代中华文明在国家形成过程中具有“多中心起源”[⑤]的特征，这不仅可以通过大量的饱含历史信息和文化记忆的神话传说得到印证，而且具有现代考古发现的诸多史迹的坚实证据。而每一个氏族政治共同体都抱持的“普遍王权”观念，则必定导致相互之间对统领与臣服关系的追求，即便“轴心期”之诸子百家差不多都怀抱“天下大同”[⑥]的政治理念也与这一精神传统不无关系。之所以称中华“古代文明”为“华夏文明”，不过因为夏族在与其临近部族的斗争与联合过程中成为最为强大的政治集团，率先获具“普遍王权”的权威性统领地位，乃至于成为中华民族的象征，但“从部落王国

① ［英］阿诺德·汤因比：《人类与大地母亲》，徐波等译，上海人民出版社1992年版，第225页。

② “文明中心”是一个希腊语词，其字面含义是“有人居住的世界”。汤因比据此而将雅斯贝尔斯的3个“文明中心”扩展为20余个，并在其巨著《历史研究》和《人类与大地母亲》中分别加以讨论，有力地批驳了“西方文明中心”论和影响巨大的黑格尔的“历史哲学”观。

③ ［德］雅斯贝尔斯：《历史的起源与目标》，魏楚雄、俞新天译，华夏出版社1989年版，第12页。

④ 司马迁：《报任安书》。

⑤ 参见［美］史华兹：《古代中国的思想世界》，程钢译，江苏人民出版社2004年版，第16～17页。

⑥ 儒家的经典文献《礼记》之“王制”、“礼运”诸篇对此理念做了最为完整的表述。

到夏朝建立也是华夏族的形成过程，而夏文化则为华夏文化的一支，并不能成为单一的民族文化。"① 灿烂的华夏文明事实上是经由夏、商、周三代在长达3000年的历史进程中共同缔造的，其政治中心经历过无数次的地理变迁，在这一漫长过程中，他们是内部交争、夷夏杂处而趋于融合，也就是说：

> 黄帝炎帝两族之构成华夏族的主体，源远流长，夏族已不是一个单一的部族……华夏族的形成，夏、商、周三代演变的过程中，夏、周同族而商属东夷，姜属西羌，东夷、西戎与夏周融合而成华夏民族，这一伟大民族的形成中是不断斗争、融合的结果，来源是多元的，可以说自古以来中国就是一个多民族的国家，而以华夏族为主体，华夏族本身就是各少数民族不断融合而发展壮大的主体。②

据文献记载，西周以前的中国古代政治文化是一种带有原始宗教性质的巫术文化：夏人"遵命，事鬼敬神"；殷人"尊神，率民以事神"。③ 范文澜先生因此而称夏文化为"遵命文化"，殷商文化为"尊神文化"。④ 在夏、商之"尊命"和"尊神"文化中，礼乐虽已萌生并获得相当程度的发展，但礼乐主要是作为辅助宗教性政治活动的外在形式而存在的。到了西周，"天命"与"神意"的政治意义大为减弱，而人之可为的政治之"德"则大为凸显。周公将从远古到殷商时的礼乐加以大规模的整理、改造，使其成为系统化的社会典章制度和行为规范，尤其是立嫡立长的继统法在西周初期通过礼制而得以确立，促成了宗法、封建、等级三位一体的社会政制模式的建构，从根本意义上解决了政治运行的有序化问题。⑤ 社会政治秩序的建立与稳固成了人的理智可以把握和具体操作的对象，神秘性因素得到了最大限度的减弱。因此，对应于夏、商，西周的政治文化按其性质的确可以称之为"礼乐文化"。由于周代文

---

① 田昌五：《古代社会形态析论》，学林出版社1986年版，第202页。

② 杨向奎：《宗周社会与礼乐文明》，人民出版社1992年版，第26页。

③ 《礼记·表记》。

④ 范文澜：《中国通史简编》，人民出版社1964年版，第190页。

⑤ 参见王国维：《观堂集林·殷周制度论》。关于周公制礼作乐的基本情形，文献中有大量记载。诸如："先君周公制礼曰：则以观德，德以处事，事以度功，功以食民。"（《左传·文公十八年》）"召公为保，周公为师，东伐淮夷，践奄，迁其君薄姑。成王自奄归，在宗周，作《多方》。既绌殷命，袭淮夷，归在丰，作《周官》。兴正礼乐，度制于是改，而民和睦，颂声兴。"（《史记·周本纪》）"既克殷六年而武王崩，成王嗣，幼弱，未能践天子之位，周公摄政君天下，弭乱。六年而天下大治，乃会方国诸侯于宗周，大朝诸侯明堂之位。……明堂，明诸侯之尊卑也，故周公建焉，而朝诸侯于明堂之位，制礼作乐，颁度量而天下大服，万国各致其方贿。七年，致政于成王。"（《逸周书·明堂》）"武王崩，成王幼弱，周公践天子之位以治天下。六年，朝诸侯于明堂，制礼作乐，颁度量而天下大服。七年，致政于成王。"（《礼记·明堂位》）"周公摄政，一年救乱，二年克殷，三年践奄，四年建侯卫，五年营成周，六年制礼作乐，七年致政于成王。"（《尚书大传》）所有这些记载是否与历史事实相符合，我们这里不加追究。

化承袭了夏、商，有如孔子所言：

> 殷因于夏礼，所损益，可知也；周因于殷礼，所损益，可知也。其或继周者，虽百世，可知也。①

夏、商、周三代之礼一脉相承，而周礼集其大成，通过周公的“制礼作乐”，礼乐文化传统最终得以定型和成熟。在此意义上，“轴心时期”前的夏、商、周三代文明的确可以“礼乐文明”而标称。

正因为西周之礼乐文化是在夏、商文明的基础上发展和成熟起来的，是长久孕育其间的文化生命力的勃发，所以尽管它如同宗教诫律一样，要求人们尊奉和恪守，却并没有给人们的生活带来“陌生化”的感觉，它恰恰是对人们生活世界的赋型，给人们带来的恰是生命所不可或缺的秩序感、稳定感和安全感，乃至于人们日用而不知，对礼乐本身的理智反省和意义理解反倒没有发生的可能了。然而，通过礼制而建立起来的政制模式自春秋时代始已经走向解体，宗法人伦秩序因而遭遇严重破坏，人们现在直面的是“礼崩乐坏”的混乱局面。

正如余英时先生所指出的那样，古代中国的“崩坏”有两个方面的含义：一是社会秩序方面的，也就是所谓“封建”制度的解体；二是文化秩序方面的，也即是所谓“礼坏乐崩”。

> 从思想史的角度说，古代中国的“哲学的突破”或“超越的突破”则是起于文化秩序的“崩坏”，换句话说，也就是对于“礼坏乐崩”的一种直接或间接的反应。儒、墨、道三家的中心理论都可以证明这一点。②

如果说“轴心时期”之精神突破的直接影响和后果在于社会政治秩序的重建，那么法家与儒、墨、道三家一样值得人们高度重视。儒、墨、道三家，尤其是儒家对“三代”之“礼乐文明”进行了系统的理智审查和深度的意义阐释，其根本动力源于他们所生活的春秋战国时期已是“礼崩乐坏”的事实，礼乐的权威性和有效性都成了昔日的记忆，正是在对昔日“礼乐文明”传统的追忆、思考和批判的过程中，重建被破坏了的精神文化秩序之方向向人们呈现出来了；③ 法家则主要通过对“封建”

---

① 《论语·为政》。

② 余英时：《士与中国文化》，上海人民出版社1987年版，第92~93页。

③ 诚如带着强烈的现实政治关怀而探究西方古典时期之历史文化的德国史学家德罗伊森所说：“反省是历史研究的前提；反省指自觉到我们人本身就是历史演变塑造成的，是承先启后的。而承先启后的现象就是记忆。”“借着向后投映及向过去探照的工作，人们才获得力量及获得对事物的理解。是用记忆来照亮他目前的处境，当然不是用对一切事情的记忆，而是用与他身边事情在过去的发展来照亮现在。”（氏著：《历史知识理论》，胡昌智译，北京大学出版社2006年版，第17、3页。）

礼制之政治结构的检讨、批判和突围，促成并推进了其后君主集权之帝国政治和法制的创立。

二、儒法之争与帝国政治意识的诞生

随着西周王室式微，中国“古代文明”时期结束了，历史进入春秋战国时代，一场天崩地裂的巨变发生了，在这场巨变中，“周之子孙日失其序”①，宗法人伦秩序的破坏和紊乱标志着通过礼制而建立起来的政治制度模式的解体，史籍上所说的“礼崩乐坏”的局面严重地摆在了人们的面前。在很大程度上可以说，恰是礼乐规范秩序的被破坏催生了中华文明的第一个思想时代——“轴心期”的诸子百家时代。诸子百家都是通过对崩溃了的礼乐秩序进行反省和理解，并以此为基础建构起自己的思想体系，而所谓“百家争鸣”则是根源于他们对传统礼乐秩序之精神实质与社会功能的不同判断。

“百家争鸣”的确是“轴心时期”精神突破运动的基本景观，其中“儒法之争”特别凸显而尤其引人注目。“儒法之争”不仅存在于春秋战国时代，也不仅存在于秦汉帝国创立过程之中，而且以后历朝历代都或明或暗地存在着儒法之争，人们总是习惯于将政治家和改革家们要么归于儒家，要么归于法家，而历史上的政治家、改革家和思想家们往往也以儒家自居而指责对方为法家。即使到了肇始于19世纪中叶的中国当代社会转型时期，“儒法之争”的身影仍然没有消失，这个身影有时甚至还相当厚重，“文化大革命”中还出现了“评法批儒”的思想政治运动；到了20世纪80年代初，所谓“法治与人治”的争论，将“儒法之争”的历史思想剧目再次上演。之所以如此的根本原因在于儒法之争的实质内涵关涉到“如何建国”和“如何治国”这两个重大政治问题，这也是“轴心期”精神突破之政治性结局最为核心的内涵。

贯穿“轴心时期”精神突破运动全程的儒法之争，在关涉如何重建秩序也就是“如何建国”的问题上，法家远比儒家务实而高明，法家在战国时期各诸侯国变法改制和大秦帝国的创立过程中发挥了关键而重大的作用，儒家的低落甚至像“焚书坑儒”这样的悲惨命运似乎是不可避免的。其实，在孔子为重建天下秩序而周游列国的时候就已经预演了这种命运，乃至于司马迁记叙当时人们对于孔子的基本评价是“累累若丧家之狗”，而孔子欣然笑曰：

① 《左传·隐公十一年》。

谓似丧家之狗，然哉！然哉！[①]

而在如何维护秩序也就是“如何治国”的问题上，儒家则可以吸纳、融合法家精神，远比法家要高蹈而精深，儒家后来成为中华帝国政治意识形态的主流是必然的，乃至于在帝国的历史上儒家思想能够通过制度化、法制化而成为中华民族的灵魂与精神象征。在此意义上可以说，“轴心时期”的儒法之争呈现了中华民族帝国政治意识和精神之孕育和成长的历程。

儒法之争在于面对“周室微而礼乐废，《诗》《书》缺”[②]的现实局面，通过怎样的现实途径而走向“普遍王权”的“天下大同”。儒家坚信“礼乐文明”的“王道”路线，而对于战争的实力较量缺乏充分的意识而估计不足；法家在战国时代各诸侯国纷纷变法的运动中大显身手，恰恰推行以战争取胜为基本追求结果的改革变法路线，正是在这一改革变法过程中萌生了中华帝国政治意识，兼并战争的结果为庞大帝国的实际建立提供了可能，做好了充分准备，而这个时候儒法之争必定趋于白热化程度。

在成就巨大且影响深远的商鞅变法中，法家与儒家在重建秩序问题上的分歧尤为明显，尽管此时各诸侯国纷纷推行变法的目的在于“强国”而“自保”、“自立”，并在此基础上追求“兼并”战争的胜利，尚未明确意识到重新“建国”的问题，获得周王室曾经有过的“王天下”权威或者春秋时代“五霸”的尊荣，可能更是各诸侯王的梦想。儒家此时之所以一方面处处碰壁，其“三代”说教被普遍视为“迂阔而不懂世事”，另一方面却又信徒剧增并能获得显贵们在礼仪上的尊重，根本原因正在于此。但法家见用于各诸侯国主持变法则肯定导致法家与儒家彼此之间的蔑视与对立，直接表现在政治场域中就是守旧贵族势力与革新派的激烈较量。

商鞅自魏入秦，获得秦孝公的赏识和重用，主持秦国的变法。此时的秦国就势力而言远不如东方诸侯国，它面临两种选择：一种是固守河西地域而无需远大的政治抱负，表面上看这是最为现实的选择，这也就无需变法；另一种是置之死地而后生，正因为自己弱小，就必须变法改制，以求强大，以主动进击东方诸侯国为其远大政治前景。商鞅是带着坚定的第二种选择入秦的。很有意思的是，商鞅乃是卫国统治家族中一位妃子的儿子之后代，而卫国曾是孔子三次前往的诸侯国，那里有着深厚的礼乐精神传统。商鞅自幼对于儒家观念和主张就很了解，而这位天生的时代骄子，偏偏仰慕的是李悝、吴起一派改革人物，喜好“刑名之学”，这是那个时代真正具有实践性的

① 司马迁：《史记·孔子世家》。

② 司马迁：《史记·孔子世家》。

大学问，所以他首先前往的是魏国，这是李悝、吴起曾经大显身手的地方。据说商鞅去秦国时，身上带的就是强国的宝典——李悝的《法经》，后来在他的努力下，秦国展开了轰轰烈烈的变法运动。

对于儒家念兹在兹的“先王之道”——无论是作为“仁义世界”的“三皇五帝之道”，还是作为“礼义世界”的“三代圣王之道”——法家同样有着清晰的“历史记忆”，但不同于儒家，“历史记忆”提供给法家的教益恰恰在于“礼制”中所包含的“政、令、刑、赏”之于政治秩序重建的独立价值。在这个“礼崩乐坏”的“战国”时代，儒家所津津乐道的“仁义世界”和“礼义世界”根本无力解决“威力世界”和“智巧世界”的现实问题，法家精神突破的方略远比儒、墨、道三家理智得多，也更具有现实的实践意义。法家所主张和强调的有利于富国强兵的“霸道”绝非漠视“顺乎民情”的“先王之道”，而是通过“政、令、刑、赏”有效地将“民意”、“民情”、“民心”凝聚为统一的“政治意志”。这是儒、墨、道三家都没有充分意识到的关键性问题。

法家倡导的变法改制与其说是细枝末节地纠缠于具体政务、政策和法令问题，毋宁说是一种政治意志上的决断和考量，实质在于具有什么样的精神品质的政治家和立法者才能完成这样一场政治上的变革，达到所要追求的政治目的。在此关键问题上，儒法在共同关注立法者精神品质的前提下所发生的分歧尤其值得注意。儒家肯定并赞赏“汤武革命”，是因为“在位者”之政治行为背离了“道”，处于权力的高位却不能奉行“天”之“正命”，也就因此而丧失了权力的正当性基础，对其“革命”就是“弘道”之举，无可厚非。[①] 法家非议“汤武革命”，[②] 绝非不顾“道义”与“正命”而强调君臣之秩序，其真正意图在于重建秩序所必须具备的政治之忠诚意识和担当精神。秦孝公和商鞅二十年变法之所以获得成功，并在孝公去世和商鞅被车裂之后，仍然坚持变法所确立的方针和法制体系，一个重要原因在于秦国高端政治集团的共同政治意识的明确和坚定，而之所以反对儒家，原因在于儒家的主张根本不可能达到强大秦国并在兼并战争中获胜的政治目的。

至于商鞅变法是否已经将未来大秦帝国的“建国”蓝图刻画出来了，则有必要

① 孟子说：“闻诛一夫纣也，未闻弑君也。”

② “舜逼尧，禹逼舜，汤放桀，武王伐纣，此四王者，人臣弑其君也。”（《韩非子·说疑》）“尧舜汤武，或反君臣之义，乱后世之教育也。尧为人君而君其臣，舜为人臣而臣其君，汤、武为人臣而弑其主，刑其尸，而天下誉之，此天下所以至今不治者也。”（《韩非子·忠孝》）

谨慎地予以存疑。[①] 应该说，整个帝国建国的蓝图是在政治的逐步发展和战争推进的过程中完成的，商鞅变法之后的“合纵”与“连横”战略对于秦国高度中央集权和帝国意识的明确化，起到了很大的推动作用，到了吕不韦作为嬴政相父的时候，建立一个君主集权的大帝国则是十分自觉的了。不过，商鞅所代表的法家在战国变法时代所推行的“农战”战略肯定为未来的帝国创立奠定了最初的基础：第一，如何调动全民的战争积极性，这就意味着通过立法创制而打破世袭的贵族体系；第二，必须解放土地，推动土地私有制，以发展农业、开掘丰富的赋税资源，为战争提供坚实的物质储备；第三，强调君主集权，以保证战争资源的有效调配，其严刑峻法则不仅加强了君主权威，而且强化了国家处于高度战争状态的全民政治意识。总体来看，商鞅变法推行的二十等爵制、奖励军功制、什伍的军事性户籍制、鼓励告奸的连坐制，都与儒家看重和追忆的等级性礼乐秩序严重对抗。

法家高度调动了人性的阴暗面，乃至于导致人人自危、没有什么安全感可言的紧张氛围。诚如站在“黄老”立场上的司马谈所说：“法家不别亲疏，不殊贵贱，一断于法，则亲亲尊尊之恩绝矣。可以行一时之计，而不可长用也，故曰‘严而少恩’。”[②] 这也是最让儒家蔑视的。但儒家在帝国创立进入实际的政治程序时，对这一不可改变的政治道路仍然缺乏理智把握，却是不可否认的事实，他们将“治国”理念与“建国”理念混而不分，废除分封建制而推行郡县制属于“建国”问题，儒生们将西周分封建制这个本属于政制安排的经验事实问题直接转换为“治国”理念而反对帝国政制设置，尤其是对于帝国政制的设置所力图避免的内部分裂而集中力量解决边患的意图缺乏深刻理解。所以，儒生们对于李斯向秦始皇提出的“若有欲学者，以吏为师”[③] 之建言根本难得要义，而且不以为然地加以攻击。其实“以吏为师”本是春秋以前的古代政制。李斯之所以在大秦帝国创立之初本于古代政制而重提“以吏为师”，有着非常现实的考虑。新兴帝国对于“吏”的界定已经与过去有了很大的差异，郡县制已经代替了分封制，对于方兴未艾的大秦帝国来说，更重要的是效率问

---

① “在公元前338年商鞅之死到公元前221年秦统一的一个世纪稍多的时期中所发生的大事，没有提供任何迹象可以说明秦的成就是蓄意制定的任何长期战略性计划或谋略的结果。可是人们可以看到，在中国历史上屡次出现一个地处中国西陲的国家或统治者统治其他国家或区域的过程。因为一个地处西陲的国家由于其周围有位于今陕西省境内的山脉这一自然屏障的掩护，可以确保自身的安全；由此，它可以不惧东面的潜在敌人而不断地扩大其版图。就秦而言，这个过程的特点是取得西南作为预备的步骤，然后相对稳定地向东面扩张。”（［英］崔瑞德、［英］鲁惟一编：《剑桥中国秦汉史》，杨品泉等译，中国社会科学出版社1992年版，第36页。）

② 司马迁：《史记·太史公自序》。

③ 司马迁：《史记·秦始皇本纪》。

题，只有通过“明法度，定律令”，这个帝国才能行之有效地运转，而李斯所谓的“以吏为师”实则指的是那些懂得新兴帝国所需要的“法度律令”者，设置郡县并由中央指派官吏，正是为了将根本的政治意图贯彻于全帝国。这个根本的政治意图在于：

并一海内，以为郡县，天下和平。①

法家这种务实而高明的政治见识的确早已蕴涵于商鞅变法改制之中，诚如有学者所指出的那样，在秦统一前的历史中，所有与统一大业息息相关的大事情都与秦孝公和商鞅有关。②

秦始皇下令“焚书坑儒”绝非偶然，此时距秦帝国创立已经有八年多了。早在帝国创立初期就发生过分封制度和郡县制度的争论，那时候身为廷尉的李斯向时任丞相的王琯大胆发难，力陈分封制度的弊端，颇得秦始皇的赞同。帝国创立的这八年之间，不仅南定百越，而且击退北边匈奴骑兵，成就可谓斐然。可儒生们仍然凭借实属“如何治国”的空疏“古学”反对帝国建制，而且一些儒生自觉或者不自觉地竟然参与到对抗当时政治主流的行动中去。或许正是这些事件的发生使得李斯觉得有向秦始皇建议“焚书坑儒”的必要。要言之，焚书事件或许更多地与帝国建制的正当性相关，设计郡县制度关系到新兴帝国政治使命的实现，容不得普通俗儒的议论，更容不得他们借此来干预帝国建制本身。在此过程中，秦始皇和李斯所关心的显然不是人们是否可以公开议论“如何治国”的问题。而禁“私学”并“以吏为师”要求的正是按照帝国建制的根本意图来培养新兴帝国所需要的人才，我们或许可以说，李斯开启了中华帝国的全国性人才培养模式的先河，后来的大儒董仲舒所建立的太学制度正是借助这个基础而得以成形的。

再说，秦始皇创立帝国时仍然面临六国残余贵族根深蒂固的仇视之心，他们虽然一样抱持“天下共主”的传统信念，也追求天下一统的政治格局，但却反对帝国现在建立的君主集权之下的郡县制度，而主张恢复西周礼乐秩序，实质上是希望通过恢复分封建制的政制结构，以实现贵族世袭的宗族利益，而儒家在帝国政制建构上与法家发生的争论实际上表明儒家成了贵族残余的代言人。儒法之争实质上关涉的是“立国”问题，而非“治国”理念的分歧，而在“立国”问题上儒家的确有些不合时宜，他们此时并不能真正领会帝国创立的根本政治使命。推行法家战略思想的秦始皇

---

① 司马迁：《史记·秦始皇本纪》。

② 参见［英］崔瑞德、［英］鲁惟一编：《剑桥中国秦汉史》，杨品泉等译，中国社会科学出版社 1992 年版，第 31～37 页。

对此却是了然于胸，重建所谓的礼制秩序，不仅会重蹈西周王室衰微乃至灭亡的覆辙，而更重要的是边患问题将根本无法解决，“普遍王权”的观念实质上必定落空，政治对于建构和涵养民族一统的精神之魂就根本不可能，这也就谈不上政治本身的价值和意义。

这当然不是纯粹政治理论的逻辑推演，而有着强烈的经验历史依据。秦国在其五个多世纪的发展道路上一直与西戎、北狄较量，对于现在已经发展壮大的匈奴游牧骑兵是太了解了，深知边患对于以黄河流域为中心的帝国文明的严重性，而儒家对此远不如法家自觉，只有君主集权的郡县制度才可能养育一支对付强悍匈奴的军队，至于儒家所强调的“仁义”“德治”之治国理念在帝国安定下来以后将有助于帝国政治社会秩序的维护和稳固，法家并非全然不知；而儒家所主张的“华夷之辨”的确又可以为帝国的军事防范和主动进击提供正当性论证：战争是为了文明之高级形态的普及，而不是为了土地、人口和财富的扩张与掠夺，尽管秦所开创的帝国在事实上因为自然条件和农业文明的生存方式，也根本无力向北方草原和大漠深处进发。儒家的“治国”理念将大大有助于帝国对内对外之政治行动的正当性论证，而且它已经从根本上渗透入以中原为基地的华夏民族的心灵深处，这确乎是不可否认的事实，儒家通过阐发三代“礼乐文明”之价值和意义而实现的精神突破，其影响在帝国政治的未来发展过程中必将日益加深和显著。

事实上，到了汉帝国的时候，儒家在“立国”问题上的政治意识大有进步，尽管他们对于解决帝国边患问题的策论水平仍不及法家。譬如，贾谊和晁错都是汉帝国著名的政治家，前者活跃在文帝时期，后者则在景帝时期。贾谊在晁错之前就提出了削藩政策，而且他们都关心大汉帝国的边疆安全；但他们却是基于不同的思想背景，贾谊属于儒家，晁错乃是法家。在著名的《治安策》中，贾谊就天下形势做了一番分析之后指出：商鞅舍弃礼义仁德，只鼓励人们在实利方面的进取；其新法只实行了两年，秦国的风俗竟日益败坏。很明显，他将治国的成败问题放在了“礼”与“法”的争论之上，是对轴心时期儒家立场的继承，在他看来，人们的智力只能认识已经发生的事情，而很难预见可能发生的事情，而礼的作用就在于在可能的事情发生之前就加以制止，法却是对已经发生的行为进行惩罚。因此，《治安策》中的观点仍然是他在《过秦论》中表达的思想的重复，《过秦论》指出秦二世而亡的原因在于“仁者不施，而攻守之势异也”。晁错则更多地是从经验的实力变化之功利角度来考虑问题，这显然沿袭了轴心时期法家的立场。比如，在对待匈奴问题上，晁错主张以积极战争的政策来加以解决，在对当地地理环境和风俗习惯做出一番论述之后，他建议皇帝挑选一些人常住边境，成家种田，以防御匈奴人的入侵，并且要求朝廷给边塞的居民以优厚的待遇，在他看来，边塞居民假如享受不到优厚的待遇，就不要让他们长久地住在危险的地方，而当匈奴入侵时，如果规定有人能夺回被劫掠的牛羊，就把其中的一半作为奖赏，另外的则由官府出钱补偿失主的损失，那么，乡里邻居就能够互相救助，冒死同匈奴搏斗。人们之所以这样行动，并不是对皇上感恩戴德以图报答，而是想保全骨肉亲戚、保护自己的财产。这比起征调那些既不了解本地形势又害怕匈奴的其他郡县的兵卒来，功效将高出万倍。这种策略，恰与文帝时候的政策相反，那时候皇帝应匈奴单于的“请求”，将边塞的百姓迁徙到远离边塞的地方居住。从晁错对匈奴问题的看法上，我们可以见出他的政治智谋和远虑，而贾谊则基本上不注重军事的意义。确如鲁迅先生在《汉文学史纲要》中论及贾谊和晁错两人时所说：“以二人之论匈奴者相较，则可见贾生乃颇疏阔，不能与晁错之深识为伦比矣。”

不过，汉帝国时期的儒家在帝国政制设置也即“立国”问题上的政治意识已经趋于成熟了，在此问题上的儒法之争因此走向消歇，而在治国问题上儒家将大显身手了，因此才有汉武帝遵董仲舒之见而“罢黜百家，独尊儒术”的政治决断。有如汤因比所说：

> 事实上，在重新集权化了的汉朝政体下，儒家外表之下是坚实的法家内核。政治上统一的中国居民们感到，中华帝国实质上即等同于文明世界。激励所有的文职官员为全人类仁慈地执行他们职责的中国哲学是墨子的学说，因为墨子强调说，仁德者应该平等地关心他的人类同胞。然而不是墨子，而是为孟子所解释的孔子赢得了在普遍范围内使自己的哲学成为官方学说的身后奖赏。①

自此而后的所谓儒法之争再也不可能声势浩大地登台对垒，多有皮影戏的意味，而且更多地表现为儒家内部在政治技术选择上的不同偏向。

如果说，帝国政制的建构正是为了重建被破坏了的“天下”秩序，以求“天下和平”的实现；那么，重建秩序本身之正当性的精神依据就必须加以解决，这关涉到帝国政制建构能否得到承认和服从的问题，关涉到政制和法制之实际运行的价值目标问题，从而关涉到人们外在行为之内在道德基础的问题。而这样一个根本问题不可能像帝国政制创立那样凭靠政治家的政治意识和政治决断能力就能解决，它为了现实政治稳定和未来发展必须回溯历史，必须建立起与传统信念的精神联系。秦始皇之所以在帝国创立伊始就招揽天下儒生，设立博士官制度，并去泰山举行封禅圣典，而汉高祖刘邦之所以要去祭孔，都是为了唤醒历史文化记忆建立起与传统的精神联系。客

---

① ［英］阿诺德·汤因比：《人类与大地母亲》，徐波等译，上海人民出版社1992年版，第309页。

观地说，帝国政制建立的思想功劳确乎应该归属法家，而帝国政制与历史文化传统之精神联系的建构之功则主要应归属儒家。质言之，儒法合流最终成就了泱泱中华帝国文明。

三、中华帝国政治之根本使命

秦统一六国而建立了高度中央集权的帝国政制。然而，这毕竟是在战争中催生的稚嫩婴儿，其茁壮成长的条件实在有限，秦帝国的政治家们、立法者们尽管采取了许多措施，但稳固帝国基础的工作，其复杂性和艰巨性让这些尚未真正脱下戎装的人们实在是力不从心，秦始皇日益操劳，竟然于公元前210年在第五次巡游天下的途中结束了自己叱咤风云的一生，年仅49岁。在生命垂危之际，他确乎强烈地意识到自己所开创的帝国危机四伏，摇摇欲坠，他的巡游没有因为自己病情的迅速恶化而稍作停顿，在自己下令整治和兴建的大道上反而加快了北上的行程，他希望在自己生命结束的时候能够见到正在上郡蒙恬大军中作监军的公子扶苏，把统领帝国的权力亲手交给他，扶苏是他期望将自己开创的帝国传承下去的最为合适的人选。但事与愿违，秦始皇没能赶去北边大军军营，人生的脚步就永远停止在沙丘平台了。

司马迁在《史记》中详尽地记载了秦始皇长子扶苏被派往上郡蒙恬军中作监军的原由。事与秦始皇“焚书坑儒”有关，而这个让秦始皇永远背上残暴恶名的事件从根本上说关涉到新生帝国正当性论证的大问题，这个问题的解决直接关涉到帝国政治尊严能否得以建立和维护。

嬴氏族的秦国尽管是战国时期著名的七大诸侯国之一，但相较于齐、楚、燕、韩、赵、魏六国而言，秦国毕竟因为护送周平王东迁有功而在公元前771年才被正式册封为诸侯国，此时推行分封建制的西周已经不存在了，以嬴氏族为主体的秦国历史在信奉“礼乐文明”的各诸侯国看来实在说不上有多少体面与尊荣，它不过是在战争岁月中的“暴发户”而已。虽然春秋时代秦穆公算是著名的“五霸”之一，秦国却一直是西边与犬戎周旋的小国，直到战国时代初期它也根本算不上强国，始终位处河西之地，乃是纯粹的边陲之国，而它进入高级的农业文明的时间也远较六国为晚，综合国力实属贫弱，六国当初很难想象秦国能东扩而南征北战以至于最终击败自己，而称霸中原富庶之地。

秦国后来能够成就如此伟业实在要归功于商鞅变法所取得的重大成效，而商鞅变法所推行的耕战国策从根本上就是变革西周以来所坚持的以“封建”为核心的礼乐秩序，极大地打击了世袭贵族体制，并建立了后来秦帝国政制的雏形，商鞅变法之所以能够获得成功又实在因为在秦国礼乐精神传统的薄弱。嬴氏族从商代以来积淀而成的尚武意识和精神不仅使其能够在与犬戎较量中生存下来，也不仅使其最终获得诸侯国的政治身份和参与周王朝政事的资格，最重要的还在于使其逐渐成长壮大到一统“天下”的地步。然而，也正因为如此，靠着强硬的尚武精神和高超的战争艺术而建立起来的统一帝国，其正当性很难获得有着深厚礼乐传统的六国贵族们的承认，帝国政制虽然建立起来了，可六国贵族的残余势力并不甘心灭亡，纷纷以各种方式进行复辟活动。为了镇压六国残余势力的反抗，秦始皇没有一点喘息机会，他不得不在各个领域采取巩固帝国政制的有力措施，其中一个重要举措就是开始在思想文化方面下工夫，目的正在于重建帝国政治的正当性基础。

他命令臣僚从六国的宫廷和民间收集大量的古典文献，建立一个庞大的皇家博物馆，并且聘请了70名学者，授予博士之职，在博士之下，又统摄了两千名以上的儒生。秦始皇交给这些儒生的任务就是清理古典文献，清除那些不利于帝国政治运行的书籍，将那些可以适用的典籍传布到民间。他曾经如是说：

> 吾前收天下书，不中用者尽去之，悉召文学方术士甚众，欲以兴太平。①

公元前219年，秦始皇第二次东巡来到泰山准备封禅，还专门请来当地精通封禅之学的儒生70人，询问他们封禅之礼如何进行，并在邹峄山与鲁国的儒生们商议立石碑刻的内容，讨论祭祀天地山川等方面的事情。也就是说，这位帝国开创者最初对待儒家的态度还是满不错的，因为他深知，重建帝国政治正当性离不开儒家，儒家向来以西周“礼乐文明”精神的传承者和守护者自居。

但没想到事情很快发生了变化。公元前213年，秦始皇南讨北伐取得了重大胜利，于是在咸阳大宴群臣。在盛宴上，朝中的70名博士在向皇帝祝愿之后，仆射周青臣为了讨得皇上欢颜，开始歌功颂德了。他说：

> 他时秦地不过千里，赖陛下神灵明圣，平定海内，放逐蛮夷，日月所照，莫不宾服。以诸侯为郡县，人人自安乐，无战争之患，传之万世，自上古不及陛下威德。②

这个意思不正是秦始皇坚决废封建而行郡县的理由吗？可饱读儒学经书且主张恢复西周封建制度的淳于越，却同样带着忠心向始皇帝进言，指责周青臣阿谀奉承，文饰过失，这并非忠臣所应为。此时距离帝国政制的建立已经快10年了，而且还取得了南

---

① 司马迁：《史记·秦始皇本纪》。

② 司马迁：《史记·秦始皇本纪》。

征百越和北驱匈奴的巨大成就，可就在朝堂上重臣彼此之间竟然就帝国政制发生如此大的分歧，这分明表示了帝国政治正当性的问题尚未真正解决，尤其是武力平定“天下”并不能为帝国政治直接提供有充分说服力的正当性证明。这让秦始皇心中惴惴不安。

本来，秦国是凭靠商鞅变法的耕战国策一统天下的，而商鞅乃是法家的重要代表人物，他在论证变法之必要性和根据的时候就坚决地批判儒家，把“礼、乐，《诗》《书》，修善、孝弟，诚信、贞廉，仁、义，非兵、羞战”斥为“六虱”①。面对春秋战国时代的混乱局势，在如何重建政治和社会秩序这个时代主题的问题上，诸子百家争鸣，而儒法对立则尤为明显。在很大程度上可以说，秦国的一统“天下”是法家的辉煌胜利，但这却不意味着儒家的彻底败北，当法家的务实精神在通过战争取得一统“天下”的政治经验层面大获全胜时，儒家治国的理念却早已渗透了华夏民族的心灵深处，儒生们在嬴政武力征服六国而建立起庞大帝国的时候，同样坚信自己建功立业的机会到了。淳于越就是他们的代表，他乃是齐地的儒生，对孔孟等儒学大师崇拜至极，对孔孟所推崇的尧舜之德自然也是十分的信服，他和当时的儒生一样相信“以仁义王天下”的说教，崇尚儒家之宗法伦理信条。虽然淳于越所守的儒学之道在这个偏重法家学说的新生帝国政治舞台上并不占上风，但他相信自己所提倡的儒家学说在本质上是与始皇帝治理好帝国的追求不相抵触的，他现在急于表白自己的忠心，而坚决斥责同僚。

淳于越表达的这种复古思想，遭到了法家李斯的驳斥。他认为秦始皇现在开辟的帝国政制是“建万世之功，固非愚儒所知”②，绝非“三代”旧制所能相比。李斯本是大儒荀子的高足，却完全站在法家的立场上严厉指责儒生们：

> 不师今而学古，以非当世，惑乱黔首……古者天下散乱，莫之能一，是以诸侯并作，语皆道古以害今，饰虚言以乱实，人善其所私学，以非上之所建立。③

李斯确乎有点过分，他上纲上线，如果说把淳于越的表白提升到关涉帝国命运的高度还多少有些道理，那么他把儒生们的议论斥责为可恶的政治阴谋且对皇帝的权威有损无益，就实在有些过火了。他竟然向秦始皇进言：请求史官将不是记载秦国的史书一律烧掉，除博士官所职掌之外，天下所收藏的《诗》《书》以及诸子百家著作，一律

① 《商君书·靳令》。

② 司马迁：《史记·秦始皇本纪》。

③ 司马迁：《史记·秦始皇本纪》。

没收于官府，通通烧掉；有敢于私谈《诗》《书》者处死，借古非今者给予灭族，官吏见到、听到这些举止言论而不举报的，与这些人同罪；命令下达后30天之内仍然不把书籍烧掉的，处以黥刑并且充军；不可烧毁的书仅仅包括医药、卜筮、种树之类。而要想学习法令者，则以吏为师，坚决禁止私学。这得到了秦始皇的同意。公元前213年，秦都咸阳燃起了焚书的熊熊大火，而后波及全帝国。

秦始皇“焚书”的经过大致如此。我们的问题是，李斯也是那个时代让士人们称羡的名士之一，为什么他会向始皇帝贡献这样的令当世及后世人们厌恶的意见，而始皇帝又为什么欣然采纳了这个意见呢？不管后人提供了多少解答，只要战国一统、开创中央集权的帝国历史的必然性不被否定，李斯自己称述的理由就值得人们重视，他的判断和决策是有深厚的历史感为支撑的，他不是一厢情愿，也绝非个人恩怨的表达。那时的儒生尽管言必称“三代”，却未必有真正的历史意识，尤其是未必具有政治智慧，虽不能说他们颂古非今就一定怀抱什么政治阴谋，但他们对新生帝国时下动乱的严重隐患却肯定没有洞见。至于秦始皇和李斯的考虑很可能更多地基于经验的现实难题，这个刚刚诞生的帝国实在经受不起说三道四的折腾。

紧接着发生的“坑儒”事件恰好可以印证上述判断。焚书的政治行动当然引起了儒生们的强烈不满，背后对于秦帝国的非议事件是越来越多，帝国现在是山雨欲来风满楼了。[①] 按照帝国的律法，妖言诽谤者有罪，闻而不报者亦有罪。在这种情形下，触犯秦律者如此之多，因此根据律法，只有决定实施“坑”刑了。秦始皇“坑儒”的确残暴，但或许也有无奈的成分。在将460余位儒生坑杀于咸阳之后不久，他又下令封儒生们以郎官，天下所谓的饱学之士纷纷来到咸阳。秦始皇秘密令人在骊山陵谷温暖处挖坑种瓜，使得瓜提前早熟。当七百儒生浩浩荡荡来到骊山陵谷的时候，秦始皇下令他们对瓜早熟的自然现象加以评说。本来是在温谷种瓜，瓜自然会早熟，但是儒生们却对此评头论足，争论不休。这让始皇帝哭笑不得，他真的很失望，便命令射杀儒生，然后坑杀。面临帝国现在的紧张局势，秦始皇内心深处的弦的确绷得太紧了，他的残暴之举无法得到人们的宽恕，但又不能简单地归结为政治阴谋。任何依

① 本来，“秦帝国作为能够发号施令的唯一有效的政治权力，它的建立确是政治实践中的一大发明。当然，大一统的观念在从前已有理论上的阐发，特别是被孔门某些德行科的弟子们有所阐发。可是，他们在阐发大一统观念时，它总是带有梦想的性质，甚至是对当世状况的一种反动。当世状况的特点是众多的列国并存，它们彼此结成同盟和反同盟，战斗不休。据说，那个时候的政治家们和将军们极少被禁止从忠于某一方转到忠于另一方，也极少禁止他们搞权术谋略以提高某一个王国，或者去摧毁另一个国家。除此之外，对通过称霸而旨在谋求大一统的霸权，人们的态度也是各各不一的。虽然有人为当霸主的企图辩护，说它能有效地保护周王，但更多的情况是说它用不法手段侵夺原来处于合法地位的王权”。（［英］崔瑞德、［英］鲁惟一编：《剑桥中国秦汉史》，杨品泉等译，中国社会科学出版社1992年版，第694~695页。）

据宗教或者文化权威的抽象议论都难以排遣秦始皇心灵深处的深重忧患意识：帝国政治正当性远没有建立起来，而普天之下臣民百姓对于帝国政治的承认和内心信服才是其“传之无穷”的根本保证！他“焚书坑儒”所显示的外在淫威或许正表明，其内心深处有着对儒家之于重建帝国正当性所可能具有的重要意义的痛苦反省和紧张判断。可当时的儒生是否在熟悉儒家经典语句的同时，真正领会其深邃义理，并融贯帝国政治经验，锻造出成熟的政治意识，而不是通过空谈“三代”评议时政，这无论如何都是一个需要大打问号的事情，尽管我们始终对其遭遇的悲惨命运深深地报以同情。

公子扶苏与儒生素有交谊，且受儒学的影响较深。秦始皇“坑儒”之令下达后，扶苏毅然站了出来表示反对，他谏议道：

> 天下初定，远方黔首未集，诸生皆诵法孔子，今上皆重法绳之，臣恐天下不安。唯上察之。[①]

秦始皇不仅没有接受这番谏议，反倒将其贬出咸阳，去上郡蒙恬守边的军队中当监军，帮蒙恬指挥修筑长城。秦始皇在自己生命垂危之际，急切地赶往上郡，希望托帝国之命于长子扶苏，这绝非无奈之举，也绝非表达对长子之歉意。应该说，始皇帝“使扶苏北监蒙恬于上郡”这个安排可谓用心良苦。

其一，帝国政治正当性的重建依赖于法家观念未必可靠，儒家所倡导和守护的“礼乐文明”精神也许大大有益于帝国的长治久安，秦始皇需要时间去审视和判断，他现在尚属中年，应该还有时间，再说帝国现在面临着六国贵族伺机颠覆的严重局势，来不得半点妥协和温情，法家的严刑峻法尚有用武之地，将未来帝国的统帅公子扶苏贬出咸阳，让他避开这个是非之地，无论如何属于上策。我们做出这样的推论应该有所依据，依据在于扶苏与儒生素有交谊本身，秦始皇“焚书坑儒”遭到扶苏的反对，这应该说是巨大的阻力，如果说不是如我们的推论那样，扶苏完全可能遭到灭顶之灾，至少不可能派他去上郡作监军，因为这里有数十万大军的存在，而且是整个帝国军事力量的象征，秦始皇就不担心扶苏造反吗？就是念于亲情而不杀他，那也不必要派往军营，把他囚禁在另外的地方不更妥当吗？

其二，将扶苏贬出咸阳，而派往北边军营帮助修筑长城，有助于这位未来帝国统帅在军队树立威望，军队是帝国的守护神，帝国统帅在军队的威望至关重要；而且，现在直接指挥这支庞大军队的人是蒙恬，蒙恬可是帝国难得的军事人才，未来帝国统帅与这样的军事人才需要心心相印、配合默契，扶苏的个性、人品和政治德行完全可

① 司马迁：《史记·秦始皇本纪》。

能达到这个目的，提前让他们君臣相处是合适的。尤其重要的是，未来帝国统帅必须深切了解和洞察帝国边疆局势，这是事关帝国安全的头等大事，咸阳的儒生们未必都知道帝国命脉系于边疆的深刻道理，防边是帝国政治的重大职责所在；而帝国最大的边患就在北边，游牧民族的匈奴人是威胁帝国生存安全的最大敌人，未来帝国统帅应该深知这个问题的严重性。我们的这个推论同样有着坚实的依据，嬴氏族本来就是在与西戎、北狄的长久较量中生存并发展起来的，其尚武精神正是在这种艰苦的战争环境中得以培育成熟，匈奴作为西戎、北狄的后裔，它早已让北边的诸侯国吃尽苦头，魏长城、齐长城、赵长城、燕长城的修筑就是为了抵御北边游牧骑兵的骚扰和进犯，而秦国一经平定六国建立帝国，就派重兵北上修筑长城，准备进击匈奴骑兵，否则首都咸阳将面临巨大威胁，帝国军队虽然凭借长城而进击匈奴，将其赶回大漠深处，可匈奴骑兵实力并没有被消灭，危机随时存在，这是秦始皇最大的一块心病，只不过他现在急需安定帝国内部局势，否则难以积蓄实力以对付北边边患。

只可惜，历史没有让秦始皇实现自己的心愿，他传位于扶苏的诏书被一纸矫诏替代了，扶苏被阴谋所杀，秦帝国很快就退出历史舞台了。陈胜和吴广最早对秦帝国的权威进行了挑战。公元前209年农历7月，他们带领的900名征募人员，因被大雨所阻而不能如期报到，根据有关法律，这算是严重的失职，不论何种原因都要处以死刑；为了避免这种悲惨下场，他们决定公开造反，反正都是死，造反或许还有一线生的希望。值得注意的是，他们竟然采用的是“张楚”这一夸张的国号，事实证明，他们的揭竿而起的确是一种巨大的象征，表明凭借武力而建立起来的秦帝国尚远未收拾住人心，怀抱反秦之心的人何止一二！别的不说，单说真正导致秦帝国灭亡的项羽和刘邦，他们打着楚怀王的旗号，各自心怀鬼胎，分头领兵进发秦帝国的首都——咸阳。项羽“力拔山兮气盖世”，在民间留下了许多美丽的故事和传说，在颠覆秦帝国的最初阶段，他所取得的成就也远比刘邦更为辉煌和卓著，除了个人的军事才能，一个更为根本的原因在于他出身贵族，是六国贵族残余的象征，但他不过是一介武夫，对于政治而言，虽有心却无能，他无法洞见秦始皇所开创的帝国政制对于这个偌大民族未来演进的深刻“宿命”。刘邦这位出身低微、德行极差的无赖，竟然对政治有着极高的天赋，项羽哪里是他的对手！公元前203年刘邦和项羽达成了一项划分秦帝国的正式协议，前者为西面的汉王，后者为东面的楚王。秦帝国虽然灭亡了，但对统一帝国的追求和梦想却在刘邦这个政治天才的血脉中传承了下来，并剧烈地涌动着；新一轮的厮杀在所难免，这就是历史上著名的楚汉之争。战争最后的决战在今安徽省的垓下展开，刘邦的军队成功地包围了项羽，项羽在四面楚歌的悲凉之境中，孤独而绝望地自刎江中，虽然最后展示了他血色男儿的贵族与英雄气质，但这种气质注定会在帝国政治精神面前萎靡不振。

据说，刘邦曾经见到过秦始皇，尽管那时他做梦也想不到取代这位威风凛凛的帝国皇帝的人就是自己，但他还是胆战心惊地感叹说："大丈夫当如是!"公元前202年，刘邦这个连正式名字都没有的小人物接受了皇帝的称号，建立了汉帝国，他就是汉高祖。汉高祖不想重蹈秦始皇的覆辙，为了巩固同样诞生于战争废墟上的帝国，他首先采取的措施是大赦天下，旨在赢得黎民百姓的归心和忠诚；还在刚入关中时，他就与民"约法三章"，现在他的帝国正式宣布恢复法制、重建秩序、并分发物质以救济黎民，豁免某些税赋，号召人们重整家园；他深知"休养生息"对于稳定帝国局势的重大作用和意义，一反秦帝国治国理念的法家取向而采用"黄老道术"，同时有限度地推行"分封建制"，对于北边的匈奴则采取和亲等措施。然而，这一切毕竟无法解除秦始皇曾经对于帝国所怀抱的深深忧患，病情的暂时缓解根本不意味着病根的清除。

秦帝国的创立是自春秋中经战国时代长久战争的结果，它之所以建立新的政制结构同样基于对长久战争得以发生的深刻反思。诚如赵鼎新先生所说：

> 秦国统一中国是法家改革之后战争性质发生改变的直接产物。从公元前430年大致持续到公元前350年的法家改革从两个方面改变了战争性质。首先，诸侯列国在改革之后实力大增，能够在本国内动员大量的成年男性人口和其他巨额资源，将其投入到规模更为庞大、持续时间更长的战争中去。其次，一旦从与封建危机相伴生的一系列麻烦中摆脱出来，这些诸侯国家扩张领土的欲望便急剧膨胀起来。于是，战争的目的从原来的争夺霸权转变为扩张领土。新的战争目的与诸侯列国不断增长的国家实力一道促发了公元前419年之后（尤其是公元前350年之后）全民性战争的出现。这就是为什么整个春秋——战国时代有记载的20次伤亡人数超过2万人的战争中，最早的一次发生在公元前405年，最末的一次则发生在公元前245年，并且有15次集中发生在公元前317年至公元前256年的61年间的原因。在如此大规模战争的压力之下，中国的中原地区（该地区地形相对平坦，道路网络、天然水系以及人工运河分布密集）再也经受不住多个大国长期的相互争夺与厮杀。全民性战争开始成为推动历史演变的引擎，并为公元前221年秦国一统天下开辟了道路。①

① 赵鼎新：《东周战争与儒法国家的诞生》，华东师范大学出版社、上海三联书店2006年版，第131~132页。

秦帝国延续并进一步完善了自商鞅变法以来为强大军事力量而制定的严刑峻法，这对于扫清六国贵族残余势力而稳定刚刚诞生的帝国政制秩序至少有着不可忽视的威慑作用，但毕竟不是治国的长久之法，秦帝国很快就又毁灭于战火之中。如何治理帝国，建立怎样的帝国生活秩序是摆在同样建立于战争废墟之上的汉帝国面前的根本重任，推行以“黄老道术”为依据的“休养生息”政策自然有其现实原因，也能取得不错的实效，可它毕竟不能建立起长久有效的帝国秩序，在这个问题上，一个大帝国不可能“无为”，而是必须有所为！

前述秦始皇的两大“良苦用心”实际上意味着帝国的两大根本政治使命：一是帝国政治正当性理念的确立，这关涉到帝国政制结构的建立和有效运行，关涉到帝国臣民共同政治意识的培育和建构，关涉到帝国人心的稳固和心灵秩序的塑造，关涉到帝国疆域内社会秩序的稳定与和谐；二是帝国边患问题的解决，这关涉到帝国疆土的拓展，关涉到帝国疆域的稳固与安全，关涉到帝国军队的建制，关涉到帝国处理对外关系的理念和政策的价值取向。正是这两大根本政治使命决定了整个中华帝国政治结构和法制体系建立的根本原则和基本特征，决定了帝国历史上历朝历代变法更制的立场选择和成败命运。

直到汉武帝时期，秦始皇的苦心才最终成为帝国的集体意识和政治自觉。严复译孟德斯鸠《论法的精神》为《法意》，表述确当而意蕴尤为深邃，“法”乃立法者之造物，探“法的精神”须洞察立法者之“意图”。孟德斯鸠经由“历史”而究心各国之“法的精神”，绝无意非难任何国家已经建立了的东西，每个国家将在其著作中找到自己的准则所以建立的理由；并且，人们将自然地从那里得到一个推论，就是只有那些十分幸福地生来具有天才洞察一个国家的整个政制精神的人们，才配建议改制。应该说，秦始皇和汉武帝正是这样的具有深邃历史意识和雄才大略的政治天才。顺着秦始皇的政治意识结构，我们可以对汉武帝的政治建树作如下叙述。

其一，顺势而巧妙地削藩，使帝国政制结构得以真正确立和稳固。

刘邦取得楚汉之争的胜利而创建汉帝国之前，其盟友们就已经取得了某些领土并自己称王，他出于赢得战争胜利的策略考虑而予以认可：“能攻城略地者，可以得其城池。”项羽自刎乌江之时，汉军兵士和将领为争夺项王的尸体而相互践踏，自相残杀而死者有几十人，最后的结果是，五名军官把各自所得合在一起才凑成了一具完整的项王遗体，项王的“食邑”因此而分成五份，封五人为侯。刘邦要得到他们的继续支持，就不能立刻剥夺他们冒死才赢得的成果。这就是说，刘邦刚称帝时的处境并不太好，其正当性尚未获得有效论证和承认。[①] 公元前202年，汉高祖刘邦为镇守、安抚刚刚平定的“天下”，且避免重蹈秦帝国因孤立无援而灭亡的覆辙，在大封同姓宗族的同时，还分封有功大臣20多人，没有得到分封的功臣尚在日夜盘算和等待着。这些受封的诸侯王权力极大，除了其太傅和丞相是由中央任命之外，各自主持封国内的全部行政事务，负责自己封国内的征税和防务，享有极高的独立性和自主性，他们对皇帝效忠的标志是履行每年的朝觐义务，上报其领土内的人口数字和征得的税赋，税收的一部分上缴中央政府，且负责招募和训练军队，当然没有中央政府的明确命令，他们无权动员军队作战。此时的汉高祖不得不面临的问题是：如何在授予诸侯王足够的权力以保持四周边境安全的同时，又不丧失中央对其军队和资源的真正控制权？

事实上，汉帝国建立初期，同姓诸侯王年龄尚小，没有对中央的叛离之心；但随着社会经济的发展，以及侯王们年岁渐长而能够妥善地对自己控制的领域加以管理，诸侯王的势力也就越来越大了，逐渐形成了对于中央朝廷的巨大威胁，他们出入犹如皇帝，在某些时候不仅不听皇命，甚至觊觎皇帝之位。[②] 对此，梁王太傅贾谊看得明白，他上书指出，封国过于强大而稳固，上下之间就必定会产生猜忌，忍让实在不是安定“天下”、保全诸侯的办法。他因此建议文帝通过大量增加封国数量而削弱诸侯王的权力，具体措施是制颁制度，让各个诸侯国再行细分，令其子孙按照顺序而领有祖上的土地；对那些封地多而子孙少的，就建立新的封国，使其王位暂时空缺，待生育子孙之后再授予其治理的权力。这样就能够保持帝国政治的长治久安。此乃著名的《治安策》（又称为《陈政事疏》）所提出的“众建诸侯而少其力”的削藩主张。贾谊对帝国的忧患意识，在御史大夫晁错那里最终演变为坚定的政治行动，尽管他因此而命丧黄泉，却促成景帝用武力平定了吴楚七国之乱，并将吴、赵等国分割成为几个小国，接着又颁布了诸侯王不能自治其国的新法令，规定诸侯王只能享有封国的租

---

① “有许多历史事件表明了变化的过程和有时能够加以体会的矛盾。在秦帝国的瓦解到汉朝建立时的这个纷争的年代中，刘邦的主要对手项羽并不接受帝国式的大一统为理想的政府形式，他似乎设想要搞一个松散得多的、更像邦联那样的安排。在后来，认为皇帝的主权与其说是建立在赤裸裸的征服的基础之上，不如说是建立在承认庄严的上天的恩惠或赐予的基础之上的这种想法，有时会引起使人尴尬的问题。人们可能会发问：事实上是用军事方式建立的汉朝怎样可以从道义上说是正确的呢？所以对于它的答案有时是互相矛盾的。”（［英］崔瑞德、［英］鲁惟一编：《剑桥中国秦汉史》，杨品泉等译，中国社会科学出版社1992年版，第695~696页。）

② 如公元前174年，淮南厉王刘长在封国内擅制法令，驱逐朝廷派遣的官员，并且请求自己任命丞相和二千石以上的官吏，文帝还无奈地同意了；淮南王还擅自诛杀无辜百姓，擅自赐人爵位，最高封到关内侯；并几次上书文帝，措辞都有无礼之处，文帝不好亲自开口责备他，就让薄昭写信婉转地规劝刘长，征引周成王时候管叔和蔡叔等事例作为警戒，淮南王收到此信后很不高兴，命令手下联合他人，准备起兵反叛，并派人与闽越和匈奴联络以助起兵。当然，事情后来败露了，淮南王只好自杀。

税，而无权过问国内的政务，将诸侯国的行政权收归中央，并将诸侯国的官吏等级降低到和郡的官吏相同的地位，且直接听命于朝廷。这样，诸侯王实际上就成了郡太守，其实权被极大地削弱了；不仅如此，他们的一举一动也成了其属下官吏向皇帝汇报的内容，开始过着惶惶不可终日的生活。这就为汉武帝建元二年（公元前139年）发生的一件事情提供了颇有意味的背景。

是年冬十月的某一天，代王刘登、长沙王刘发、中山王刘胜、济川王刘明，同时来到长安拜见汉武帝，武帝十分高兴，大摆筵席以盛情款待；一时间杯盏交错，乐声缭绕。可正当君臣举杯畅饮之际，中山王刘胜突然大放悲声，音乐因此戛然而止，其他三人也都面带凄色，泪落无声。中山王刘胜是景帝夫人贾姬之子，和汉武帝乃是异母兄弟，武帝见他忽然生悲而急问其中缘由。刘胜长叹说，自己长久的悲哀郁积心中，每当听到别人的叹息都会动情而落泪，即使是略微悲伤的乐曲也会让自己百感交集，因为自己虽然是侯王，却被属下官吏轻视如鸿毛，随意找茬以向皇帝邀功；如今陛下如此盛情款待，难免触景生情、悲喜交加。汉武帝于是下诏增加对诸侯王们的礼遇，废止了有关检举诸侯王的文书，以体现出自己对于宗室同胞的情意。但是，一些诸侯王很快又骄傲自大起来了，在自己的封国中胡作非为，严重破坏了大汉帝国的法令和秩序，进而再度影响到中央对于地方的控制。汉武帝此时承受着帝国政治隐忧的巨大煎熬，他急切地希望能够有一个比较妥善的办法以解决这一问题。时任中大夫的主父偃颇能理解皇上的心思，顺势上奏汉武帝对诸侯王实行"推恩令"。这引起了汉武帝的重视并采纳了这个奏议。朝廷先是暗示梁王刘襄、都城王刘延上书，请求将属邑分给自己的子弟；刘襄和刘延不明其中深意，自以为是皇帝的关怀和恩泽，于是都上书奏请皇上准许他们把属邑分给子弟们。汉武帝立即批准了他们的请求，并且下诏各诸侯王：凡诸侯王有想将其分封的领地再行分配给子弟者，即请奏报，皇上将亲自给他们确定封邑的名号。诏令下达之后，各诸侯王纷纷报呈，请求推恩。自汉武帝实行推恩政策以降，各封国越"推"越小，势力日益削弱，再也不足以与朝廷抗衡了，这就十分巧妙地、不动声色地达到了削藩的目的，真正实现了"由一位公认的皇帝在中央统治着一个统一的大帝国"① 的政治理念和原则。应该说，"推恩令"是贯彻和落实帝国政治意图且具有高超政治技艺的一次成功立法。

其二，"罢黜百家，独尊儒术"，确立了帝国正当性论证的理论基础。

对于励精图治的汉武帝来说，他必须为自己的帝国寻找到一个较之以往更为坚实

① ［英］崔瑞德、［英］鲁惟一编：《剑桥中国秦汉史》，杨品泉等译，中国社会科学出版社1992年版，第693页。

的理念基础。公元前140年，武帝下诏招募天下贤良方正和敢于直谏之才，由皇帝亲自主持考试，以求古今治国之“道”，在参加考试的百余人中，他找到了为自己今后治理帝国提供理论论证的大儒董仲舒。董仲舒向皇帝“策论”道：

道之大原出于天，天不变，道亦不变，是以禹继舜，舜继尧，三圣相受而守一道，亡救弊之政也，故不言其所损益也。由是观之，继治世者其道同，继乱世者其道变。今汉继大乱之后，若宜少损周之文致，用夏之忠者。

他进而上呈了自己确信的“治理之道”：

《春秋》大一统者，天地之常经，古今之通谊也。今师异道，人异论，百家殊方，指意不同，是以上亡以持一统；法制数变，下不知所守。臣愚以为诸不在六艺之科孔子之术者，皆绝其道，勿使并进。邪避之说灭息，然后统纪可一而法度可明，民知所从矣。①

这就是为汉武帝采纳的著名的“罢黜百家，独尊儒术”的“治国之道”。

不仅如此，董仲舒还发明了阴阳五行之宇宙论学说，这套学说完全是从政治伦常和社会制度着眼，在他看来，“天”乃是宇宙人间的最高主宰，但是这个主宰却并非是一个单一的存在，而是许多因素的结合体，“天有十端”，这十端是天、地、阴、阳、火、金、木、水、土、人，这十大因素又结合成为“四时”、“五行”；其中，“木”作为一个重要的因素被提出来了，它位于五行之中，且被看作是生养之源，“木生火，火生土，土生金，金生水”；在四时中，木所代表的乃是季夏，是一个生养的季节；在政治社会生活中，木则代表了社会经济生活的最重要的一环，“夫木者，农也。农者，民也”。根据这一后世所谓的“天人感应”之谶纬学说，董仲舒确立了人事政治与自然节律相互的一致性，并在此基础上建立了汉帝国治理系统的基本原理。

如果说，秦统一六国而建立帝国，主要功劳体现在政制层面，尚未确立起帝国统一的意识形态；那么，汉承秦制，其历史使命则在于统一的意识形态的确立和法制精神基础的奠定：

董仲舒的《春秋繁露》是继秦国《吕氏春秋》之后的又一次思想整合。董仲舒主罢黜百家，独尊儒术，以此构成帝国的新王官学，由此，与七纬关系密切的齐儒思想，逐渐成为正统。秦汉之际，帝国转型，出现持续的制度论争。董仲舒以与谶纬关系密切的公羊春秋为帝国意识形态定音，乃是以方士儒术的政制信念立儒学正统。时过境迁，重礼乐的鲁儒随王朝之转移，把

① 班固：《汉书·董仲舒传》。

齐儒传统判为异端。谶纬论为刘姓帝国起于草莽，由匹夫为天子提供了正当性。[①]

董仲舒的阴阳五行学说渗透在汉帝国的各个领域，成了名副其实的帝国意识形态，对帝国的创制立法产生了重要的影响，预示了中华帝国政制法律儒家化的发展方向。

其三，外击强悍匈奴，一展帝国雄风。

汉武帝整饬朝纲，采取一系列有效治理帝国的政策方针，心中始终怀抱一个彻底解决帝国边患的政治意图，他一反与匈奴和亲的传统政策，而养育了帝国自己的强大骑兵部队，主动进击匈奴，差不多将匈奴人从北边大漠草原上灭掉，残余下来的匈奴人四处溃散，再也无力骚扰帝国了，汉帝国的边患长时期得以解决，从根本上凝聚起了大汉民族之魂。

汉武帝的这三项伟业既往而开来。如果说，秦统一六国，开创帝国政制的先河，这不仅仅是嬴氏族在诸侯兼并战争中所取得的胜利，更重要的是，它实现了华夏族政治社会的第一次伟大转型，从根本上颠覆了西周分封建制的政制传统，而且，在颠覆这个传统的基础上还取得了影响深远的建设性成就；那么，以汉武帝为杰出代表的汉帝国不仅进一步扩展并稳固了帝国的疆域，尤其重要的是将秦始皇心中深藏的关涉帝国政治正当性之重建的痛苦选择转化为明智的政治决断，这个成就不管人们做出怎样的评价，不管人们对其君主专制集权的权力运行模式是爱还是恨，它毕竟在华夏族政治历史上存续了两千年。从传说中的夏代开始，直到战国结束，这种“天子—诸侯”的政治传统延续了两千年，而秦汉帝国之君主集权的官僚政制结构模式，虽经历了具体设置上的修正和改变，但从无根本性的变化，这个传统同样延续了两千年，直到大清帝国的覆灭。秦皇汉武对于中华帝国的创立和稳固，对于中华民族的统一、团结和精神凝固，对于中华帝国文明传统的形成和长久延续，对于中华民族生存的安全、生活的有序模式的建构和维护所立下的历史功勋是岁月永远无法销蚀的。

四、中华帝国之“礼刑合一”的法制构架

人们通常将中华帝国延续两千多年的法制架构概括为“礼法合一”，为了不至于引起过于随意的望文生义，而凸显其历史的真实面相，我们宁愿将帝国的法制架构描述为“礼刑合一”。它是礼制与刑制的统一，尽管都涉及到帝国疆域内“公”与“私”两个生活领域，但“礼制”主要关涉和处理的是“私”的生活领域，它依据的

① 刘小枫：《儒教与民族国家》，华夏出版社2007年版，第24页。

主要是等级性的身份原则，其一定程度上的“自治性”是以个体对于等级性身份原则的认同为前提的，对这个原则的违背和僭越因为关涉到帝国社会秩序的稳固而遭遇帝国惩罚性的干涉；“刑制”则主要关涉和处理的是“公”的生活领域，它依据的主要是帝国安全和皇权绝对至上的政治原则，这是帝国制定颁行的成文法典的主体，从根本上讲，其刑罚性特征是帝国战争意识和精神的体现与象征，其适用的宽严缓急表明帝国之安全与危机、和平与动荡、繁盛与衰败的不同局势和时期。

从思想传统的意义上看，帝国“礼刑合一”的法制架构正是儒法合流的结果。在前文中，我们揭示并解释了儒法之争在“如何建国”这一问题上的分歧，结果是儒家必须矫正“三代”政制的理想而直面帝国政制的现实，儒家能够在帝国政治舞台上发挥作用取决于其共同政治意识的建立，其“历史王道”的理念正好可以远比法家更成功地实现对帝国政治正当性的论证；而在“如何治国”这一问题上，儒法之争主要体现在“礼制”与“刑制”的分歧中，儒家坚持的是传统“礼制”，而法家则主张“刑制”，礼乐的传统精神与耕战的务实品格的确格格不入，彼此之间的分歧和对立并没有因为帝国的建立而结束，倒是越演越烈，而帝国如何才能长治久安又是统治者最为忧心忡忡的大问题，帝国法制的架构无疑是解决这个大问题的关键。秦始皇继续推行法家的“刑制”路线，其严酷刑威的效果并不佳，发生在汉帝国初期刘邦与陆贾君臣间的一次对话预示着未来的方向，事因陆贾在与刘邦谈话时常常称引《诗》《书》，刘邦怒骂之：

> 乃公居马上而得之，安事《诗》《书》！

陆贾却回答道：

> 居马上得之，宁可以马上治之乎？且汤、武逆取而以顺守之，文武并用，长久之术也……乡使秦以并天下，行仁义，法先圣，陛下安得而有之？[①]

这场对话与其说涉及的是帝国政治的正当性问题，毋宁说涉及的是如何有效地治理帝国的问题，“马上得天下”却不能“马上治天下”就是说源于军事目标而建立起来的“刑制”有其不可忽视的重要作用，但仍然单纯地依靠军事化的“刑制”治理帝国则肯定是不行的，儒家的“礼制”不能不予以重视。在关涉如何治理帝国的法制架构上，儒法之争的结果是儒法合流，“礼制”与“刑制”相互为用、合为一体。

事实上，儒法在帝国法制架构上的合流有着深厚的传统渊源和现实的政治基础。就前者而言，“三代”的普遍王权观念是他们共同信奉的，而普遍王权观念支撑的

---

① 司马迁：《史记·郦生陆贾列传》。

"三代"政治事实上推行的正是"礼刑合一"的法制体系，礼乐精神与原则和礼制规范系统在西周已经发展成熟，而"刑起于兵，兵刑不分"的传统同样渊源于"三代"，战争在那时是被视为王权施用刑罚的重要手段，而且是最严厉的惩罚措施和手段，直到春秋时期实为诸侯称霸的战争仍被视为对对方僭越王权的惩罚，"尊王攘夷"常常是战争双方共同的旗号。就后者而论，儒法双方对帝国皇帝的高度集权也无根本性分歧，在此前提下，儒家并不否定刑罚对于治理"天下"的重要作用，而法家尤其强调君权至上本身就表明它对礼制的等级性身份原则的肯定。分歧发生在儒法两家直面春秋战国的混乱局势，就如何重建秩序这一共同关注的问题提出的主张将"三代"以来的法制架构的两个方面分离开来，并凸显了各自强调的一面。

直面"礼崩乐坏"而"小人当政"的乱世，儒家更赋予了"礼"以"人之干"的基础性价值地位，即人需以"礼"而"定命"，而"庇身"，而"定位"。正是在这种基础性人生价值的关怀和追寻中，儒家通过重新阐释"礼"的意义，而将人之生命价值安顿在"名位"之上，这就是"所"的真实寓意：

> 夫子之言曰："礼失则昏，名失则愆。"失志为昏，失所为愆。[①]
>
> 为国君，难将及身，不恤其所。[②]

因此，人们必须慎乎"名"而守其"位"，不得须臾有失"所"：

> 为君慎器与名，不可以假人。[③]
>
> 君子思不出其位。[④]
>
> 家臣而欲张公室，罪莫大焉。[⑤]

孔子曾审慎而庄重地提出，"正名"乃为重建礼制秩序的起点。从生命价值的基础性意义上说，"正名"就是使人各守其"所"而不失为"人"；落实在现实的政治秩序之上，"正名"的基本要求便是"君君、臣臣、父父、子子"[⑥]，而"无君无父，是禽兽也。"[⑦] 孔子关于"正名"的主张，《论语》中有相当完整的记载：

> 子路曰："卫君待子而为政，子将奚先?"子曰："必也正名乎!"子路曰："有是哉，子之迂也！奚其正?"子曰："野哉，由也！君子于其所不

① 《左传·哀公十六年》。
② 《左传·昭公五年》。
③ 《左传·昭公三十二年》。
④ 《论语·宪问》。
⑤ 《左传·昭公十四年传》。
⑥ 《论语·颜渊》。
⑦ 《孟子·滕文公下》。

知，盖阙如也。名不正，则言不顺；言不顺，则事不成；事不成，则礼乐不兴；礼乐不兴，则刑罚不中；刑罚不中，则民无所措手足。故君子名之必可言也，言之必可行也。君子于其言，无所苟而已矣。”①

看来，这不是抽象的思想和议论，对话中提及的“卫君”，也就是卫出公辄，他的“为君”是不合“礼”的，因而是不具有正当性的。据《史记·孔子世家》的记载，辄是卫灵公之孙，其父蒯聩因早年欲杀灵公夫人南子未遂而出逃，流亡在外。卫灵公亡，辄继位之时，蒯聩曾谋归卫继位，终被辄兵拒而未果。辄的继位向为诸侯所病。孔子是反对“犯上作乱”，反对“僭政”的。“正名”之说，绝非空谷来音。孔子修《春秋》，仍称蒯聩为“世子”。而“世子者，父在之名。”孔子的“春秋笔法”在这里有鲜明的体现。刘宝楠《论语正义》引“孔疏”云：“正名”乃“是正世子之名以示宜为君也。”在孔子看来，辄为卫君是典型的“名不正”，是对“礼”和“道”的弃置不顾。孔子后来并未久居于卫，而是怀抱“正名”的标准离开了卫国。

在孔子儒家看来，“正名”乃“为政”之根本：

君子务本，本立而道生。②

从对话的语境看，“正名”有两个含义：一是确立“正当”之“标准”，关键在“正”，所谓“名不正，则言不顺”是也；二是依据这个标准评判、校正不正当之“名”，所谓“必也正名乎”是也。孔子是期望社会中每一个成员都能各安其分，各尽其责，以使社会达于有序的和谐状态，所谓“至善”是也。君、臣、父、子作为“正当”之“名”的标准在于：

为人君，止于仁；为人臣，止于敬；为人子，止于孝；为人父，止于慈；与国人交，止于信。③

政者，正也。子帅以正，孰敢不正。④

政者，正也。君为正，则百姓从政矣，君之所为，百姓之所从也。⑤

这正是孔子“正名”主张的深层蕴涵，它与“道”直接相贯通。或者说，“正名”本身就是“弘道”之举：

道也者，不可须臾离也。⑥

---

① 《论语·子路》。
② 《论语·学而》。
③ 《礼记·大学》。
④ 《论语·颜渊》。
⑤ 《礼记·哀公问》。
⑥ 《礼记·中庸》。

"正名"作为"为政"之本，目的在于礼制秩序的重建，而秩序的建构必须要尊"道"、合"道"、护"道"。这既是一个严肃的伦理（家庭秩序）问题，也是一个重大的政治问题，关涉到社会秩序的建立和稳固，关涉到"治"、"乱"这个"天下"秩序的根本。①

孔子儒学将"正名"直接与重建礼制秩序这一紧迫的现实需要相连，有着强烈的"道"的关怀意识。当时是天下大乱，社会严重失序。就政治局面而言，人们面临的是王室衰微、诸侯纷争、上下僭越、大夫执政、政在家门。不仅"社稷无常奉，君臣无常位"，而且，"臣弑其君"、"子弑其父"时有发生。《史记·太史公自序》云：

> 春秋之中，弑君三十六，亡国五十二，诸侯奔走不得保其社稷者不可胜数。

儒家的政治哲学就是在这样的背景下展开的。如何走出混乱而重建社会政治秩序，这是"轴心期"诸子百家面临的根本性时代课题，而儒家尤以对礼制之秩序重建为基本目标。"正名"之所以在深层次上与"道"相关联，根本原因在于，在这样一个混乱不堪的时代，不仅现实的生活难以为继，而且，人之精神凭靠随着"道"之信念的衰落也成了严重的问题。前述"轴心时期"的精神突破，实质上就是人的精神凭靠成了人们现在必须要加以思考、追问和提供答案的问题。也就是说，人之精神生命存在的价值问题被提了出来，而且成了不可回避的大问题。这个问题之所以在此时被提出来，其实与社会政治现实的时代状况是紧密关联在一起的。肉身的痛苦成了催生精神生命的酵母。政治应是有"道"的，而这个"道"与人之生命价值绝不可能不相关联。因为，政治的治乱何以出现与人之精神意义的祈向紧密相关。可以说，孔子"正名"主张的提出预示了政治秩序与人生价值问题必将成为推动儒家政治哲学开展的两轮。"三代"以来的礼乐制度秩序之所以成了儒家追忆、反思的对象，与此相关的"圣人"问题之所以成为儒家崇高的政治理念，目的就是要为衰落的礼制秩序建立起牢固的生命价值和意义根基。② 所谓"克己复礼为仁"体现了一种强烈的实践理性精神，即是通过解决做人的价值问题以从根本上解决政治治乱的问题。

由此，政治德性修为的确成了儒家政治学说强调的关节点，具体制度的技术性问题在解决政治治乱问题中的意义反倒居于其次。这在当时混乱不堪的政治局势下的确显得高蹈而不切实际，与孔子同时代且彼此有着政事瓜葛的晏婴如是说：

---

① 参见任剑涛：《伦理与政治的内在关涉——孔子思想的再诠释》，载《孔子研究》1998 年第 3 期。

② 参见刘宗贤：《孔子思想的人文精神底蕴》，载《孔子研究》1998 年第 2 期。

> 夫儒者滑稽而不可轨法；倨傲自顺，不可以为下；重丧遂哀，破产厚葬，不可以为俗；游说乞贷，不可以为国。①

而紧随其后的战国时代，儒家坚持的通过“正名”而重建“天下”礼制秩序的信念更无现实化的可能，法家在各个诸侯国推行的变法运动不仅加剧了“礼崩乐坏”，而且颠覆传统的礼制秩序恰好成为他们的政治自觉。在孔子儒家是“礼乐不兴，则刑罚不中”，也就是说，礼乐精神和原则是包括刑罚在内所有具体制度创设的正当性基础，也是其有效运行的基本前提和保证；可在法家为了赢得在不可避免和遏制的战争环境中生存和壮大的可能性，一切制度的设置和运行都必须摆脱礼乐精神和传统所蕴含的道德约束，其正当性不是根源于传统，而是取决于现实中“强国”的实际效果，战争是一种生死较量，其成败往往取决于最高统帅的理智判断和意志决断，而不依赖于道德心性的高下，法家推行的严刑峻法实质上是战争精神和原则在制度设置上的体现和融贯，它要求君主的高度集权和臣民的绝对服从，就如同军队最高司令官必须具有绝对权威一样。事实上，战国时代各个诸侯国都是军政一体化的，而且只能如此，否则不可能高效率地调配资源、整合力量以赢得战争的胜利，它在制度上必须打破贵族等级秩序，而有效地调动人口主体部分的农民的积极性，保证农战一体，法家的法制因此而呈现出从未有过的“平等”特色，所谓“王子犯法与庶民同罪”，可这种“平等”不过是高度军事化的君主集权意志下的法律的平等适用，儒家“正名”强调的“君君、臣臣、父父、子子”的等级性秩序不仅不为法家反对，反倒特别地加以强调，而且极力消除“轴心期”儒家保留的相互尊重、对等互惠、彼此约束的“五常”（仁、义、礼、智、信）伦理原则，并为了赋役而通过编户制度的设置极大地减弱了家庭的“孝弟”意识，将君主的权威推至无以复加的地步，而其合理性论证的依据则是极端功利主义的，就连君臣关系的建立也不过是基于彼此之间的功用原则，一切所谓“仁义”都不过是披着“道德”面纱的谎言，“刑赏二柄”才是君主治国的要害所在。儒法两家的确是对立的，且都有自己的传统根源，但他们都走到了偏执的地步。

汉武帝“罢黜百家，独尊儒术”所要解决的根本问题是帝国政治正当性问题，由此也确立了其后帝国长久坚持的教育原则，这有利于帝国政治意识形态的统一和维护，乃至于形成牢不可破的汉民族文化心理结构，使得任何游牧民族或半游牧民族要想统治这个庞大帝国就必须主动地“自我汉化”，而“游牧民族和半游牧民族的这种

① 司马迁：《史记·孔子世家》。

自我汉化过程大大地拓展了中华帝国在北方的疆域。"① 不过，汉武帝治理帝国的方略却是儒法兼具，② 并非"独尊儒术"：

在尊崇儒学以缘饰权力、助行统治的同时，作为一名非常积极有为的政治家，汉武帝还采用了法家的许多思想来治理国家。在其在位五十多年的时间里，汉武帝组织发动了一系列针对匈奴的战争，向西大大地拓展了汉政权统治的疆域。他重新采用了许多秦代的法律，自己亦有所发挥和创制。他解除了诸侯王侯们所享有的全部政治权力，只允许他们以食邑所贡纳之财货来养家奉生。他还强制富有的世家贵族徙居到新的地方以拔出他们的势力根基，同时还剪灭了一些桀骜不驯的地方豪强，使政府的权力得以更深入地渗透到社会生活之中。汉武帝推行了全国通用货币，将许多经济生产的要害部门特别是冶铁业和盐业置于国家的控制之下。他还在原有的科层机构之上增设了许多新的分支部门以形成科层机构内部相互制约平衡的格局。简而言之，汉武帝所建立的是与秦帝国非常相似的中央集权的科层制国家，两者之间唯一的关键性差异在于，秦帝国将其统治权力建立在纯粹的强制力量的基础之上，汉武帝统治之下的汉帝国则将其统治的合法性奠定在儒家学说以及国家政权与儒士之间的政治联盟之上。结果，秦帝国在建立一几年之后就迅速崩溃和覆亡了，而汉帝国存续的时间却长久得多。而且，汉武帝统治时期形成的这套政治模式在中国历史上一直绵延到 1911 年辛亥革命时才寿终正寝。③

依据我们已经一再强调的儒法之争基于共同的传统权力观念而展开的观点，中华帝国政治之儒法合流的治理方略必定意味着高度君主集权的官僚政制（或称"中央集权的科层制国家"），而不可能出现"共和"或者"元老院"政制形态。事实上，与前现代的西方政治文明相比较，中国古代政治思想史上从来不曾发生过关于"政

① 赵鼎新：《东周战争与儒法国家的诞生》，华东师范大学出版社、上海三联书店 2006 年版，第 171 页。

② 这其实是一个传统，事实上，儒法两家在深层次上的关联始终存在，并且体现在帝国政治和法制的实际运行之中，杨向奎先生的观点可引为证："我向来认为《周礼》是齐人编成，他们根据西周文献及齐国当时制度加以理想化而成书。这和郑玄注古经而说汉制一样，都是结合古今而互证。因为《周礼》出于齐，所以其中反映了法家的思想，我们曾经指出《公羊》《周礼》有相通处，即据此言。'礼'有仪，其中'威仪'即刑，即法；而'礼仪'包含有德与仁。后来儒家的发展，思孟学派发展了仁的思想，而有《中庸》中的'诚'与《孟子》中的'性善'，他们美化了宇宙，美化了人生，宋明理学承袭了他们，并大有发展，是为'道德学派'。荀子、韩非走向法家，后来与道家结合而成'黄老'，在中国政治史上发挥了无比作用。"（氏著《宗周社会与礼乐文明》，人民出版社 1992 年版，第 288 页。）

③ 赵鼎新：《东周战争与儒法国家的诞生》，华东师范大学出版社、上海三联书店 2006 年版，第 163 页。

体”的争论，这绝非任何一位像汉武帝那样的强力政治家所采取的一系列有利于君主集权的措施所致，而是有着不以任何强者主观意愿为转移的客观因素。① 魏特夫在探究东方专制主义之客观原因时指出，治水工程的浩大和水患的经常性发生使得专制集权成为必需，作为一个庞大的农业文明帝国，其自然地理环境和条件决定了帝国政治的确必须高度重视治水的问题，但这却无论如何不是决定帝国政体的根本原由，一个最极端也是最悖谬的现象是在中国历史上多次通过破坏水系而追求政治目的的实现。

在我们看来，中华帝国之所以从其诞生之日起就采行君主高度集权的官僚政制，根本原因在于帝国一直面临严重的边患问题。帝国本来就孕育在数百年的诸侯征战之中，而秦皇汉武之所以千方百计地废除西周以来的封建制，除了消除内乱发生的制度机制的意图外，更为关键的原因在于只有高度中央集权才可能养育一支强大的军队，以有效地消除边患，保证帝国的疆域安全。中华帝国从其创立之时起，它的西边和西南边是高原和崇山峻岭，东边和东南边濒临大海，这形成了一道天然防线，而十分安全，其腹地则是整个帝国赖以生存的坚实依靠的中原农业文明，可与腹地紧相连接的北边和西北边则是广袤的草原和戈壁大漠，游牧民族的骑兵可以横冲直撞，直接南下进入腹地，威胁到以黄河流域为核心的帝国秩序和生存安全。这是两种类型的文明，也是两种生活方式的较量，而且一直贯穿帝国历史的全程，直到近代海洋通道的开辟和冷兵器时代的结束，帝国的危机根源才发生转移，大清帝国后来之所以不再修建和维护长城，根本原因是西方殖民侵略来自海上，而且使用的是洋枪洋炮。要保证帝国边疆安全就必须有一支能够有效调控的强大军队，帝国历史上最严重的边患一直在北边和西北边，帝国边疆线的游移状态始终发生在这一线，那个时候没有民族主权国家之近现代的领土法权界限，也不存在“国际法”的法权主张与保障，唯有军事实力的对抗和较量。之所以说中华帝国政治的根本使命之一在于边疆的军事防御，而不是军事扩张，同样由农业文明及其生活方式决定，这一使命的实现就从根本上意味着帝国疆域的安全和“天下”秩序的和睦。而帝国所必须的这样一支强大军队不可能依靠贵族而得以建立，它必须依赖于占据帝国人口最大部分的农民，于是封建制就必须予以废止，而且，只有高度君主集权才有可能有效地统领和支配这支强大的军队，使其在保证解决边患的同时，又不至于成为威胁甚至颠覆帝国政制的力量，唐朝的藩镇割据和安史之乱就是明证，而宋太祖赵匡胤作为禁军统帅竟然黄袍加身而成为大宋帝

① 对于相关论题的研究成果综述，参见赵鼎新：《东周战争与儒法国家的诞生》，华东师范大学出版社、上海三联书店2006年版，第12～19页。

国的开国皇帝，更是对此有着切身的体会，这就是必须改变军队建制以达到高度控制军队的目的。①

我们之所以论点式地提及这个问题，是为了进一步阐明中华帝国法制架构的特征。根源于边患问题的帝国政制建构必定从根本上影响帝国立法意图的形成和长久不变，而且必定影响到帝国成文法典体系及其具体内容的设置。就帝国成文法典的创立意图而言，通过强调“法自君出”的效力渊源和权威意志，将帝国边患意识融贯于法典之中，并且“以刑为主”，通过“刑罚性”立法和实施，使得整个帝国官僚阶层处于高度紧张的战争意识状态，以保证危机意识不至于从其心灵深处淡化，“刑罚化”的法典体系从根本上成为帝国随时面临潜在威胁的象征。而帝国立法的这种“刑罚性”精神意向源自法家的变法改制传统，商鞅改“法”为“律”，以明确的规范形式直接表达其军事目的和军事化惩罚特征。而在帝国时代，战争是为了帝国疆域的守护。即使是对外扩张，也是传布以绝对自我中心和高级文化意识为基点的精神文化和生活方式的手段，而没有所谓“国际法”的调控与评价。中华帝国历来将威胁其存在的所有边缘文明统统称之为“蛮夷”，对其进行的防御性战争不过是一种严厉的惩罚手段，正所谓“大刑用甲兵”，因为对帝国边疆及其疆域内秩序带来危机和破坏无疑是对帝国的最大犯罪。而就成文法典体系及其具体内容的设置而论，皇权至上原则必须加以制度化的规定和落实，而军队问题又必定关涉到帝国财政、赋税、劳役、兵役等一系列制度与运行机制的设置和保障，这也使得帝国立法及其法制体系必

① “虽然在绝大多数阶级分化的社会中，至少其统治集团中，确实都弥漫着军事价值，但就此而言，他们之间仍具有巨大的差异，我们也不应低估这些差异的重要性。……在某些情况下，特别是在中国的某些历史阶段中，国家相当程度上与军国主义无缘。唐时期的中国，相对来说就并不存在来自外部攻击的严重威胁，那时对老百姓的控制也是相当成功的。原则上说，皇帝拥有最高的军事决策权，但事实上，军事机构与行政机构之间仍有着明确的区分。军队的规模小（这当然是相对社会的总体规模而言的），而且对军士效能的评价也相当低。事实上，只有极个别与此类似的非现代国家，其统治集团中的另一些成员，才赋予军队以这种屈尊的地位。社会秩序被依次划分为五个等级，其中，军队同土匪、盗贼、乞丐均居于社会的底层，士绅集团居于上层，其他等级依次为农民、工匠和商人。通常并不会给予军事首领以政治职位，而且，为了防止部队及其指挥者之间的联合，还对他们进行轮番调动。中国是那种军队的作用既在于击退入侵者或扩充国家的领土、又在于维持内部治安的少数大型传统国家之一。然而，中国一如其他地方，垄断国家机器这种暴力工具的愿望，永远只能部分地得以实现。”（［英］安东尼·吉登斯：《民族—国家与暴力》，胡宗泽、赵力涛译，生活·读书·新知三联书店1998年版，第66～67页。）

定呈现出强烈的刑罚性特征，其精神文化性质则是“军事化”的。[①] 这一切最终导致了帝国法制架构的泛刑罚化现象，也即“刑制”体系的发达和长久延续。

但是，军事化的“刑制”立法并不意味着刑制在帝国本身治理过程中的普遍运用，恰恰相反，帝国治理主要依据的是儒家“礼制”精神和原则。一方面，“礼制”与“刑制”都是关涉人们外在行为的规范体系，绝不意味着现代意义上的“道德”与“法律”的判分，从传统渊源看，西周王室创立系统化的礼制本身就是立法活动，尽管它的确宣示了道德精神，但根本意图还在于表达共同的政治意识，就像其刑制本身也在宣示政治意识和精神一样；另一方面，礼制就是礼制，刑制就是刑制，二者各有独立的不可相互替代的功能与价值，帝国法制架构正是这两个方面的有机构成。不过，帝国的礼制更多地渊源于精神传统，渊源于精神传统融贯于日用伦常而形成的风俗习惯，是任何“当世”立法者的意志不能随意创制和改变的，因此它与现代学术所谓“习惯法”有根本性区别，“礼乐”精神传统蕴含着政治共同意识，是帝国立法意志必须予以尊重和承认的，却唯独难以改变；而刑制却更多地是“当世”帝国政治意志的体现和强行实施，它因为帝国政治的根本使命意识必将长久存在，即使在和平时期也将继续存在，以作为帝国根本政治使命的象征，因此，它在一定程度上是可以修订的，其具体规范条款也是可以废止的，尤其是可以存而不用，这也就是在帝国所谓“盛世”时期何以少有死刑施行的原由。

帝国之所以主要采用“礼制”的治理方略，甚至像《唐律》那样明确宣布“一准乎礼”，这是因为作为农业文明的帝国，其社会结构的建立不可能以个体而只能以家庭（族）为基本单位，这并不意味着个体意识和个人利益需求的不存在，也不意味着个体意识和个人利益需求丝毫不存在实现的空间和途径。[②] 事实上，不论在什么

---

① 事实上，“不管大多数非现代国家是否起源于战争，总不会有人怀疑，无论在哪里，战争均是统治阶级的首要事务。……大量的考古学和人类学证据却证明：战争，即群体间的武装冲突——其中，某个共同体或代表某个共同体对另一共同体实施体罚——在各种各样的人类社会中均占主导地位。……战争是各传统国家的一项如此普遍的特征，以至于我们可能轻易地就认为，凡是传统社会就都呈现出相同的军事特征”。（［英］安东尼·吉登斯：《民族—国家与暴力》，胡宗泽、赵力涛译，生活·读书·新知三联书店 1998 年版，第 64～65 页。）

② “人们通常认为，中国唐朝时期，是能成功地把在上层实行的法律准则运用于控制民众行为的典型传统社会形态。然而，这却是双重的误解。与罗马帝国相比（罗马帝国因拥有明确地予以编纂的正式法律体系而著名），中国对儒家经典进行诠释是为了说明，国家权威应该基于道德感知而非法律感知。其中，天子是所有其他人均应效仿的对象。按照要求，受过经典教育的国家官僚，在处理引起他们关注的那些违背道德伦理的事务时，应该能凭直觉意识到自己所应尊崇的伦理准则。这并不意味着他们需要遵循正规的类别，而是要求他们就事论事地找到解决问题的具体办法。此外，中央权威机构的看法也很少直接影响到地方社区中的社会关系。”（［英］安东尼·吉登斯：《民族—国家与暴力》，胡宗泽、赵力涛译，生活·读书·新知三联书店 1998 年版，第 70～71 页。）

性质的社会政治共同体中，个体都以某种“身份”的形式而参与社会关系，在社会关系中获得认同并分配政治社会资源；不过，在不同时代之不同的政制结构之下，个人身份之确认与限定的根据是不同的。在帝国时代，正如梅因所说：

> 原始时代的社会并不是像现在所设想的，是一个个人的集合，在事实上，并且根据组成它的人们的看法，它是一个许多家族的集合体。如果说一个古代社会的单位是“家族”，而一个现代社会的单位是“个人”，则这个对比，也许可以更强有力地表示出来。
>
> 在“人法”中所提到的一切形式的“身份”都起源于古代属于“家族”的所有权利和特权。①

与现代政治社会之个人身份以公民的政治身份亮相不同，农业文明的帝国时代无疑是等级式的社会结构，没有个体独立和自主意识的法律关系的存在。由于现代政治社会是通过人与人之间平等的主体资格而建立起能够充分体现个人意思自治的各种社会关系，这种社会关系均具有法律的性质，是契约式，也就是说是有时效的，既可以建立也可以撤销和消灭，不以自然的血缘伦常关系为基础，而是理智地、人为地抽象建构而成。因此可以说，帝国时代是一个“身份社会”，而现代民族主权国家则是“契约社会”，梅因所谓“从身份到契约”就不仅是对法制精神与原则的判断，而是对人类政治文明演进的历史判断。中华帝国应该说属于“身份社会”，担负其社会治理的“礼制”不是立足于个人意义之上的，而是基于家庭（族）集合意义之上的。

帝国的“礼制”根源于“三代”尤其是西周体系化的“礼乐文明”传统，虽然帝国政制否决了西周的分封建制，但它无法破除西周以来的身份社会结构。不过，西周王室的分封建制是以世袭的贵族身份为基点的，可是自法家在各诸侯国推行变法改制以降，世袭贵族身份的传统认定遭遇到严重危机，耕战战略的实施意味着爵名的授予，以及在此基础上的田宅等财产的分配与占有机会必须向全社会尤其是广大农民开放，这意味着从根本上动摇基于自然血缘伦常的身份等级社会的续存。在此背景下，通过法律建立社会关系的可能性似乎已经出现，这也是有人认为法家具有最低限度的“法治”精神的理据所在。可问题并不如此简单，法家推行变法是出于军事政治目的，虽然破坏了传统贵族身份秩序，但却更加强化了君主集权以及在君主集权制下的社会等级性特征，郡县制的建立不过是加强了国家对土地等重要资源的控制，而比以往任何时候都要严重地将农民固定在土地之上，而且严格控制和抑制商人的活动，人口自由流动的可能性几乎不存在了，其变法改制恰恰追求的是完全的自给自足和自强

① 参见［英］梅因：《古代法》，第五章“原始社会与古代法”，沈景一译，商务印书馆1959年版。

自大，这种军事性政治意图和政制结构为帝国所继承，并为儒家所守护的“礼乐”精神之推行提供了条件。换言之，法家在客观上为儒家在帝国政治舞台上最终大显身手而复兴“礼制”奠定了政治基础，孔子曾经怀抱的“正名”追求在卫国无从实现，可在中华帝国的历史上却实现了。所谓“君君、臣臣、父父、子子”的有序化等级制序在帝国政治社会中不仅得以延续，而且通过“三纲”礼教将其进一步演变为君对臣、夫对妻、父对子的绝对支配性权力关系，并以此为基础建立起了上下有等、长幼有序、尊卑有别的社会秩序之稳固结构。

汉初《傍章律》的制定在很大程度上可以说预演了整个中华帝国秩序建构的精神方向和原则。作为汉帝国的开国皇帝，刘邦本身出身卑微，没念过什么典籍，也没有经过多少政治训教，当皇上的规矩以及处理国事的重任，未必与他的个性、气质相一致，未必就是他能一下子驾轻就熟的。而且，他依靠的众多开国功臣们也大多出身低微，文化素质低，缺乏教养，对于礼仪、法统可谓一窍不通，作为行伍出身的他们甚至压根儿就没有礼仪规矩的起码意识，在他们加官晋爵、享有权力之后，那种不拘小节的粗俗举止常常暴露无遗，乃至于群臣在饮酒之后，互相夸耀战功，醉酒喧哗，甚至为了争功，还拔刀劈砍宫殿庭柱。时常见此混乱局面的高祖刘邦有时还心想当皇帝实在没什么好玩儿的，因为现在毕竟不是处于生死较量的战场，宫廷宴饮的无序哪有戎马生涯的壮烈人生意味，尤其是庞大帝国的治理岂能儿戏嬉闹！一样深怀忧虑的大儒叔孙通向刘邦建言，一般来说，儒者对于夺取天下毫无功劳，可他们却是最适合于稳固江山的人选；自己愿意召集鲁地学者和学生，一起为朝廷制定礼仪制度。刘邦允准，但要求这些礼仪制度不要过于烦琐。看来，刘邦既希望以礼仪约束臣民，维持君臣长幼之序，却又非常地讨厌那些繁文缛节。叔孙通回答说：

> 五帝异乐，三王不同礼。礼者，因时世人情为之节文者也。故夏、殷、周之礼所因损益可知者，谓不相复也。臣愿颇采古礼与秦仪杂就之。①

历史的细节很值得人们玩味。叔孙通当过秦朝的博士官，是很有学问和见识的，且不墨守成规，懂得趋时应变。在陈胜、吴广起义反秦之后，他见秦二世昏庸无能，就回老家了，之后追随项梁和项羽反秦。在楚汉战争中，他降归刘邦。叔孙通降汉，跟随他的弟子有百余人，但他向刘邦举荐的却大多是群盗壮士。弟子们很不高兴，纷纷责问他。叔孙通对这些儒生说，汉王现在正在冒着矢石争夺天下，你们能够冲锋陷阵吗？所以我必须先举荐那些能够在战场上勇猛杀敌的人，现在还不是用你们的时候，并允诺一定会给他们找到合适的机会。现在，机会来了，弟子们如愿以偿，同时，他还征召鲁地

① 司马迁：《史记·刘敬叔孙通列传》。

的儒生30余人，以及出仕宫廷的饱学之士，共同制定汉帝国朝堂礼仪。他们花了月余时间，修定礼法、整理成册，名为《傍章律》。《傍章律》制订后，他们来到长安城郊外，对新的礼仪进行演习。刘邦检阅了演习，并批准颁行，诏命群臣学习并严格遵循之。公元前200年正月，长乐宫建成，诸侯群臣朝贺，就是依照《傍章律》所规定的新的朝仪进行的。这一天的黎明前，礼官指挥礼仪，臣下依次进入殿门，在东边排开阵势，面朝西立；侍卫官排列于殿阶两边，并分列站立于殿廷中，手握兵器，旗帜飘扬。皇帝将要上殿了，于是警戒，礼官将诸侯群臣按照次序引入殿廷，没有谁不端庄而肃敬。礼毕后，又摆设礼酒。臣子侍卫们伏身在地，低着头，按照卑幼次序起身敬贺。酒过九巡，礼官高喊"罢酒"。凡是不遵守礼仪的，都被御史纠察。在整个酒宴过程中，没有一个人敢喧哗失礼和纵情狂欢。见此情形，高祖皇帝又惊又喜，他直到现在才真正尝到做皇帝的过瘾滋味。于是，拜叔孙通为奉常，赐金五百两。叔孙通后来曾一度做了太子太傅，但因群臣不熟悉园陵寝庙制度，又奉命重新担任奉常，制定宗庙仪法。大致说来，汉初的各种仪法均由叔孙通主持制订。

据说，当初叔孙通到鲁地去征召儒生，有两位执意不肯应召。在他们看来，叔孙通侍奉过多位君王，并奉承讨好君王以博得欢心；尤其是现在"天下"刚刚平定，死去的人都还没来得及埋葬，受伤的人也尚未治愈，谈何礼乐；礼乐之事要积德百年之后方有施行资格。因此，叔孙通邀请他们参与制定礼法仪则，是对其人格的玷污。扬雄后来针对此事对叔孙通极尽讽刺之能事，司马光也批评叔孙通制定的不过是尊敬君上、抑制臣下的仪制。而"礼"是博大精深的，将其用于个人自身，则动静有节度，一切行为中规中矩；将其用于家庭，则能做到内外有别、亲族和睦；将其用于乡里，则长幼辈分分明、风俗教化和恰美好；将其用于国家，则君臣上下有等，政治制度系统而健全；将其用于"天下"，则诸侯顺服，纲纪端正。一句话，"礼"岂止朝堂君臣应酬之仪！在司马光看来，叔孙通的气度太小了，他只是剽窃了"礼制"的糟粕，用来迁就世俗，取宠皇上，这样就使得先王的"礼制"沦落丧失而不能复兴。然而，司马光没有看到，他张扬的礼法在汉帝国统一初期哪里可能存在呢？诸侯王彼此离心，诸侯和中央的关系时常有可能趋于分崩离析的地步。如果连皇帝的权威都无法树立，连有序的朝纲都不能维持，哪里还有个人家国的安定谐和可言呢？无论叔孙通的初衷是什么，让大臣们知道平日在席间的应酬之礼、知道在户室庭堂之居处也还有秩序和规矩存在，这对他们懂得一个大帝国需要有礼法存在难道没有帮助吗？为宫廷制定程式规范，不是同样有益于教导大臣们懂得帝国也有其严谨的法度吗？遵循规矩的生活一旦成为习惯，难道不是有助于培养他们对于帝国的忠诚吗？帝国需要秩序，帝国需要规矩，从日常生活到高端政事，概莫能外。不过，为了阐述自己对于历史和北宋帝国时政的看法，本着“以史为鉴”的原则而发奋编修《资治通鉴》的司马光，为评价叔孙通《傍章律》而确立起来的“礼”之为“礼”的原则，确乎阐明了“三代”礼乐精神之于中华帝国治理原则的内在关联，它的确不仅仅是帝国朝堂君臣之礼节的问题，而是关涉到整个帝国生活秩序建构与维护的问题，关涉到帝国对待世界秩序或者“天下”秩序的基本立场的问题。一言以蔽之，中华帝国乃是礼义文明之邦。而礼乐精神传统同样为“轴心期”儒家所系统传承、阐发和守护，事实上，具体承载儒家之“历史王道”的也正是“三代”之“礼乐文明”。

法国启蒙思想大家孟德斯鸠曾高明地指出，欲探究各国法制之精神，关键在于洞察其立法者的根本意图，他同时强调地理、气候等自然因素对于政治精神和政制结构形成的深刻影响。这本具有客观而科学的学术意识和立场，但遗憾的是，这一切在其实际研究的过程中，却时时显露出他基于“时下”流行与追求的价值观念——诸如“自由”——而先入为主地臆断历史的高傲，而且关于地理、气候等自然因素之于政制法律传统的影响更多地依赖其诗兴遐想。他把中华帝国判定为“一个强大的专制国家”的确不算离谱，而将其统治原则判定为“恐怖”因而“只有使用棍棒才能让人民做些事情”[①] 就多少有些情绪化了，当追究所以如此的地理、气候等自然原因时，他认为这里的人们天生就具有依赖和怯懦的性格，自然地倾向于受奴役和奴隶般服从的政治生活，这就无论如何有些荒诞不经了。他关于中华帝国法制的著名论断，即“宗教、法律、道德、礼仪都混在一起”，而“有关这四方面的箴规就是礼教。正是由于严格遵循这些礼教，中国的统治者取得了胜利”，[②] 则更暴露了他对中华帝国立法者意图之把握的含混不清。假如这位思想家能够像对待罗马帝国那样，即使带有自己的价值偏向和主观好恶，也依然不失文化追忆的诚恳和深邃的历史见解，那么，凭着他的见识和才智，应该理解中华帝国“礼刑合一”的法制架构渗透着的正是思想家们和立法者们高超的政治智慧，而这种政治智慧又绝非仰望天空而抽象玄思所能获享的，有如斯宾格勒在论及罗马法律时所说：“对于古典法学而言，具有决定性意义的事实是，法律始终是直接的公共经验的产物，而且，更进一步讲，它并不是法学家的专业经验的产物，而是那些在政治和经济生活中具有普遍意义的人的日常实际经验的产物。”[③] 中华帝国法制架构的确立正是思想家们、政治家们对于中华民族长久生活经验的总结、凝练和提升的结果，它从根本上保证了帝国有机而和谐之生活秩序

① ［法］孟德斯鸠：《论法的精神》（上册），张雁深译，商务印书馆1961年版，第129、127页。
② ［法］孟德斯鸠：《论法的精神》（上册），张雁深译，商务印书馆1961年版，第313页。
③ ［奥］斯宾格勒：《西方的没落》第2卷，吴琼译，上海三联书店2006年版，第51页。

状态的建立和维护。

但话又说回来，中华帝国之法制与基于理性的自由精神之“治国之道”的确相距甚远，有如黑格尔所说：“在东方精神里，沉沦在‘自然’里的‘精神’的巨大实体性始终保留作为一种基础。”[1] 无论如何，孟德斯鸠、黑格尔等哲人对于中华帝国政制之基本判解仍值得我们慎重对待。

① ［德］黑格尔：《历史哲学》，王造时译，上海书店出版社2001年版，第18页。

大家讲堂

如何认识百年共和的历史含义

刘小枫*

编者按 刘小枫教授此文原刊于《开放时代》2013年第5期，第183～193页。此文发表之后在知识界引起了极大反响，争论涉及到文章的基本立场，甚至延伸到对于作者的学品的判断。本刊无意加入此类论辩，也不对已经做出的诸种论辩做任何评判。但本刊编者以为，此文对理解20世纪以来的中国社会的革命、改革与法治，仍然具有重大的启发意义。得刘小枫教授授权，本刊得以重刊此文，但这里刊发的文字同《开放时代》上刊发的文字仍有少许出入。这少许的出入有一部分是从单纯的文字角度做的更改，但有一些却对我们理解此文的立场和此文关心的问题具有根本性意义。编者特将这些不同处用下划线标出，供读者明鉴。

题 记

2013年5月18日，凤凰网刊登了我在中国政法大学一个读书会上的发言记录稿，微博界随即上演了一场亚里士多德意义上的喜剧。这个记录稿既未经本人许可也未经本人审阅，文句不通和错漏之处比比皆是，小标题以哗众为目的，以致微博人士攻击的敌人面目模糊不清。

其实，我受邀参加的并非凤凰网读书会，而是广西师范大学出版社主办的读书会。邀请我的广西师大出版社政法图书编辑室主任对我说，这是一个专业界的读书会，并向我保证不会把发言弄到网上。我走进现场看到凤凰网读书会的招牌感到奇怪，这位政法图书编辑室主任对我说，是承办的学生们搞错了。我当然知道，凤凰网读书会不是我应该去的地方。政法界的读书会是专业人士聚会的场合，与微博界不同，在这样的场合谁要是说自己懂公法学或政治学常识而实际上不懂，会被人嘲笑。

* 刘小枫，中国人民大学文学院教授，博士生导师。

按尼采的说法，在“民主的时代精神及其潮湿空气的作用”下，精神难免“普遍粗俗化”，在报纸写作，就像在“未经选择的社交圈子”里发表演说。4月19日在中国政法大学举行的读书会并非“未经选择的社交圈子”，而且时间有限（规定发言30分钟），我不得不紧缩内容。4月23日下午，我给天津师范大学政治学与行政管理学院的博雅班做了内容大致相同的学术报告，讲了两个小时。为了让漫訾者更好地看清自己的敌人，以便给予精确打击，也为了让历史的后来者看清自己的敌人，有必要刊布由本人整理的讲稿。我知道，“既然忤逆人们在今天热衷的一切，我只好等待普遍的非难；何况，为了得到某些个贤哲的赏识而获得荣誉，我也不该指望公众的赏识……我不会费心去讨美妙才智或者风头人物喜欢。任何时候都会有人天生受自己的时代、国家和社会的意见的支配。在今天，一个自由之士的所为，不过是在成为同盟时代的狂热分子而已。要想超逾自己的时代而活，就得决不为这号读者写作”（卢梭，《论科学和文艺》前言）。

下面的讲稿依据在天津师大所做的学术报告整理而成，限于篇幅，仅截取与在中国政法大学的演讲内容相同的部分。

昨天下午我给大家讲了柏拉图《王制》的要义，今天上午讲了卢梭《爱弥儿或论教育》的要义，现在讲一个现代的题目——我们的百年共和问题。我希望大家能注意到，这三个题目之间有实际的内在关联。《王制》涉及何谓人世间的“最佳政制”问题，《爱弥儿》涉及民主政制构想与立法者的关系问题。显然，百年共和问题与柏拉图和卢梭想过的问题都有关联。

为什么要讲这个题目？我想理由有两个。首先，两年前时逢辛亥革命一百周年，我一直在关注认识百年共和的历史含义这个课题。第二，从我们这个文明古国的三千年历史来看，我们对改制共和这个“大变局”的认识显然不能说已经很清楚，但我们又恰恰置身于这个变局之中。这个“大变局”没有结束，还在发展，不少人还关心如何发展。要命的是，我们的传媒甚至学界仍然习惯于凭靠一些未经审视的时髦口号来看待这个问题。今年元旦的“中国梦宪政梦”事件就是一个例子。[①] 把“中国梦”说成“宪政梦”的意思是，没有实现代议民主制就还没有实现“中国梦”。可是，把“宪政”等同于代议民主制，至少在学理上说不通，因为“宪政”的历史形态并非仅此一种。如果认为实现代议民主制才能实现民族复兴，从历史来看同样有问题。魏玛民国是标准的代议民主制，其结果是纳粹上台。

---

① 《南方周末》2013年《元旦新年献词》。

从世界历史来看，改制共和的问题非常复杂，即便要思考这个问题也非常艰难。媒体人喜欢用未经审视的“普世价值”口号唤醒人民，由于一些博士或教授也成了媒体人，这类似是而非的口号也笼罩着我们的大学课堂。在座各位谁都不会否认，大学与传媒不同，大学要讲究学理地思考。诸位都是学“政治学”专业的，理应学会政治地思考政治问题。如果跟着传媒言论来看问题，“政治学”专业就白学了。毕竟，传媒言论并不专业。当然，一旦学会了政治地思考，你就可能面临两面受敌的危险处境。因为，在任何国家，激进的左派和右派公众都代不乏人。何况，心怀叵测的敌对国家还懂得且善于操控传媒，这是政治常识。

认识百年共和的历史含义是个时代难题，不能指望我们这几代人能解决这个难题。中国历史上有好些大事的评价不是迄今还有争议吗？我对这个难题的解决没有结论。我只想搞清这个难题究竟难在哪里，这是我要讲的主题。即便要搞清这一点也困难重重，因为，这涉及到具体历史，而我们对历史的认识难免不充分，何况还受种种似是而非的观念支配，以至于很容易忽视政治常识。比如，已经是代议制国家的中国在第一次世界大战后属于战胜国阵营，我们无不对巴黎和会公然无视中国的国家主权愤怒不已，却很少去想这样两个问题：第一，国家主权靠什么得以建立；第二，具有国际法效力的国际和约的性质是什么。共和革命前后，中国面临的基本问题一直是，国家徒有其名，任凭列强宰割。二战之后，作为战胜国的中国所遭遇的不公正待遇远超过一战。毕竟，我们的国家和国民不仅为保家卫国做出了巨大牺牲，也因牵制日本法西斯而为欧洲的反法西斯战场付出了巨大代价。1944 年，为了让已经体力不支的中国拖住日本，聪明的罗斯福把中国抬举为反法西斯同盟中的“四大国之一”。然而，1945 年二月，美国就用雅尔塔秘密协议打了自己的嘴巴，我们的一些聪明人却迄今对美国的抬举感恩戴德。钓鱼岛问题的性质比雅尔塔协议更为恶劣。中日战争扩展为太平洋战争之前，中国遭受日本法西斯蹂躏长达数年之久，美国并未主持国际道义，战后竟然把中国的领土交给法西斯战败国“管辖”，这凭的是什么“普世”法理？美国政府迄今宣称，对钓鱼岛主权问题不持立场，诸位学的是政治学专业，大家肯定知道，有权把一个地方交给谁来管辖不是在行使主权又是什么呢？辛亥革命之前，中国就丧失了主权能力，共和革命之后中国一直在艰难地恢复这种能力，迄今还在坚韧不拔地努力。没有完全恢复的原因，不仅因为国家实力不够，还因为美国掌握着热核武器和观念上的霸权。二战之后，亚洲战场的战胜国并没有像欧洲战场那样与战败国订立统一的和平条约，美国凭靠灭绝性武器垄断了管制和教育日本的法权。在美国的教育下，好些战前的日本法西斯政客和将军成了自由民主宪政的政要。这一切凭靠的都是如今时髦的“普世”观念。按照这种观念的逻辑，一个国家若非自由民主政体就不配拥有完整主权。

一、启蒙话语对政治常识的颠覆

20世纪的中国知识人习惯于用种种西方启蒙观念取代传统的政治常识，把种种启蒙观念变成自己的“常识”。比如，我们的历史教科书喜欢把秦始皇以来的中国政制视为“封建专制”，把“共和与专制”的二元对立观变成我们看待中国历史的“常识”。“共和”等于民主政制，民主与专制的对立成了道德与不道德的对立。其实，自由民主的法理恰恰要求限制国家的道德法权，用“价值自由”或“价值中立”废除常识道德。如果要说有什么“普世价值”，本来只会是这样一个传统常识：国家施行德政，人民不仅生活得幸福，而且有德性。尽管不同文明传统对何谓德政或何谓人民的德性有具体的礼法规定，基本道德原则并没有实质性差异。可以说，“德政”才是判断政治共同体好坏最为基本的普世标准。无论从常识还是从法理上讲，一个国家是自由民主的典范绝非等于它是道德的、正义的国家典范。早在先秦时代，韩非子就提出了一套整治贪官污吏、治官不治民、让国强民富的有效办法。但我们今天只能说，唯有自由民主才能整治贪官污吏，韩非子反倒成了专制论的鼻祖。谁不这样说就是反“自由民主”，就是“反革命”。共和革命首先是一场政治观念的革命，我们难以认识百年共和的历史含义，首先因为我们已经不能甚至不敢从政治常识来认识共和革命。

启蒙观念对政治常识的颠覆，尤其体现于学术话语与传媒话语的严重脱节。比如，业内人士都知道，中国古代一直是君主政体，不是“封建”政体，但“封建专制”迄今仍是传媒话语提到古代中国时的口头禅。从法理上讲，“封建”与“专制”是两种绝然对立的政制要素，“封建专制”的说法根本就不通。我们用来反“封建专制”的启蒙观念，恰恰来自西欧近代的封建势力和专制势力。我们知道，神圣罗马帝国从中世纪末期的962年一直持续到1806年拿破仑强迫弗朗茨二世退位，名义上存在了800多年，比中国任何一代皇朝历时都长。但是，与汉代奠立的中华帝国不同，神圣罗马帝国从一开始就是封建制。自13世纪以来，这个帝国中的好些封建势力开始寻求独立的王权，要么基于民族体形成君主国，要么基于共同利益结盟自治（比如瑞士这样的邦联）。到了18世纪，神圣罗马帝国的版图实际收缩为日耳曼语地区，皇帝仅拥有名义上的至高治权。不过，尽管大大小小的封建君主拥有相当的“专制”权，毕竟并不是绝对的，头上还有皇帝，史称主权有限的君主国。“主权”概念源于独立君主有凌越现存封建和等级现状的绝对专制权力，从法理上讲是个反

"封建"的概念。反过来说，专制君主国之内的封建势力必然削弱国家主权。法国大革命之前，欧洲的君主国大体有三种形态，与具有封建性质的有限君主国相对照的是君王拥有独立治权的君主国，史称绝对王权专制的君主国——比如大革命前的法国。君主专制的建立凭靠的是君主有权也有能力废除封建制的各种特权和协议，重建法律秩序，为了国家的整体利益废除既有封建势力和等级势力的种种权利，取消封建制度凭靠的现状（status quo）正当性原则。因此，作为一个政治统一体，专制君主国恰恰基于剪灭或抑制封建势力，封建势力没有与君主协商的权利和权力。还有第三种君主国，比如英国，这个君主国的国王虽然不受皇权制约，却并非像法王那样拥有绝对王权（主权），封建主以及各等级（高级贵族、骑士和市民阶层）组成的代表机构共同构成议会（上议院和下议院）制约着王权。从法理上讲，这种君主国施行的是所谓"议会专制"，体现主权的专制权力在议会。如果这就是现代的代议民主制的源头，那么，所谓自由民主制恰恰源于封建势力制约君主王权。在形成君主国的历史过程中，封建各等级与君主争夺权力的结果不外乎两种：要么是君主战胜封建势力，要么是封建势力战胜君主——从13世纪到17世纪的整个400年间，"大宪章"成了代表封建主和贵族及各等级组织的议会与斯图亚特王权斗争的工具。

三种君主国的差异，在国家存亡的生死关头体现得最为明显。法国式的绝对王权君主国显得最具决断战争的能力。由于封建君主的权力与皇权的相互制约，神圣罗马帝国很难具备决断战争的能力。英国式议会专制的君主国决断战争的能力也很弱，幸运的是，海洋为这个君主国提供了天然防御，受到外敌入侵的威胁大为减小，神圣罗马帝国就没有这样的幸运。

"主权"概念全然是西欧近代神圣罗马帝国崩溃过程中产生出来的，是封建制向君主专制转变的产物。无论中国古代还是古希腊和古罗马都没有"主权"概念。春秋时期国君弱化，贵族僭越，中国出现了封建制因素。战国时期，出现了封建制因素向独立君主制转化的趋势，显得像是西欧近代神圣罗马帝国崩溃的态势。秦若不重新统一中国抑制这一态势，恐怕也会有别国重新统一中国，否则，结果如何可想而知。自汉至清末，中国一直是君主政体式的皇朝政制，近似于法国式的绝对王权君主制，尽管幅员辽阔。然而，与近代西欧的绝对君主不同，中国的历朝皇帝从未获得法理上的绝对"主权"。上有天命（所谓天命转移），下有儒生官僚制，皇帝在郊祀时对天称臣，皇权在法理和制度安排（朝廷制度）上均受到制约。汉代的"白虎通会议"奠立的礼制法典，今天有人说可以叫做"君主立宪"，从法理上讲并非没有道理。按照西方的政制史学说的界定，独立君主制才是近代意义上的"国家"，英国式的君主国反倒是一个"封建社会"式的国家。因此，西方的比较政制史家承认，中华帝国是世界上最早的近代意义上的国家。不过，经过现代启蒙观念洗礼的西方比较政制史家又把这个“最早的国家”判为“落后的国家”，因为，他们若不用自然状态论和“价值自由”原则先把儒家礼制法统洗白，就无法谈论“国家”。“五四”式学人把中国的皇朝政制说成“封建专制”，从法理上讲不通，不过是学舌现代启蒙观念。即便在西方近代国家学说中，“专制”也并非邪恶政制的代名词，否则，霍布斯这样的自由主义思想鼻祖同时是个“绝对专制”论者就会让人匪夷所思。法国大革命之前的启蒙大师孟德斯鸠把君主“专制”解释为君主不受法律拘束，无法无天、恣意妄为，才使“专制”变成了邪恶政制的代名词。

秦汉时期经过连连内战和随后的对外战争建立起来的统一的中华帝国延续了两千年之久，把如此大的幅员、如此多的民族融合在一起，从世界文明政制史来看，的确非常了不起。我们应该知道，直到19世纪初，整个欧洲的人口还不到两亿。尤其了不起的是，中华帝国是一个具有德政理念的国家，儒家官僚制对此政制品质起了决定性的作用。没有实现德政不等于德政观念根本就不存在或本身是错的。无论皇帝或皇朝如何更替，儒家的德性教化式政体的品质没有变。梁启超说，中国的二十四史不过是二十四姓的历史——显然，受西方启蒙话语的影响和支配，梁启超才会说出这种对他来说堪称违背政制常识的过头话。毕竟，自汉代以来，儒家教化式政体的性质从未随二十四姓皇帝的换位而变得面目全非或“价值自由”。有人说，百年中国学术，史学最为败坏，道理兴许在于，20世纪的中国智识人几乎无不凭靠西方启蒙观念图救亡。我们的困境在于，为了救国图存不得不用西方启蒙观念搞动员，启蒙与救亡成了一回事，彻底救亡等于彻底启蒙，结果是彻底掉进启蒙观念不能自拔。理解这一点，有助于理解中国传统政制在实现“共和”的历史过程中为什么会出现那么多的困难。

二、人民主权与立法者

看清启蒙话语对政治常识的扭曲，不是要为旧制度辩护或“招魂”，而是为了看清认识百年共和的历史含义很难究竟难在哪里。毕竟，源于法国大革命的“共和革命”具有伟大的“进步”意义，即实现“人民主权”这一新的立国原则。可以说，“人民主权”原则是如今所谓“普世价值”论的基石。“大革命”意味着改变旧制度、建立新制度。即便西方的比较政制史学者也向来把法国大革命而非美国独立宣言视为世界历史的分水岭，毕竟，美利坚这个新国家是在一个飞地上建立起来的，并非基于否定既有的政制秩序，倒是基于对印第安人长达两百多年的自然状态式的系统消灭。法国大革命并没有产生一个新的国家，而是更改了立国原则。任何制度都是一套法的制度或秩序。启蒙话语喜欢说，旧的君主专制无法无天。其实，任何旧制度都既有“法”又有“天”（上帝、天神）。在法国大革命之前的基督教欧洲，上帝拥有制宪权的观念仍然具有支配地位，君主的专制权力从法理上讲不过是代表上帝行使地上的主权。“人民主权”原则具有的世界历史意义在于：型塑政治统一体的权力从王者身上转移到“人民”身上，由共同体的人民而非圣王或圣贤来决定政治共同体的生活方式。

“人民”并非上帝或“天”的代表，否则就与皇朝政制中“替天行道”的农民起义没有差别。“人民主权”取代的与其说是君王的主权，不如说是宙斯、雅威、上帝或“天”的主权。即便公羊学中的新王孔子也并不拥有主权，而是“天”的代表。“人民”这个启蒙概念既具体又抽象。就具体而言，“人民”总是一个政治共同体中的“人民”。“人民主权”学说经常把 Nation 用作“人民”的同义词，以便更为准确地界定“人民”。这意味着“人民”总是以某种政制形式存在的共同体，与国家没法分开。就抽象而言，作为整体的“人民”如何行使“主权”呢？显然，“人民”需要被代表。“人民主权”原则对所有旧的政制都具有彻底的革命性，英国的“大宪章”绝非“人民”宪法，而是封建等级与君主订立的契约。英国的议会凭靠“大宪章”与君主王权作斗争，但议会代表的是封建主和贵族及各等级组织，而非代表全体“人民”。1789 年 6 月，大革命状态下的三级会议宣布成立国民议会制定宪法，可是，法兰西“人民”从未以任何形式委托三级会议代表自己。在实现民主的历史斗争中，谁代表“人民”始终有争议，没有争议的是，“人民”必须被代表才能行使“主权”。我们难免会想到一个有趣的问题：旧制度的君王是上帝或“天”的代表，“人民”拥有主权后仍然需要代表来代行主权。

由于启蒙话语的“常识化”，我们已经忘记，“人民主权”原则这一普世价值是启蒙智识人的智性设计。任何智性设计都难免有缺陷，法国大革命之前，启蒙智识人一直在致力解决这些智性缺陷。“人民主权”论的重要表述人卢梭已经看到，“人民”如何形成统一的政治意志，是民主设计的一大难题。毕竟，任何政治共同体原本都是作为立法者的圣王型塑出来的，“人民主权”原则意味着共同体的“人民”自己型塑自己，但如何型塑自己呢？“人民主权”论的理论困难还没有解决，大革命就来了。在大革命之中，西哀士（Sieyès）依据“人民主权”论阐述了“人民”才是“制宪权”（pouvoir constituant）主体的学说，并区分了两种权力：制宪的权力与依据宪法而产生的国家权力。从法理上讲，这意味着“人民”通过立宪行使自己的主权，然后确认和规定自己的代表。吊诡的是，这个“人民代表”却有权力管制“人民”，甚至必须限制“人民”拥有的制宪权，否则，“人民”就随时可以推翻自己制定的宪法——按卢梭的说法，这才是真正的无“法”无“天”。

“主权”观念源于近代的绝对王权国家诉求，原本指君主具有的抑制封建势力、治理共同体和对外宣战的政治决断权。博丹在《共和六书》第一卷第八章论主权时，反复申说的是“取消现行法律”，颁布新的法律。霍布斯和普芬道夫进一步明确强调了主权观念的根本要义：面对共同体的内部冲突和外部干涉，君主具有基于本国的公共福祉和共同利益做出最终决断的权力。如果“君主主权论”就是所谓君主专制论，“人民主权论”也可以叫做“人民专制论”。按照启蒙熟语，“人民主权”意味着反君主专制，“人民主权”也必须以专制的方式反君主专制。毕竟，“人民”制宪权并不受任何法律形式或程序的拘束。为了确保革命成果，“人民主权”原则还得把这种专制权力延续下去。无论推翻的是旧的帝国还是专制君主国搞“共和”，问题都仍然在于如何建立政治共同体的政治秩序。实现“人民主权”需要新的立法者，谁有资格成为这样的立法者，是卢梭的《社会契约论》挑明的根本问题，因此他说，《社会契约论》不过是《爱弥儿》的附录。即便像美国那样的新国家，行使制宪权的仍然是少数立法者式的人物，而非“全体美国人民”。尚未立国，作为 Nation 的人民何在？即便基于各个利益群体或由多个制宪权主体协商制定宪法，也得靠强势的立法者。立法者必须具有认识到国家的公共福祉和共同利益的意愿和能力，卢梭并不认为，“人民”具有这样的意愿，即便有意愿也未必有这样的能力。人民的“意愿”必须靠代表来“代议”，在法国大革命中开始出现党派，然而，宪政国家中从来不可能只有一个党派，而是有相互竞争的各党派。于是，“人民”如何形成统一的意志这一问题，始终悬而未决。卢梭在 31 岁时就懂得，“任何一国的人民都只能是其政体的性质打造而成的”，最好的政体何以可能，取决于什么性质的政体才能培育出最富德性的人民。实现“人民主权”所需要的立法者应该具有怎样的品质，是更为根本的问题——这就是为什么卢梭要写《爱弥儿或论教育》。

既然“人民主权”论作为智性设计尚有诸多根本缺陷没有解决，如果没搞清楚这些缺陷，已经养成的凭靠启蒙观念来想中国问题的习惯就有问题——这是今天我们在认识百年共和的历史意义时遭遇的首要困难。冯友兰曾说，中国士人面对外来文化并未感到不自信，当发现西方的政制理念比中国的传统政制理念更好时，才一下子心慌起来。显然，不清楚西方现代政治理念在法理上的底细，我们才会心慌。伴随百年共和的历程，我们的心慌造就了史学对中国传统政体轻慢的蔑视。在中国古代政制中，君王必须为“民”是德政的基本规定，这一传统早在先秦之前就已经奠立。为“民”原则与民主原则是两回事，现代新儒家为迎合启蒙观念非把为“民”原则说成民主原则，企图以此挽救儒家政制观念，结果是得不偿失。比如，为“民”原则包含教民以德，而教民是国家赋予儒生的法权，按照自由民主法理就得取消这样的法权，教民以德不再可能。可见，现代西方政制理念成了百年来中国思想面临的死结，要解开这个死结，必须重审法国大革命之前悬而未决的民主法理难题。然而，对被自由民主观念彻底洗脑的中国知识界来说，这几乎已经没有可能……即便如此，民主政制法理带有致命的痼疾，仍然是一个事实。

法国大革命之前，欧洲好几代学人都非常推崇中国的政治体制。法国大革命之后，德国启蒙哲人黑格尔构想出了一套世界历史哲学，把世界历史视为“自由”精神实现的过程：精神的实体就是自由，世界历史不过是自由意识向前迈进的脚印。黑格尔的历史哲学把亚洲的东方民族摆在世界历史的开端，不是抬举而是贬低东方民族，因为，“自由”意识在这些民族身上程度最低。世界历史的顶峰在欧洲的日耳曼民族，言下之意，“自由”精神在日耳曼国家身上才达到了自我意识的顶峰。倘若如今我们得说，“自由”精神在美利坚合众国身上才达到了自我意识的顶峰，那么，黑格尔仅仅犯了爱国主义的错误，其历史哲学的逻辑本身没错——福山在上个世纪九十年代宣告自由民主的全球性胜利时，凭靠的正是黑格尔的历史哲学逻辑。黑格尔的自由主义世界历史哲学构想为他的法哲学提供了支撑（不妨比较《法权哲学》第三章最后一节“世界历史”与《世界历史哲学讲演录》“导言”第三部分），因为，对黑格尔来说，国家是绝对精神实现自身的质料，国家的本质在于“道德的生命力”。“自由”精神的自觉不是在空虚的空间或者观念中发生的，而是在政治现实即国家中发生的。让自己所属的民族国家成为“自由”精神最终实现的载体，就是世界历史的终结。按照这个逻辑，有抱负的中国人不是也可以把“自由”精神在中华民族（国家）身上的实现视为世界历史的终结吗？倘若如此，所谓最大的“现代专制者”也就可能是最大的自由主义普世价值论者……

三、政治的新自然状态

1791 年 9 月生效的第一部法兰西宪法规定的国体为世袭的君主政体，篇首却是原则性的“人权和公民权宣言”——似乎人权法凌驾于宪法之上。可是，按自由主义国家学说鼻祖霍布斯的著名说法，没有国家形态就谈不上保障人的基本权利，人权保障必须以统一的政治共同体即国家的存在为前提。在自然状态中，人与人之间像豺狼，哪会有人权？自然状态这一理论假设具有的讽刺意味在于，为了保障人的基本权利而建立国家的行为本身，恰恰得靠人与人之间像豺狼一样的战争状态来实现。由于这种战争状态被赋予了启蒙的目的观念，就只能称为“新自然状态”。一个统一的新政治共同体的形成很少不经过内战和对外战争，法兰西共和国的建立如此，美国和瑞士这样的邦联国家的建立同样如此——最新的例子是叙利亚反对派军人吃食政府军士兵的心脏……

法国大革命的直接结果是法国作为国家自身的危机：首先是周边各君主国组成的反法联盟的武装干涉，然后是国内保王党教士和绅士组织信奉天主教的农民进攻城市居民，以及受英国人支持的贵族和教士针对革命政府的暴力活动（暗杀民选行政长官等）。大革命后，法国出现过一连串走马灯似的宪法：革命初期的1791年宪法宣布法国为中央集权制的君主立宪国，仅仅两年之后（1793年），雅各宾派执政又颁布了新宪法（史称“共和元年宪法”），宣布法国是中央集权制的共和国，后来还有共和三年宪法……无论君主立宪制还是共和制，总之得是一个统一的政治共同体。拿破仑的复辟意味着：革命引致的外部干涉和内战，直接导致的是国家生存危机。国家作为一个完整统一体的政治存在是宪政的前提，否则，无论有多少宪法都形同废纸。“人权和公民权宣言”不仅没有改变政治共同体的基本生存原则，反倒与现代立宪国家理念构成内在矛盾。抵抗外敌和结束内战还得靠强有力的军队和军事统帅，拿破仑就是在这个时候起家的。共和国军队的诞生是法国大革命的成果，强制义务兵役制的发明使得兵源大为扩充，却剥夺了“人权宣言”的人权。即便美国这样的自由国家，迄今仍然受人权与国家利益之间的矛盾困扰，尤其当国家安全受到威胁的时候——911事件之后美国的国家权力对公民权的入侵证明了这一点。第一次世界大战之后，德国知识界侈谈英国宪政如何富有“自由”要素，韦伯嘲笑说，一旦英国遭到外敌入侵，“自由”要素就会消失殆尽。因此，宪法理论中有所谓英国的“岛屿位置顶替了宪法”的著名说法。

国家源于对人民基本生存权的保障，为了形成国家又要求国家具有型塑公民的权力，这是霍布斯的自由主义国家学说的根本要义。国家没有完整的主权，国民的基本人权也就不可能得到保障。1946年美国军人强暴北大女学生事件和晚近十多年来在日本和韩国时有发生的美国军人强暴女学生的事件，都是对所谓“人权高于主权”的驳斥。“个人自由”基于秩序，自然状态下不可能有“个人自由”。在英国治下的香港，保障“个人自由”的是君主专制——港英政府有如一个准君主国，英国派遣的总督拥有专制权。末代港督在香港推行民主政治，其目的是搞乱即将回归的香港给作为政治统一体的中国出难题——别国的政制麻烦就是自己的国家利益：你越乱越好——这是罗马人的诡计，叫“分而治之”。凭靠平定内乱和外部干涉的战功，拿破仑发动政变（1799），随后颁布共和八年宪法，名义上保留共和制，实际上是君主制复辟。但拿破仑模仿传统君主，为的是固守传统的中央集权制国家架构。拿破仑输出的宪法可以证明这一点：1798 年，拿破仑委托巴塞尔政治家奥克斯以法国 1795 年宪法为蓝本，起草了一部瑞士宪法，在法国军队监督下建立了“统一的不可分割的海尔维第共和国”。拿破仑还具有历史抱负，企图统一欧洲，重建传统的拉丁帝国——但他失败了。拿破仑战争是真正的第一次欧洲大战，也是现代战争的真正起点——如科耶夫所说，一百年后的所谓“第一次世界大战”不过是一个后续的插曲。这一事件提醒我们，尽管近代欧洲的历史是一部神圣罗马帝国分崩离析的历史，重建统一的拉丁帝国仍然是欧洲大政治家的梦想。可是，当今致力于实现这一梦想的政治家们（尤其欧盟核心国法国和德国的政治家）却一再支持分裂中国的独立分子：统一的欧洲、分裂的中国是他们的梦想。

拿破仑战败之后，欧洲发生了一件很重要的事情，这就是开了长达八个月的维也纳国际会议（从 1814 年 10 月开到 1815 年 6 月）。这次会议本来是四个战胜国——无不是君主国（英国、俄罗斯、普鲁士和奥地利）——重新划分欧洲势力范围，由于在波兰和萨克森归属问题上争执不下，立宪君主国法国的代表塔列兰巧妙利用矛盾，与英国和奥地利秘密签订了削弱俄国和普鲁士势力范围的《维也纳条约》。如果把《维也纳条约》与《凡尔赛条约》乃至“雅尔塔协议”连起来看，对我们认识百年共和的历史含义有什么启发呢？中国作为战胜国不仅没有收回被剥夺的国土，反而进一步丧失国土。谁都会说，这是因为中国很弱，然而，难道弱在国体？靠《维也纳条约》获利的国家无不是君主国，靠“雅尔塔协议”拿中国主权做交易的是苏维埃国和自由民主的美国。战前的清室王朝很弱，共和之后的民国仍然很弱。晚清王朝面临的其实是一个政治常识问题：国家的政治生存何以可能。如果晚清皇帝是英明能干的君王，国体的转换严格来讲并不难。我们遇到的是乾隆的不肖子孙，这与中国历史上多次遇到的皇朝覆灭没有实质差别。差别在于，启蒙观念的政制理念以及新的自然状态对国家的担当者阶层提出了全新挑战。在认识百年共和的历史含义时，我们的思考一直受到法国大革命带来的政体问题的压力和制约，以至于忘了一个常识：国家危难关头，考验的首先是政治共同体的领袖和这个共同体的担纲者阶层。晚清以来中国面临的根本危机是，皇朝无政治才干，靠地方儒生平定太平天国，已经预示这个王朝必然衰落。韦伯说过，德意志第二帝国的崩溃，不是由于德军在战场上无能，而是由于帝国缺乏政治才干。第二帝国崩溃之时，韦伯做了《政治作为志业》的演讲，呼唤德意志的有为青年，而非如费希特那样发表《告德意志同胞书》。

四、担纲者阶层的政治德性

一个政治共同体的生命力取决于这个共同体的担纲者阶层具有怎样的政治德性，担纲者阶层的品质是国家的政治存在的关键。法国大革命带出的新政制原则以及新的国际政治状态，并没有改变这一亘古不易的政治常识。两千多年来，无论更换了多少皇朝，中国一直葆有国家能力，凭靠的是具有优良政治德性的儒生阶层。不妨设想，如果中国在唐代实现了国家的全盘佛教化，自宋以后中国不再是一个儒教国家，情形会怎样呢？恐怕与诸多东南亚佛教国家没有什么差别。古希腊的经典思想家和历代儒家思想家一样，无不对治国者的德性给予首要的关切。“人民主权”的立宪原则并没有改变国家担纲者阶层政治品质的首要性，启蒙观念却改变了担纲者政治德性的内涵：信奉自由、民主、平等就等于具有政治德性。其结果是，自以为具有政治德性的自由人士如雨后春笋。

从政治哲学来看，启蒙思想提出以权利意识代替政治德性作为国家的政制原则，同样是悬而未决的问题。韦伯说过，担纲者阶层的政治抱负与国家的大小有关系，像瑞士这样一个小国家怎么可能产生有政治抱负的人呢？其实未必。日本这个国家不大，应对现代挑战时，日本不是否弃而是依托天皇体制作为宪政立国的根基，并非全民公投的结果，而是少数担纲者的政治决断。武士阶层的崛起是日本具有军国主义性质的根本原因，武士精神成了国家的担纲者阶层的政治品质，使得这个宪政国家天生具有侵略本性。对日本的担纲者阶层的精神品质感到震惊甚至钦佩的中国智识人，绝非只有鲁迅一人。早在16世纪后半期的丰臣秀吉时期，日本的治国者就意识到，这个岛国的自然机体不稳靠，必须爬上岸占据东亚陆地才安全。丰臣秀吉甚至制定了先夺取朝鲜，然后征服中国，最后夺取印度的宏大战略。在拿破仑战争的启发下，佐藤信渊的《宇内混同秘策》（1823）本着新的普世精神和权利观念让两个多世纪前的丰臣秀吉战略梦想变成实践目的。辛亥革命之后，中国的分裂让日本看到了图谋中国东北部的千载难逢之机，积极策划恢复满洲皇朝制。1923年东京发生大地震，让日本的担纲者阶层图谋东亚陆地的心情更加急迫：三个日本校级军官在德国的一个咖啡馆里谋划了入侵中国的“九一八”军事行动。阴谋得逞后不到半年，关东军就在长春建立满洲国，年号“大同”（1932年3），贯彻仅仅一年前才设计出来的“五族协和”论，把代表日本人（红色）、汉人（蓝色）、蒙古人（白色）、朝鲜人（黑色）、满洲人（黄色）的五色旗定为国旗，还发行了和汉满朝蒙五族少女“协和”的邮票。按主谋之一石原莞尔的战略构想，夺取中国东北后，日本当固守新的疆界，南顶北进，进占俄国鞭长莫及的西伯利亚地区。如果当时的日本宪政当局采纳了石原莞尔的构想，日本就不会入侵中国中原，而是争取“国际社会”承认日本的新“共和”版图。1937年从卢沟桥进攻北京之前，宪政国日本一方面积极经营手中木偶满洲国，一方面威逼华北自治，无论“共和”还是“自治”之类的启蒙政治理念，日本的现代武士们都玩得十分娴熟。东京审判时，检方让石原莞尔出庭作证，他的证词是：东条英机是个大蠢蛋。言下之意，要是当年依从他的战略设计，如今中日边境就离北京不到150公里。石原莞尔至死认为，他的战略梦想不过失之交臂而已。毕竟，即便1937年全面抗战之后，国民政府的政治目标也仅是“恢复到七七事变之前的状态”，并不包括收复东三省主权的诉求，直到太平洋战争爆发正式对日宣战。换言之，如果没有太平洋战争，即便国民政府将日本人赶出华北，东三省也仍然归属日本——国民政府领导人的政治意志之疲弱，由此可见一斑。

晚清几朝从来没有一个像样的王者，即便有像样的地方儒生才俊也无济于事。共和革命之后，中国成了亚洲第一个自由民主宪政共和国，仍然没有出现一个像样的王者。有个搞近代史的学者对我说过这样一个观点，要不是袁世凯因尿毒症早死几年，情况恐怕就不一样了——他的意思是，中国也许不至于陷入军阀割据的分裂。这个观点否定了孙中山发起“二次革命”的正当性，但“二次革命”不是为了实现真正的“共和”吗？“二次革命”的结果是内战连绵，君主立宪的日本国发动的全面侵华战争才逼使中国人放下真假共和之争的内战，回到政治生存的本能，捍卫国土而非“共和”。蒋介石的“先安内”战略无论有什么实际理由都必然失败，根本原因就是无视国家的政治生存。大家都知道抗战时期有不少汉奸，但什么是汉奸论呢？我从一个文献资料片中听到过一段汪精卫的讲话录音，他说，我们打内战老打不完，日本来帮我们结束内战，这次中日战争是中国的最后一次战争。于是我才知道，所谓汉奸论就是：中国人没有能力实现国家的统一，日本人来帮我们实现统一。被有人誉为20世纪第一散文家的胡兰成的说法印证了汪精卫的汉奸论，他在战后写的《山河岁月》中说：日本入侵中国的原因是辛亥革命少打了几枪（所谓“用兵不足”）。言下之意，辛亥革命后中国陷入内战为日本提供了入侵的正当理由。可是，内战不是为了实现“宪政梦”吗？上世纪80年代不是还有民主精英说，为了实现自由民主，应该让美国殖民中国300年吗？这不就是说，中国人没有能力实现自由民主，只能让美国人来帮我们实现？据说汉奸论曾经这样为自己辩护：日本属于儒家文化圈，日本人入主中原后会修复儒家传统，这与满人入主中原没差别——“五族协和”论不就以“实践王道为目的”，提倡“乐天知命、注重礼教”吗？这种辩护的荒谬之处在于无视一个政治常识：主权决定宗教。谁会担保日本入主中原后不会立宪规定中华大地奉行神道教呢？自1940年起，满洲国就被规定奉神道教为“国教”。自由人士的脑筋总不至于会认为，美国殖民中国300年后，连美国也会儒教化吧……如果担纲者阶层的政治德性发生了质变，我们在认识百年共和的历史含义时困难重重，就一点儿不奇怪。

五、百年共和的精神内伤

中国在历史上已经无数次遭遇治国者无能的麻烦，这也是古往今来任何政治共同体都可能遭遇的自然而然的麻烦。由于启蒙观念的影响，现代的政制选择之争让我们的眼睛再也看不到这一自然而然的麻烦。共同体的担纲者阶层因此出现精神分裂，分裂程度之深，史无前例。在可见的将来，西方启蒙给这个文明古国带来的巨大精神裂伤也难以愈合，这是我们难以认识百年共和的历史含义的根本困难所在。

中国的百年共和之路经历了三个历史时期，即便对这三个时期的评价也陷入严重的精神分裂。北洋时期的共和政局一片乱象，政府不仅腐败而且无能，但如今不是也有些公共知识分子说，那个时候是中国最自由的年代吗？从法理上讲，北洋政府是宪政，1921年春，孙中山在广州重建军事政权另立共和政府是反宪政，从理念上讲，南北政府是真假“共和”之争。二次革命失败之后，孙中山醒悟到，必须先搞“专制”才能完成共和革命，两次（1914和1919）重塑自己组建的政党。可是，这个政党仍然没有能力统一中国，政党的德性品质低劣是国民党失败的根本原因。毛泽东带领的共产党群体能够最终建立共和，首先在于这个担纲者阶层的德性品质——连美国人也早就知道，国共两党的政治品格不同。抗战初期，罗斯福派白宫警卫队副队长卡尔逊上尉到共产党边区做眼线。这位美军上尉跟随八路军转战千里，深受共产党军队的集体精神、爱国精神和官兵平等原则感染，公开赞扬共产党军队，以至于在1939年被迫辞职。后来，卡尔逊上尉与罗斯福的公子詹姆斯以八路军为楷模，组建了一个营的海军陆战突击队，在太平洋跳岛战役中屡建奇功。有位著名的自由派现代史学者曾撰文说，国共内战时国民党战败的根本原因是，国民党军队里面有很多共产党间谍，可惜他没有问为什么很多。我推荐大家看一本书，张胜将军的《从战争中走来》，从中可以看到老一代共产党人有怎样的精神品质……

中国共产党的性质究竟是民族性的担当还是共产主义的担当，自二战以来就长期让西方政治家感到困惑，我们自己倒不困惑，因为，共产党的政治德性确实是中国传统政治德性与西方现代启蒙德性的混合。由于这两种德性在品质上并不相容，要厘清这种混合德性的性质也就特别困难。因此，毛泽东是我们学界尤其思想界面临的一大历史难题。我们的宪政所面临的最大难题之一是如何评价毛泽东。谁是中国现代的国父呢？孙中山催生了共和革命却没有能够完成共和革命，毛泽东接着孙中山完成了共和革命。可是，毛泽东的抱负极为高远，要评价他实在太难，孙中山比起毛泽东差十万八千里，要评价孙中山并不困难。按毛泽东的自我评价，他一生仅做了两件事情：重新统一中国和搞了一场“文化大革命”。毛泽东自己更看重第二件事情。毕竟，中国在历史上陷入分裂之后重归统一已经不止一次，“文化大革命”则史无前例。统一中国仅仅算是中国历史上的功德，“文化大革命”则具有世界历史意义，因此不会有国际性的孙文主义者。“文化大革命”的构想基于“人民主权”原则，这一原则的要核首先是平等。发动“文革”之前，毛泽东从美国黑人民权运动中看到，即便美国也还没有实现真正的平等。1963 年 8 月，毛泽东发表声明支持美国黑人民权运动，让黑人民权领袖感到振奋，因为“从来还没有一个强大的国家的领袖向全世界发出过这样的号召”。美国黑人民权运动随后掀起高潮，100 多个城市爆发武装斗争。1968 年 4 月马丁·路德·金遭枪杀，毛泽东再次发表声明后，黑人们拿着《毛主席语录》袭警……对于黑人民权运动人士和第三世界国家来说，毛泽东思想的要核就是“平等”的正义。这一要核不是属于启蒙哲学吗？为了实现黑格尔所说的世界历史的“自由”精神，共和国必须具有“道德的生命力”。对毛泽东来说，人民民主就是道德的生命力。然而，“文革”使得激进的启蒙德性彻底摧毁自然德性，共和国重新陷入分裂。如果要追究“文革”理念之罪，最终会追究到西方现代启蒙理念头上。

百年共和的历史给我们留下了两个明显的内伤，一个是身体上的，一个是精神上的。身体上的内伤是，自辛亥革命之后，中国因真假共和之争陷入分裂迄今还没有统一。谁在阻挠中国的统一？美国！美国阻挠中国统一依持的是什么理念？不过是让恺撒的“分而治之”披上普世观念的外衣。精神上的内伤则来自毛泽东为了让中国这个文明古国占据黑格尔的世界历史哲学的最后阶段，以至于如今知识人对这位国父的评价极为分裂，要么恨得不行，要么爱得不行——“文革”的精神遗产是激进启蒙观念导致的中国人的精神内战。哪个民族国家的国父会是这样的呢？想到这点，我心里就难受。

从中国 3000 年文明史来看，百年历史实在短暂。然而，世界历史的“自由”精神使得百年共和史的中华大地天翻地覆——的确，“俱往矣，数风流人物，还看今朝”……然而，500 年后的中国人回头来看这段历史时会如何想呢？那时的中国还会存在精神分裂吗？我不知道……我仅仅知道，如果不从柏拉图的《王制》开始彻查西方启蒙理念的是非对错，就没可能正确认识百年共和的历史含义，从而也就没指望治愈我们的精神内伤。

学者论坛

从文明转型看当代中国社会稳定状态

张恒山[*]

摘　要　人类文明可以划分为农耕文明和商工文明两个前后相继的文明类型。农耕文明追求无讼、无争的社会稳定。而商工文明追求的是社会成员与执政者不断在"诉求—反馈—诉求—反馈"的动态沟通、获得共识、解决矛盾的过程中形成的社会稳定，与之相伴的是社会制度不断改革、不断趋于公正。当代中国正处于商工文明雏形期的中期，社会处于包含着诸多不稳定因素的基本稳定状态，其目标应是商工文明所追求的富有生命力的动态稳定。

关键词　文明转型　农耕文明　商工文明　动态稳定

一、商工文明和农耕文明的社会稳定内涵之区别

自从人类进入文明时代以后，社会由稳定向解构的演变、再由解构进入新的稳定的演变，一直是在各个文明体（国家）内部上演的历史剧。[①] 但是在不同的文明时代，社会的稳定或不稳定的内涵是不同的。当代许多学者以中国农耕文明时代的社会治乱之经验去认识、解释我国当代的社会问题，而由于当代中国不再是一个农耕文明国家，这种解释引发许多误解和混乱。为了能相对准确地看待我们当代的社会稳定现状和面对的问题，我们必须对人类文明发展的大背景有一个相对清晰的认识。

（一）农耕文明和商工文明的划分

自从人类进入文明时代以来，从纵向发展看，以公元1500年为界，人类文明经

---

* 张恒山，中共中央党校政法教研部教授，博士生导师。本文原刊于《中共中央党校学报》2014年第3期，第5～14页。转载已获得作者本人授权。

① 我们在这里暂时排除对因外部因素导致文明解体的研究。那是一个更为宏大、复杂的课题。

历过农耕文明和商工文明①两大发展阶段。前者是以农耕生产为社会物质资料主要来源的文明，后者是以商工生产为社会物质资料主要来源的文明。这是有着巨大差别的两种不同的文明。

农耕文明的主要特点是：混沌的思维方式；神本的价值观念；小农的生产方式；村社的生活方式；等级的组织形式；专制的政体形式；混杂的规则形式；交往的地域限制，等等。②

商工文明的主要特点是：思维方式的理性化；价值观念的人本化；交换方式的市场化；生产方式的工业化；分配方式的普惠化；生活方式的城市化；组织方式的民主化；管理方式的法治化；交往范围的全球化。商工文明最重要的特征是以商业交换、商业牟利为主导进行工业生产、农业生产、科技发展。③

由于世界范围的各民族发展不同步、不均衡，当商工文明在一些国家出现、发展之后，另外一些国家还处于农耕文明阶段，以至在许多人眼中，农耕文明似乎与商工文明处于同一个发展时段中，但实际上，这时的商工文明代表着一个新兴的文明、一个发展和扩张中的文明，而农耕文明却是处于没落、衰退和缩减中的文明。

（二）农耕文明和商工文明的社会稳定与失稳内涵之区别

农耕文明和商工文明的特点不同，决定了两种文明中的社会稳定与失稳内涵的不同。

农耕文明的社会稳定，其表现是：单家独户的小农经济持续正常运作、民众安居、盗贼少见。

确保农耕文明社会稳定的最主要因素是国家管理者勤政廉政、奋发有为，并与以农民为主的社会成员在经济成果上有一个合理的分配比例。以中国农耕文明国家为例，历史上凡是社会稳定的治世时期都是执政者勤奋、国家赋税轻薄时期。

农耕文明时代社会失稳的最主要原因是国家管理者的腐败。以君主为代表的国家管理者的腐败，或者导致中央政权丧失对地方官员的监控能力，地方官员造反叛乱，社会迅速进入失稳乃至混乱状态——如中国唐朝安史之乱；或者在外族入侵时无能应

---

① 斯塔夫里阿诺斯将这两类文明称为“农业文明”和“工业文明”，国内史学界绝大多数也沿用这种文明划分的称谓。但我们认为“工业文明”的说法极不准确。对一个历史现象的概括所使用的概念的偏差，会导致人们对这一历史现象认识的误解，进而对一些国家、民族的主动的历史实践产生误导。中华民族便是受“工业文明”概念误导的最大受害者。我们认为，用“农耕文明”和“商工文明”两个概念能够较准确地表现两大文明类型的区别。

② 马克尧：《世界文明史》（上），北京大学出版社2004年版，第10～11页。

③ 张恒山：《略论文明转型》，载（哈尔滨）《学术交流》2010年第12期，第4页。

对，丧师失地，民族面临被征服、文明面临被消灭的危险——如中国宋朝靖康之乱；或者导致税负日重，农民不堪负担，小农经济凋敝，农民或丧失土地、背井离乡、沦为流民，或结伙为盗、啸聚山林、对抗官府，或传播邪教、聚众立国、公然称王，等等。前两种社会失稳现象——地方叛乱、外族入侵——是非典型性的社会失稳现象，它们不具有规律性和可预测性。但第三种社会失稳现象却具有规律性。

农耕文明建立在小农经济的基础上，而单家独户的小农经济是非常脆弱的。在国家管理者轻徭薄赋的情况下，小农经济可以不断持续。一旦国家管理者腐败奢侈，对小农苛税重赋盘剥，很快就会破坏小农经济的再生产能力，使之无法持续。而小农经济被破坏，就使得整个文明失去经济支撑，必然使社会由失稳走向失序、混乱、动荡。

商工文明的社会稳定，其表现是：表面上社会矛盾不断，社会各种利益群体经常性地通过游行、示威、请愿等方式表达自己的意愿；但是，除非执政者对人们的诉求置之不理，或者粗暴地动用武力镇压这种相对和平的诉求方式以至迫使人们强化表达诉求的方式力度、乃至激起人们暴力性反抗，人们一般并不诉诸暴力的方式，而是在既有的制度框架中去追求利益的实现；从而表现为社会既有的人际交往体系持续运行。在商工文明中，社会成员即使对现有的国家管理者不满，也是通过既有的制度实现对国家管理者的更换。

确保商工文明社会稳定的最主要因素有两个，一是在既有的政治制度框架中定期性地更换国家管理者，一是不断地进行制度改进。

商工文明实践中反复上演着社会下层民众反对特定的执掌政权者或执政集团而导致其下台、并由新的执政者执政的事件，但这并不导致商工文明的政治制度框架发生变化（或者有少量的变化但并不发生急速的、根本性变化），也不导致社会失稳。相反，商工文明的社会稳定在很大程度上是由在制度框架内、定期性地对国家管理者加以变动来实现和加强的。实际上，商工文明的政治制度决定了社会成员们要定期性地选举产生执政者。原有的执政者被更换、新的执政者上台执政，已经成为商工文明的政治活动所必不可少的内容，也已成为社会稳定发展的一个必备要素。无论被更换者还是普通民众都对此习以为常，以至这种更替不仅不破坏社会政治制度框架的稳定，反而强化这种稳定。相反，如果在商工文明中长期将政权固定在一个人或一个集团手中，这反而成为社会不稳定的源头。

商工文明的国家政治构架的设计，使得商工文明能够不断地适应社会需要、适应社会特定利益群体的要求进行制度改进、完善，这也是确保商工文明社会稳定的最主要因素之一。商工文明国家特有的代议民主立法制度设计，使得国家管理者有可能适时地了解、知晓社会成员们或其中某个利益群体的特定的利益要求，并及时地以立法的方式进行制度或政策调整，使得社会成员们的利益需求得到满足。

成熟的商工文明时代（大约从1970年代开始）历时尚短，以至还没有确切的资料和范例可用来分析一个成熟的商工文明国家如何从稳定状态走向失稳、最后走上失序、混乱。所以，对这个问题，我们暂不做猜测。

另外，中国还没有进入成熟的商工文明时代，中国正走在由农耕文明向商工文明转型的路上。当代中国遇到的社会问题属于文明转型过程中的问题，而不是已经完成文明转型之后的问题。研究已经完成文明转型国家所走过的路，分析其在转型过程中所遇到的社会稳定问题，才有可能为我国当代社会稳定问题的思考和探索提供启示。

二、农耕文明向商工文明转型的两大历史性社会失稳时期

对由农耕文明向商工文明转型的过程，我们大体上可以将其划分为三个时期：萌生期（约从1500—1800年）；雏形期（约从1800—1970年）；成熟期（约从1970年至今）。

从已经完成这一文明转型的几个代表性国家的历史来看，它们大都经历了两大社会矛盾集中爆发期：一是商工文明萌生期，在这一时期为摆脱农耕文明的国家政治构架初步建构商工文明的国家政治构架而出现剧烈的社会冲突；二是商工文明雏形期，在这一时期随着工业化的展开，社会出现普遍的阶级分裂和对立。

（一）商工文明萌生阶段的政治解构和重塑时期

当世界进入15、16世纪时，随着新航路的探索、新大陆的发现、世界性贸易的发展，西欧各国率先进入商工文明的萌生时期。从世界范围看，公元1500至公元1800年大体上可以被视为商工文明的萌生阶段。

这一阶段是商工文明和农耕文明的生产生活方式交织时期，其基本特征是：城市为中心的商业蓬勃发展，商业和手工业结合是城市中占主流的生产方式；村社为主体的农业生产分化为单家独户的农民为主体的农业生产；国家政治由封建诸侯分治进入国家集权的君主专制时代；社会主要矛盾是新兴市民阶层与坚持农耕文明的君主专制制度的君主、贵族的矛盾。

随着商业的发展和由商业带动的手工业的发展、城市和市民文化的发展、市民阶层财富的积累，市民阶层越来越强烈地要求国家政治管理能够适应和保护以商业为主导的生产生活方式。当发轫于农耕文明的君主制、君主专制政体非但不能适应和保护这种萌生中的新的文明的生产生活方式且对其加以严重损害时，新兴的市民

阶层必然产生打破既有的源自于农耕文明的政治制度的要求并将这一要求付诸行动。这样，在16—18世纪的西欧就出现以尼德兰革命、英国革命、美国独立战争、法国大革命这样大规模的解构原有政治秩序、建构新的国家政治构架的社会冲突。这些通常被称为资产阶级革命的历史性事件从现在来看，实际上都是处于萌生阶段的商工文明为挣脱农耕文明的政治制度束缚而以暴力、革命的方式为自身的发展开辟道路。

可以说，农耕文明的政治组织形式及其运行方式是根本不适应商工文明的要求的。凡是向商工文明转型的国家，都或迟或早地发生为打破农耕文明的政治组织、政治制度而爆发的革命。这种革命完全是新文明的基本秩序重构性的政治社会重塑。它表现出的是阶级冲突，长时间剧烈的社会动荡，艰难的社会失序、重整。

重塑后的商工文明的政治组织形式及其运作方式是初步体现民主要求的。其特征包含权力制约、代议立法、司法独立、保护私权，等等。但这种民主只是初步的，远非完善的、成熟的。

重塑后的商工文明的政治组织形式及其运行方式，保护和促进了以市场为主导的社会生产生活方式的稳定、发展。

（二）商工文明雏形阶段的社会制度部分缺失时期

随着新的政治组织形式的构架的形成，随着工业革命的展开和工业化的进行，商工文明进入雏形阶段（约1800—1970年）。

这一阶段的社会基本特征是：商业动机促进了大工业生产，商业和大工业生产相结合成为这一时期占主导地位的生产方式；大批农民被动地或主动地离开乡村移居城市，城市成为国家政治、生产、生活的中心；国家具备初步的民主政治制度但还存在大量的不民主因素；社会分配制度的不合理导致严重的贫富差别和对市场经济再循环的阻碍；社会主要矛盾是工人和雇主之间的矛盾以及工人和实际上站在雇主一边的国家政权的矛盾。

率先进入商工文明雏形阶段的是英国。英国从16世纪开始先后经历商业革命、“光荣革命”、农业革命，继而从1760年代展开工业革命，至1830年代基本完成工业革命，初步实现由农耕文明向商工文明的转型，这对其他国家产生了强烈的示范效应。随后，一批又一批国家紧随其后探索文明转型。但这种文明转型最初都是在工业化的目标引导下启动的。首批追随英国并在1870年代先后进入工业化的欧洲国家，包括比利时、瑞士、法国、德国、意大利、西班牙、荷兰等国，以及文化与其相近的美国。从19世纪后半叶开始，俄国、日本、加拿大、澳大利亚、新西兰等国走上工业化道路，并于1940年代之前先后实现工业化。

由于社会经济权利配置失衡、成果分配严重不公，商工文明雏形期的工业革命使贫富分化急剧发展，工人劳动条件恶劣、工时超长、工资低廉、住房困难、健康恶化。这导致人们对社会制度正义性的怀疑、考问，引发下层社会民众的普遍不满和各种形式的反抗斗争。实施文明转型的英、美、西欧各国在工业化进程的中后期几乎毫无例外地都在这一阶段爆发新的社会冲突。这一冲突主要表现为雇主与工人的冲突，滞后于履行新的社会管理职能的国家政权与普通民众的冲突。

在英国，1803 年，最富裕的 1.4% 的家庭取得国民总收入的 15.7%；到 1867 年，0.07% 的家庭就取得 16.2% 的国民总收入。1803 年，收入最多的 2% 的人占有国家财富的 1/5，1867 年则是 2/5；1803 年，收入最多的 10% 的人占有国家财富的 2/5，1867 年则超过一半。相比之下，体力劳动者在国民总收入中所占比例从 1803 年的 42% 下降到 1867 年的 39%。[①] 这种情况直到 20 世纪六七十年代都没有发生根本性变化。[②]

伴随着政府对经济运行采取自由放任政策和工业化进程中的贫富分化日趋严重，英国工人为争取自身权利的斗争蓬勃发展。这使得当时的社会矛盾冲突相当激烈。英国工业革命初期就产生了伦敦通讯会这样大规模的、组织严密的工人运动组织。19 世纪前期至中期在英国反复掀起的宪章运动高潮，标志着工人由对雇主的不满，转换到对国家不完善的政治制度的不满。1820 年代普遍兴起的工会运动，以及 1880 年代英国工人政党的形成，都标志着英国工人为争取自身经济社会权利而斗争所采取的组织形式的不断改进、完善。[③]

19 世纪的美国也处于工业化的过程中。当时美国社会贫富分化，到处是血汗工厂，工人每天工作 12 小时以上，而工资却微乎其微，各种工伤事故和矿难频发，食品安全、饮水安全、环境卫生以及住房问题、穷人子女的教育问题都十分突出。“1890 年的私人财富估计有 600 亿美元，其中 330 亿美元，即 54.8% 在 12.5 万个家庭的手里，他们只占家庭总数的 1%，同时，62.5 万个家庭（50%）没有任何财富。”[④] 有人估计，1897 年，在纽约大约超过 200 万人接受过救济。在经济发展的时候，如 1903 年，该市 14% 的人口生活在困境中；在经济不好的时候，如 1897 年，这个数字是 20%。[⑤] 到 1920 年代，贫富分化情况愈趋严重。“占社会 1% 的上

① 钱承旦：《第一个工业化社会》，四川人民出版社 1988 年版，第 256 页。

② 钱承旦：《第一个工业化社会》，四川人民出版社 1988 年版，第 257 页。

③ 钱承旦：《第一个工业化社会》，四川人民出版社 1988 年版，第 288 ~ 304 页。

④ ［德］桑巴特：《为什么美国没有社会主义》，赖海榕译，社会科学文献出版社 2003 年版，第 16 页。

⑤ ［德］桑巴特：《为什么美国没有社会主义》，赖海榕译，社会科学文献出版社 2003 年版，第 16 页。

流社会中的十分之一家庭的收入，等于占社会42%的社会底层家庭收入的总和。”①

与这种剧烈的贫富分化相伴的是美国工人、下层民众要求改革现存部分制度的反叛运动。19世纪中期发生的集会、暴动、斗争，无论是有组织的还是无组织的、暴力的还是非暴力的，都没有完整的记载。但那些分散的记述也表明了美国在19世纪中期到处发生罢工运动和佃户的反抗斗争。② 到1880年代和1890年代，美国出现席卷全国、声势浩大的工农运动，其深度和广度都前所未有。从1881年到1885年，美国每年平均爆发500次罢工，每年参加罢工的工人大约15万人。1886年，美国爆发了1400多次罢工，参加者达50万人。③ 与此相伴的是各种革命组织、工人运动团体相继建立，使美国工人反抗运动愈来愈呈现出组织性，以至愈来愈对既有社会秩序表现出威胁性。

与英美大体同步，19世纪中后期的工团主义运动、社会主义运动在欧洲大陆各国也如火如荼地展开。其中社会主义运动的指导理论完全不认同既有制度体系，并主张推翻现存政权、彻底改造既有制度。该运动在当时欧洲大陆各国的下层工人群众中有着广泛的影响。1871年法国巴黎公社起义、1917年俄国十月革命、1918年10月~12月德国工人士兵起义等重大事件，表明这一时期在社会主义理论影响下的工人运动，对处于商工文明雏形状态中期的社会造成不稳定影响，并在部分国家导致秩序解构——如在俄国、德国。

（三）以英美为代表的先行实现文明转型国家对商工文明雏形期社会失稳问题的应对

19世纪英国工人阶级的斗争，使英国议会和政府认识到社会剧烈对抗的危险，从而逐渐改变态度。从1860年代开始，英国议会和政府放弃武力镇压，通过立法的方式，改革济贫法，改革选举法，改善工人生活条件，促进工人阶级和雇主矛盾的缓和。1867年，保守党首相迪斯累利（Benjamin Disraeli）说服议会通过法案降低选民财产资格限制、增加选民数目。1867年改革法案赋予自治市全体固定公民选举权，从而使人数众多的工人阶级第一次获得了选举权利。1884年自由党在首相格莱斯顿（William Gladstone）的领导下通过了1884年改革法案，赋予农业工人选举权利。1872年政府又为矿山制定了法规：禁止让妇女、12岁以下的少女及儿童到井下工作，要求矿山主为工人的安全采取合理的防备设施。1874年英国政府颁布法律，禁止10

① ［美］津恩：《美国人民的历史》，许先春等译，上海人民出版社2000年版，第321页。

② ［美］津恩：《美国人民的历史》，许先春等译，上海人民出版社2000年版，第190页。

③ ［美］津恩：《美国人民的历史》，许先春等译，上海人民出版社2000年版，第231页。

岁以下的儿童在纺织厂中工作。1878 年的整顿法案确立了工厂卫生的检查制度。1897 年的法律规定，少数工种可以实行工伤赔偿原则；1900 年这个原则又扩大到农业工人；1906 年自由党议会把赔偿原则扩大到所有企业。1901 年，法律禁止 12 岁以下的童工在工厂中从事劳动，并且对劳动条件做出了细致的规定，定期进行检查，以保证工人的健康。1906 年的教育法案为家境贫困的孩子提供免费伙食。后来又通过法案，为孩子们提供游戏场地及免费检查身体。20 世纪，英国政府颁布了一批有关公民福利法律。如：1908 年的养老金法；1909 年关于工人最低工资标准法和劳工介绍法；1911 年的国民保险法；1918 年的教育法；1922 年的住房法；1924 年的社会保障法，等等。① 这些改革措施虽然没有从根本上解决社会矛盾和冲突，但确实体现了社会管理的进步，使工人部分地分享了社会经济发展成果，从而保持了社会的相对稳定。

从 1880 年代到 1960 年代，美国工人组织和社会进步力量发起、推动了一场社会改革运动。该运动围绕以下问题展开：反垄断、反特权、反歧视；争取平等权利、改善工人待遇、缓解劳资矛盾；开展社会慈善运动、安居运动，消除贫困、救济穷人，解决食品安全、环境卫生、贫困人口教育、政治改革问题，重建法治规则、商业道德和社会价值，等等。该运动突出地表现为从西奥多·罗斯福到富兰克林·罗斯福执政期间推动美国国会进行的一系列立法改革：

第一，建立反垄断法体系，有力地维护市场公平自由竞争秩序，防止财富过分集中于少数寡头家族手中。从 1890 年被称为“世界各国反垄断法之母”的《谢尔曼法》开始，美国先后通过了一系列反垄断法律。此外，它还建立了联邦贸易委员会和司法部反托拉斯当局等机构，形成了严密的专业化监管体系。

第二，规范政府公务人员的选任制度，改革政府机构，防止政治腐败。1883 年，美国国会通过了著名的《彭德尔顿文官法》，确立了公职人员的任用、晋升通过公开考试、择优录用制度。从 1890 年代起，在社会进步力量的推动下，美国在许多城市展开了市政改革运动。一些城市陆续开展了消灭贪腐、恢复城市代议制政府、实行公平赋税、加强公用事业管理及扩大公共服务事业的改革事项，并以此推动了州级和联邦政府的改革。

第三，展开民权立法，推进社会平等。1906 年，美国国会通过了《雇主责任法》。1910—1913 年，很多州先后制定了工人赔偿法。1915 年，《拉福莱特海员法》获得国会通过。1914 年，美国联邦国会通过《克莱顿法》，宣布工会不是垄断组织，

① 由嵘：《外国法制史》（第 2 版），北京大学出版社 2003 年版，第 351～353 页。

禁止使用司法禁令压制罢工。这给工会组织的发展提供了良好的法律环境；使美国工人能够通过组织的力量、合法的渠道，强有力地表达自己的政治、经济要求。1916年，国会制定了《科恩—麦吉利卡迪法》、全国性的童工法《基廷—欧文法》。随着美国女性主义运动的蓬勃发展，美国国会在1920年8月26日将第19条修正案写入联邦宪法，广大妇女获得投票权，随后出台了一系列法律、制度和机制。随着黑人争取权利运动的发展，美国国会1957年通过了《民权法案》，禁止阻碍或剥夺黑人投票权利的行为；1964年通过了新的《民权法案》，宣布在公共设施如餐馆、车站、旅馆等实行种族隔离是违法的，也不得以种族、肤色、宗教、性别、国籍为由在雇佣上给予歧视，同时也保护公民的选举权。

第四，建构社会保障体系，为社会弱势群体提供安全保障。美国国会于1935年8月颁布《社会保障法》，掀起了第一波社会福利保障立法高潮，确立了包括失业保险、老年帮助、儿童援助、医疗照料等在内的现代社会福利保障制度的基石。1960年代，美国国会在约翰逊总统"伟大社会"计划和"向贫困宣战"口号的激励下，掀起了第二波社会福利保障立法高潮，着力解决医疗保健、教育补贴、住房补贴和食品补贴等问题，将美国社会福利保障推向高峰。到1970年代，美国已建立起一个相对完整的"社会保障安全网"。①

美国社会是在上述长时间的回应社会矛盾、冲突的改革过程中逐步恢复稳定的。

与上述英国、美国情况相似，法、德、日等其他先行进入文明转型的国家也都有着表现形式、内容有所不同的、旨在恢复社会稳定的社会制度体系变革运动。

（四）对文明转型期两大历史阶段社会稳定状况的认识

以上商工文明萌生阶段的政治解构和重塑时期伴随着大规模的暴力斗争，完全打破原有的政治制度和社会基本制度，所以这实际上是社会失序、混乱、重整时期。

英美等国的经验告诉我们，在商工文明雏形阶段的社会制度部分缺失与创建时期，先行进入文明转型的各国政府缺乏对不合理的制度变革的自觉意识，对民众关于社会制度改革的要求回应迟缓，社会不满和下层群众的怨气长期难以平复。这使得这些国家的民众不断地通过游行、示威、罢工等方式顽强地表达自己的利益要求，不断地与一度实施高压政策的政府发生冲突，导致社会处于不稳定状态。所以，我们可以把这一阶段的西方社会视为社会失稳状态。

① 邓超：《美国进步主义时期的社会控制与社会主义运动的衰落》，载《当代世界与社会主义》2009年第4期，第58~62页。赵可金：《美国如何完成社会转型》，载《学习时报》2010年4月6日，第2版；李颜伟：《美国改革的故事》，北京大学出版社2009年版。

然而，商工文明雏形阶段的社会制度部分缺失与创建时期的社会失稳状态与商工文明萌生阶段的政治解构和重塑不同，虽然在这一失稳状态中，存在着公开的阶级矛盾冲突，并且工人阶级争取自身利益的斗争还相当激烈，但是，这并不必然引发社会失序、混乱、重整。这一时期的社会矛盾、冲突，完全可以在向商工文明转型的政治重构时期形成的基本政治构架不变的情况下，通过改革部分社会制度、创建部分社会制度来加以解决，譬如改革选举制度、改进工厂制度、改革工资制度、创建社会保障制度和义务教育制度等等。在这一阶段，英美等国家的经验证明，如果国家管理者能够顺应民意、主动地进行制度变革，完全可以在社会没有完全失序、制度没有完全解构之前使社会恢复稳定。

三、当代中国的社会稳定状况定位

为了能够对社会的稳定状态做出判断，我们将社会的稳定——失序分为四种情况：稳定状态；存在着诸多扰动因素的社会基本稳定状态；社会不稳定状态；社会失序混乱状态。① 这是我们分析社会稳定状况的状态坐标系。

为了能够对当代中国的社会稳定状态做出判断，我们在将先行进入文明转型的国家所经历的过程划分为三个时期——萌生期（约从 1500—1800 年）、雏形期（约从 1800—1970 年）、成熟期（约从 1970 年至今）——基础上，进一步将中国的文明转型过程作相应的时期划分：萌生期（约从 1840—1949 年）；雏形期（约从 1950 年至

---

① “社会稳定状态”，指一定地域上的人类群体所赖以维系交往的合作系统（包括政治管理系统、经济运行系统、生活交往系统和文化观念系统）中内含的制度框架能够不断地解决既有的个人与个人之间、利益集团与利益集团之间、国家与民众之间的矛盾冲突，以至以既有的制度框架为中心的人际交往合作系统能够持续有效地运行，整个社会未发生以打破既有制度框架为目的指向、以大规模暴力行为为表现的民众反叛的社会状态。

“存在着诸多扰动因素的社会基本稳定状态”，指一个社会的一部分成员对社会的整体制度框架或基本制度框架并无不满，但对其中一些具体制度不满从而要求改变这些具体制度；然而这种改变要求得不到国家管理者的支持或回应，以至在这些具体制度问题上持续性地表现为部分社会成员对政治管理者的不满、并通过集体性的非暴力行为向政治管理者施加压力，从而表现为在具体制度、特定问题上的社会成员与国家管理者的矛盾和冲突状态。

“社会不稳定状态”，指人们认为在既有的制度框架下解决矛盾和冲突无望，社会成员不再期望同政治管理者合作，从而一种社会整体制度框架不能被维系、尤其是其中主要制度不再被人们所认同，以至社会朝向毁坏既有制度框架方向滑进（解构既有制度体系）的状态。这种状态不是社会完全被解构的混乱状态，而是社会被解构前夕朝向无序、混乱发展的状态。

“社会失序、混乱、动荡状态”，指一个社会的政治管理层完全失去社会多数人对其的信任，失去解决社会矛盾、维护社会秩序的能力，社会成员不再遵守原先的人际交往体系中的制度、规则，公然地以武力、有组织地反叛仍然致力于维护既有制度规则体系的政治管理层所呈现的全面社会冲突状态。这是通常所说的革命时代。（张恒山：《“社会稳定”概念释义》，载《中共中央党校学报》2013 年第 2 期，第 33～38 页）

今）。这是我们分析当今中国社会稳定状况的历史坐标系。

（一）当代中国的历史定位

要认识当代中国社会稳定情况，必须对其所处历史形态作一定位。一个国家或社会所处的历史形态决定了其内涵的社会基本结构和社会基本矛盾。

首先，当代中国绝非处于农耕文明时代。所以，所有以中国农耕文明时代的社会失控、农民造反起义的经验教训来警示当今中国社会的认识思路都有张冠李戴之嫌。

其次，从世界文明转型的视野来看，当代中国处于由农耕文明向商工文明过渡或转型时代。但是，准确地说，中国已经迈过了自己的商工文明的萌生期，并经历过自己的为摆脱阻碍新文明产生的农耕文明的国家政治构架、初步建构商工文明的国家政治构架而出现的剧烈社会冲突期——在中国，这一时期大约长达 100 年的时间（约 1840 年至 1949 年）。[①] 因此，用类似于法国大革命那样在商工文明萌生期呈现的伴随着政治重构而出现的剧烈社会状态来警示当代中国的社会稳定问题也是文不对题。

新中国成立之后，中国才进入自己的商工文明雏形期，即伴随着大机器生产的商工文明的工业化时期。尽管 1958 年“大跃进”之后的一个时期内，中国的经济建设走了一个大弯路，但自改革开放以来，中国的市场化、工业化运动迅猛展开，在 35 年不到的时间内，中国整体上跃升为世界第二大经济体，人均 GDP 接近 7000 美元。相对准确地说，中国目前正处于自己的商工文明雏形期的中期阶段。

从人均国民收入情况看，我国目前相当于先行完成文明转型的发达国家在 20 世纪初的发展水平。1913 年，以 1990 国际美元计算，德国人均 GDP 为 3648 元，法国为 3485 元，英国为 4921 元，荷兰为 4049 元，加拿大为 4447 元，美国为 5301 元。[②] 中国人均 GDP 于 2001 年达 3583 元（1990 年国际美元）。根据 OCED2002 年预测，中国于 2015 年人均 GDP 将达到 8265 元（1990 年国际美元）。而 2011 年中国人均 GDP 刚刚超过 5000 美元，与上述根据 1990 年国际美元所做的预测相近。以这一标准看，中国的人均 GDP 目前大约相当于美国 1913 年的发展水平。

从城市化率看，中国目前也大体相当于几个发达国家在上个世纪初的水平。中国社会科学院发布的 2012 社会蓝皮书——《2012 年中国社会形势分析与预测》——指

---

① 中国自 1840 年之后的洋务运动应被视为中国自己的商工文明萌生时代的开始。1911 年辛亥革命后直至 1949 年中华人民共和国建立，都是中国人为摆脱传统农耕文明政治构架、建构全新的商工文明的政治构架而经历的剧烈社会冲突期。其中，辛亥革命后的临时政府、北洋政府、民国政府都不过是中国文明转型中的政治转型期的过渡性政府。中国共产党执政的中华人民共和国政府才使中国的具有商工文明性质的政治构架初步定型。

② ［英］麦迪森（Angus Maddison）：《世界经济千年史》，伍晓鹰等译，北京大学出版社 2003 年版，中文版“前言”、第 80、244 页。

出，中国将近三成的农业户籍人口已经居住在城镇；2011 年中国历史上第一次城市人口超过乡村人口，城市化水平超过 50%。与之形成对照的是，1851 年英国城市人口超过总人口的 50%；1910 年德国的城市人口占总人口的 60%；1920 年美国城市人口超过总人口的 50%；1931 年法国城市人口达到总人口的 51.2%。

大体说来，中国自 1990 年代到目前为止，整体上处于先行完成文明转型国家 1860 年代—1930 年代的发展水平，即处于商工文明雏形期之中期。所以，与先行完成文明转型国家在相同历史发展阶段的情况相似，当代中国也迎来第二个社会矛盾集中凸现期。

（二）当代中国社会稳定状况定位——包含着诸多不稳定因素的社会基本稳定状态

我们认为，尽管中国社会当下有各种群体性事件发生、有大量群众信访上访行为，但社会并没有进入朝向毁坏既有制度框架（解构既有制度体系）方向滑进的状态——不稳定状态。如前所述，我们所定义的“社会不稳定状态”是，人们认为在既有的制度框架下解决矛盾和冲突无望，社会成员不再期望同政治管理者合作，从而一种社会整体制度框架不能被维系、尤其是其中主要制度不再被人们所认同，以至社会朝向毁坏既有制度框架方向滑进（解构既有制度体系）的状态。①

首先，中国的群体性事件，信访、上访行为，基本上都是围绕一个一个具体的利益诉求而发生的。譬如，一座房屋是否应当拆除、一块土地是否应当被征收、一座被拆除的房屋或一块被征收的土地的补偿款是否合理、一个有污染风险的企业或工程是否应当在某地建设施工、某个职业群体或利益群体——例如民办教师、下岗工人、复转军人、库区移民、被征地村民等——的待遇、补偿是否合理，等等。这些利益诉求并不包含对当代中国整体制度框架的解构、重塑企图。相反，提出这些利益诉求者恰恰是企图在既有制度体系内解决问题，从而表现为对现有的整体制度框架和对上层政治管理者的信任和认同。同时，客观上，只要政治管理层认真对待这些利益诉求，不以对抗性心态待之，在我国现有的基本制度框架不作变动的情况下，完全可以通过部分的具体制度的改革、政策的调整来满足上述利益诉求，解决社会矛盾。

其次，当代中国的群体性事件、信访上访行为，都是群众自发性的个体行为，不是由长期存在的某种组织团体有计划、有目的、有步骤地发动起的事件、行为。目前在中国不存在以彻底推翻现存政权、彻底改造现存制度体系为主导的理论，和以这一理论为指导的有组织的社会运动。这种情况几乎完全不同于 1860 年代—1930 年代期

① 张恒山：《“社会稳定”概念释义》，载《中共中央党校学报》2013 年第 2 期，第 33～38 页。

间的欧美主要国家。① 以1982年宪法为统摄的具有中国特色的社会主义法律制度体系整体上得到中国绝大多数人的认可。即使在群体性事件、信访上访行为数量呈上升趋势时，通过这些事件、行为来表达诉求、不满的绝大多数人，也并没有丧失对当代中国整体制度框架的信心，没有丧失对执政者整体、尤其是对执政者上层的信心。这就使得当代中国的带有分散性、自发性、个体性、短暂性的群体性事件、行为对社会整体制度框架不构成威胁。这也就为当代中国通过自身的改革，来调适社会各种利益诉求、建构趋向和谐的社会，提供了空间和可能。

第三，尽管在少数群体性事件中出现暴力行为，但绝大多数群体性事件都表现为非暴力特征。提出利益诉求者大多通过征集签名、散步、聚集等方式表达自己的要求。除了边疆地区在分裂势力的煽动下出现的少数事件之外，内地从未出现过提出利益诉求者一开始就以武力的方式表达要求、强迫政治管理层接受其条件的情况。实际上，在少数群体性事件中出现的暴力行为，或者出于群众中少数人情绪失控发泄不满，或者出于负有回应诉求、处理事件的责任的政治管理者未能及时回应群众的利益诉求或适当处理事件而导致矛盾激化，都不是群众的必然性行为。由于群体性事件中的绝大多数不具有暴力性，极少数出现暴力行为的群体性事件自身不具有出现暴力行为的必然性，所以，当代中国的群体性事件并不具有破坏社会基本秩序的严重性。

第四，当代中国以中国共产党为执政党的国家政权仍然保持着对社会的强大控制能力和组织号召能力。这是1860年代—1930年代期间任何一个欧美国家政权都无法与之相比的，是维护社会秩序、确保社会稳定的重要因素。这不仅表现为以宪法、法律、法规和其他各种规则构成的国家社会制度基本得到遵守、运行，表现为国家政权各机构能够正常运转、履责，还表现为中国共产党仍然保持着强大的调适自身的能力。中国共产党依据“实事求是”“改革创新”这一基本思想原则，依靠密切联系群众的传统和各种联系群众的实践渠道，能够不断地面对现实、发现问题、总结经验、提出对策、贯彻落实。面对当前群体性事件、信访上访行为增多现象，中国共产党领导层及时加以关注、研究，提出了以完善和发展中国特色社会主义制度、推进国家治理体系和治理能力现代化为全面深化改革的总目标，以经济体制、政治体制、文化体

① 这一点，与欧美国家有明显不同。以欧美为代表的先行完成文明转型的国家从1860年代—1930年代期间，普遍存在工团主义运动、社会主义运动。其中社会主义运动的指导理论完全不认同既有制度体系，并主张推翻现存政权、彻底改造既有制度。该运动在当时欧洲各国的下层工人群众中有着广泛的影响。1871年法国巴黎公社起义，1886年5月1日美国芝加哥工人游行，1918年10月—12月德国工人士兵起义等重大事件，表明这一时期在社会主义理论影响下的工人运动对处于商工文明雏形状态中期的社会造成不稳定影响，并在部分国家导致秩序解构——如在俄国、德国。

制、社会体制、生态文明体制和党的建设制度六个方面改革为全面深化改革的分目标的系统性改革方案。[①] 随着这一改革方案及其各项具体措施的贯彻落实，中国的社会稳定状况会进一步得到改善。

第五，从中国共产党执行改革开放路线、走市场经济道路以来，中国经济腾飞状发展。中国人均 GDP 由改革开放初期不足 200 美元上升到目前的接近 7000 美元。[②] 中国整体上升为世界第二大经济体。人民群众在经济发展中整体上受益，多数人安居乐业，初步进入小康生活水平。经济发展、生活改善、财富增加，使得绝大多数人思稳、思定，认可既有的制度，并希望在不断的改革、改善中使既有的制度持续运行下去。尽管在一个一个具体问题上，特定的个人、特定的利益群体会有特殊的要求，并且在这些要求得不到满足时会以这样、那样的方式表示不满、抗争，但社会上基本不存在推翻现有制度、打倒现有政权、重塑再造现有国家社会的狂想。

这些因素使得当代中国社会稳定状况远远优于 19 世纪后期到 20 世纪前期的西方国家。中国目前的社会矛盾完全可以利用现有政治制度资源、通过社会改革加以解决。因此，中国目前并非像当时的西方国家那样处于向毁坏既有制度框架（解构既有制度体系）方向滑进的状态——不稳定状态，而是处于基本稳定状态。

而之所以说当代中国处于“基本”稳定状态，是因为，在当代中国还包含着诸多不稳定因素，这些因素引发诸多不稳定现象，如群体性事件、信访上访行为。这些不稳定现象虽然是由特定的利益群体或个人对特定的制度或特定事项不满引发的，如果这种不满以及相应的要求长期得不到国家管理者的积极关注和善意回应，尤其是导致这些不满的深层原因得不到揭示和根除，那么，这种不满一方面会在社会主体层面扩大、蔓延，另一方面会在社会事项方面扩大、蔓延，导致更多的人、在更多的事项方面对政府的不满。随着这些不满情绪的积聚和蔓延，政府的受信任度不断降低，心怀不满的社会成员们会逐渐探寻组织化地表达意愿、强化对政府施压的手段、提升表达不满的方式的力度等等，这会使社会滑向不稳定状态。因此，决不能无视当代中国的群体性事件、信访上访行为之背后存在的影响社会稳定的负面因素，决不能认为当代中国形势大好、社会稳定、毫无忧患。

需要特别指出的是，我们不能把群体性事件、信访上访行为本身视为不稳定因

---

① 中国共产党第十八届中央委员会第三次全体会议：《中共中央关于全面深化改革若干重大问题的决定》，人民出版社 2013 年版。

② 根据 2014 年 1 月 20 日国家统计局公布的 2013 年中国国民经济与社会发展的相关数据，2013 年中国全年国内生产总值 568845 亿元；2013 年末中国大陆总人口 136072 万人；按实际汇率计算，2013 年中国的人均 GDP 是 6905 美元。

素。群体性事件、信访上访行为只是由不稳定因素引发的一种社会现象。我们不应把这些社会现象本身而应将其背后的原因性要素视作社会不稳定因素。简言之，当我们考察社会不稳定因素时，不能仅仅罗列群体性事件、信访上访行为的数量，而要重视探索、分析这些事件、行为背后的原因。只有揭示这些原因、根除这些原因，消解社会的不满，满足特定利益群体或个人的合理利益要求，才能在真正意义上使社会保持稳定。

譬如，在当代中国引发群体性事件、信访上访行为最多的是城市的房屋拆迁和农村的土地征收。而房屋的强制拆迁和土地的征收都表现为政府行为。一些地方政府或者因为房屋拆迁、土地征收的法律程序不合规范，或者因为未能给被拆迁市民、被征地农民公正合理的补偿，或者违法性地以公益为名拆迁征地而实际上赋予其商业开发用途，都会引起被拆迁房屋、被征收土地者的不满、抗争。任何人的正当合法利益受到侵犯都会表示不满，都会为了维护权益而抗争。我们不能把这些维护自己合法权益的抗争行为视为社会不稳定因素，而是应当把侵犯民众合法权益、引起人们不满和抗争的行为视为社会不稳定因素。如此看来，应当把一些地方政府违规、违法的拆迁、征地行为视为引发社会不稳定的因素。

同样的，大规模地清退民办教师、代课教师，完全无视自改革开放以来因政府在教育方面投资不足导致的教育资源匮乏而产生的低待遇、低工资的民办教师、代课教师群体在农村地区、偏远地区为延续教育事业而做出的无私奉献和巨大业绩，这使被清退的民办教师、代课教师们觉得极不公正、极不合理，由此引发的信访上访是不可避免的。在这样的情况下，说被清退的民办教师、代课教师们的信访上访行为是社会不稳定因素显然是本末倒置。应当说，政府的缺乏公正考量的政策规定才是引发信访上访现象的社会不稳定因素。

还有，像瓮安事件这样的大规模群体性事件，虽然其中有群众泄愤性的暴力行为，但引发事件的根本原因是群众对干部腐败、政府长期不作为的惰政的不满，因此，导致这次群体性事件的社会不稳定因素应当是干部的腐败、政府的惰政。

仔细分析当下中国发生的群体性事件、信访上访行为，可以发现，在绝大多数情况下引发这些现象的都是社会管理层的行为：或者是对既有的某些不合理的制度、政策未能及时改革调整，或者是无视既有制度滥用行政权力，或者是腐败堕落谋取私利，或者是对涉及民众切身利益的问题推托拖延拒绝履责，等等。所以，社会管理层的不当行为是引发当今中国社会某些不稳定现象的社会不稳定因素。

对当代中国社会稳定状况的定位应当是，由于社会中并不存在以彻底推翻现存政权、彻底改造现存制度体系为主导的理论和以这一理论为指导的有组织的社会运动，由于人民群众整体上认可我们的基本制度框架体系并信赖执政者整体，由于我们既有的政权体系运作良好并能够有效地维持社会秩序，由于执政党有能力进行渐进的、有步骤的制度改进和社会变革，所以，我们的社会是基本稳定的；但是，由于存在着一些具体制度的缺陷、存在着社会管理层成员执政观念的滞后、执政能力的缺损和腐败行为，所以存在着以社会管理层的不当行为为主要内容的社会不稳定因素。

（三）当代中国应当追求什么样的社会稳定状态？

在相对准确界定当代中国社会稳定状况的前提下，我们应当明确对于当代中国维护社会稳定事业而言的一个关键性问题：当代中国应当追求什么样的社会稳定状态？

根据前述文明转型概念和商工文明与农耕文明关于社会稳定的不同内涵，我们可以确定，当代中国需要追求的是商工文明的社会稳定状态。

由农耕文明的生产、生活方式所决定，由农耕文明的交通信息条件所决定，也由农耕文明的社会组织形式、政治组织形式所决定，还由农耕文明的人文价值观念所决定，农耕文明时代的社会管理者理想中的社会稳定状态就是臣民无争、邻里无讼、上下和睦，皆大欢喜状态。实际上，这是一潭死水状的社会稳定。这种追求在农耕文明时代就是不容易实现的，到商工文明时代更是不切实际的幻想。

商工文明的社会稳定理想态，应当是一种动态的稳定状态；是在不断改革和完善既有社会制度的变革中，使各项社会制度不断趋向公正，以至其得到越来越多社会成员的认可、赞同而表现的社会制度稳定；是社会成员不断地、公开地表达自己对某项制度或某项政策、对执政者的某个决策或某项行为的不满、反对，促使执政者不断地在回应中修正、完善自己制定的制度、政策或改正某个决策、某项行为从而获得社会成员对其权威的认可、赞同而表现的社会稳定；总之，这是社会成员与执政者不断地在“诉求—反馈—诉求—反馈”的动态沟通、获得共识的过程中形成的社会稳定。所以，成熟的商工文明社会并不是社会成员们对社会制度没有意见、没有不满，并不是对执政者没有意见、没有不满，而是能够及时地、以合法的形式表达意见和不满——包括散步、静坐、游行、示威、集会、抗议等形式，并且这种表达能够得到执政者的及时回应、反馈，从而使社会各种利益诉求能够得到及时的、合理的解决。

随着中国向商工文明转型进程的加快，随着商工文明的价值观念、人际交往原则等文化因素越来越广泛地被认同，我们必须彻底摈除农耕文明的社会稳定观念，彻底摒弃无矛盾、无分歧的社会稳定理想。现在，我们要逐渐把人民群众以某种形式表达自己利益诉求的行为视为常态性行为，视为商工文明的社会生活的正常组成部分。尤其要注意的是，我们绝不能在观念中把人民群众表达利益诉求的行为视为社会不稳定因素，不能把人民群众各种维护合法权益的行为视为社会不稳定因素。当一个地方出现群体性事件、信访上访行为时，首先要考虑的是当地政府在该事件发生之前是否有不当行为，譬如，在征地、拆迁等行为中是否违法、违规，是否对被拆迁、被征地者给予了合理必要的补偿，是否存在官商勾结腐败行为，是否在事件发生前负有责任的政府机关工作人员对群众某些诉求长期推诿拖延不予解决，等等，只要存在上述任何一种情况或其他足以引起群众合理抗争的行为，都应认为，政府的不当行为才是引发社会不稳定的因素。因此，当代中国的维稳要点是防止和纠正各级政府的不当行为，深化改革、及时完善各项社会制度，而绝不能把维稳放在不让群众信访上访、不让群众以群体形式表达意见上。一些地方政府采取的截访做法、压制群众表达利益诉求的做法、变相将信访上访者加以人身强制的做法，不仅违反宪法和法律，更重要的是，这种本末倒置的维稳，是在从根本上毁坏社会稳定基础，甚至是在为大规模社会反叛、社会动荡埋藏和储备火药，是应当警惕和纠正的。

法治与改革思维的冲突及消解

陈金钊*

摘　要　对于法治与改革的关系，不能仅仅在两者对立统一中思辨，需要在更宽泛的范围内认识。一是把改革、法治与革命放到一起观察，会发现无论是法治还是改革都是为了避免“革命”的爆发，设法使“革命”与改革的赛跑中获胜；二是把法治、改革与社会放到一起研究，可以看到法治与改革是促进社会发展、实现公平正义的手段；三是把法治、改革与国家权力放到一些分析，可以发现实现法治是政治目标，通过改革逐步限制、规范国家权力是核心。法治与改革在特定的历史时空中会出现一些矛盾，在社会转型期需要认真对待，把其冲突控制在最低的烈度。用法治凝聚改革共识，是今后改革的基本思维方式，中国需要在法治框架内进行改革。

关键词　社会转型　法治建设　法治思维　法治方式　改革思维

习近平总书记指出：各级领导机关和领导干部要提高运用法治思维和法治方式的能力，努力以法治凝聚改革共识、规范发展行为、促进矛盾化解、保障社会和谐。要加强对执法活动的监督，坚决排除对执法活动的非法干预，坚决防止和克服地方保护主义和部门保护主义，坚决惩治腐败现象，做到有权必有责、用权受监督、违法必追究。① 这一思想对中国未来的改革与法治建设具有重要意义。30 多年来，改革不停进行，法治不断完善。然而，人们发现不仅原有矛盾没有从根本上消除，反而添加了新的矛盾。在中央提出来运用法治思维和法治方式化解社会矛盾的时候，各种以法律的名义所表达的诉求已经很多，很多人在宪法和法律中寻找有利于自己的立场和根据，

---

* 陈金钊，华东政法大学教授，博士生导师。本文原刊于《南京师大学报》（社会科学版）2014 年第 3 期，第 65～77 页。转载已获得作者本人授权。

① 《习近平主持中共中央政治局第四次集体学习》，http：//cpc. people. com. cn/n/2013/0225/c64094－20583750. html。最后访问日期 2013 年 8 月 5 日。

"并将把这些规范作为盔甲、盾牌以及武器，在程序的竞技场上互相较量角逐"[①]。这是用法治方式化解社会矛盾所引发的"法律"问题。现在改革已经进入了深水区，越来越多、愈演愈烈的深层矛盾需要解决，法律制度之间摩擦、改革与法治的矛盾将成为突出的问题。"如果中国不能及时完备和改进有关的制度装置，就极有可能出现纠纷和整合机制失灵从而导致大规模的社会冲突的事态。"[②] 在政府推进法治、强化管理的同时，公民也会运用法律手段来维护自己的权利。冲突双方都认为自己在运用"法治"方式，皆因获取法律的支持而行动起来更加"理直气壮"。但从网络舆情上看，似乎政府在运用"法治"方式采取改革措施时常被指责，甚至成为网民围攻的对象。改革虽然获得了更多法律的支持，但是人们已经不像上个世纪 80 年代那样理解它的正当性。虽然人们对改革与法治的关系存在很多纠结，但法治已经成为政治正确的标签，改革需要法治的支持，

一、理性看待改革与法治的关系

对于改革与法治的关系不能仅仅从两者之间的关系进行思辩，还需要在更宽泛的范围内进行论证，仅仅看到这两者之间的冲突，还不能认清两者之间的关系。尽管党中央已经提出要用法治思维和法治方式进行改革化解社会矛盾，然而，"全面推进法治"还停留在纲领阶段，虽然有指导性的方针，但具体实施方案还没有出台；公民与官员的法治思维还不成熟，尤其是不能熟练驾驭法治方式解决疑难案件；各自都想着运用"法治方式"完成自己的心愿。基于法治格调的思维和行为方式而衍生出很多新型的冲突。公民的权利需要法治方式来保护与救济，政府的职能也需要借助法治来完成。大家都在使用法律、法治修辞，但对法律、法治都有各自的理解，都想运用法治获取最佳的结果。在法治修辞之下，官民思维和行为的冲突已经成为常态，并且都在利用法治相互指责。没有意识到用法治方式推进改革、化解社会矛盾是一个复杂的过程。在法治理念被广泛接受的情况下，以保障权力顺畅运行的威权体制与保障权利法治理想之间的内在矛盾会随之变得更加尖锐。

（一）法治与改革思维的冲突

运用法律、法治捍卫权力或权利近乎成了官民都在思考的问题。只是中国的法治还处于不成熟阶段，政治体制改革以及司法改革尚未完成，各种利益的冲突都可能集

① 季卫东：《法制的转轨》，浙江大学出版社 2009 年版，第 126 页。

② 季卫东：《法制的转轨》，浙江大学出版社 2009 年版，第 126 页。

中在改革与法治并行所产生的隐性矛盾之中。总之我们还不能熟练地运用法治方式。虽然有学者断言“中国过去30年所进行的疾风暴雨式的法制改革以惊人的速度将这个国家向‘薄’法治的目标推进。”① 但在法治推进的过程中，法治与改革处于同一个历史阶段——中国社会的转型期。在改革的大潮中，虽然法治成了治理国家的基本方略，已经有了社会主义法律体系，然而由于政治体制没有全面转向法治，各种相互矛盾的思维倾向交织在一起。现实的情况是，公民的权利已经通过制定法而批量生产，然而公民的权利还处权力的掌控之中；公共权力没有随着公民权利的增多而减少，也没有随着法律体系的完善而规范；在人们的言语及行为之中，法治仍然有着不同的意义。公民要求实现权利和自由，而政府在推动管理方式的改善；公民在祈福权利的保障与救济，统治者在祈求江山的永固。本来各种对立的观点可以统一起来，但由于对核心价值追求的不同，使得人们在社会转型中做着不同的法治梦。法治对不同领域的思维和行为有不同的要求，因而基于法治与改革关系的摩擦也时有发生。法治方式需要法治的逻辑。但基于法治的逻辑规则，在各自的利益以及在中国特定的语境下被打碎了。这主要表现在：

1. 法治对规则的捍卫与改革对规则的突破存在冲突

法治与改革是当今治者最常用的工具。但两者有不同的思维路径，如果不加以区分和选择就可能使两者的功能相互抵消。从法理学的角度看，法律的实效取决于它的稳定性，法治是规则治理的事业，这就决定了法治思维的保守性。法治要保守法律所确认的价值、已有的利益格局、现有的社会秩序等等。但是，改革思维在总体上是要改变现有的利益格局，是突破法律规定的行为。对规则的捍卫是法治思维的特点，然而在中国转型期却呈现出相反的特质。本来在法治与改革的关系问题上存在一定程度的兼容，但是，在有些人的思维中，法治在走向保守（捍卫既得利益），而改革则趋向于革命。以法治的名义使法治成为改革的阻力，这是以前所未有的。中国的法治论者，在这块热土上被称为激进派或改革派。因为中国的还处在社会转型中，法治建设才刚刚起步，拥护法治的论调还难以被政治上保守派所接受。在中国的保守派不是要捍卫法律的普世价值，而是要继承革命思维的传统，要用革命的方式来继承先烈未竟之事业，以革命的方式完成社会的转型。他们中的很多人，反对法治这种被他们称之为资产阶级的骗人手段。这些人的思想不是西方意义上保守派，而属于革命思维残留下的教条主义者。他们的信条就是早期马克思主义对资本主义的批判理论。这一学派

① ［美］约翰·W·海德：《摸着石头过河：中国的法治》，李海松译，载《比较法研究》2013年第2期，第123~143页。

的思想在西方是真正的激进派，而在中国却被称为保守派。捍卫法治的观点之所以被认为激进，因为在保守派看来，法治与宪政是不符合中国国情的资产阶级的理论。虽然这种“深刻”的认识只具有标签意义，其象征性大于实际效果，但是，在中国当前特定的意识形态之下，非常容易使法治与改革成为“政治敏感”问题。当然，即使成为敏感问题也不会挡住法治与改革的潮流，只是这些不协调的声音在一定范围内能够转移人们对法治和改革研究的视域。由此可见中国政治意识形态生态的复杂性。

中国政治上的改革派想建立治国理政意义上的法治，以约束不断膨胀的权力为目标，遏制权力腐败、权力寻租等现象，保持政权的长治久安。有些保守派只是一些僵化的教条主义者，他们既反对在中国实施法治，也反对那一部分先富起来的权贵。在革命还没有失去“合法性”的时候，现在又出现法治的“合法性”。现阶段很多问题之所以能成为敏感问题都与这两种思潮有关。在一些具有革命思维的人看来，只要我不是官，我的任何要求都属于人民的要求，人民的要求可以不受法律的约束。这种思想是法治意识形态的大敌。因为每隔一段时间所散发的奇谈怪论都与他们心目中的“人民”有关。这是因为在全面实施法治以前，没有彻底清算片面的革命理论所致。一部分人可以拿着错位的逻辑和概念，把“不是”当成真理来说。这是中国民主与法治之不幸。真正的法治拥护者是那种对法律价值有所追求的人。他们的目标是社会的公平和正义，是法律对个体权利和尊严的保护与尊重。思维的这种变异不属于运用“法治方式”的对抗，但这种思维的存在很容易把法治方式理解成对抗式的思维。这样，改革与法治的矛盾有了新的形式。法治与改革的矛盾就是法治对规则的捍卫和改革对规则的突破之间的矛盾。因既得利益者呼喊法治使得改革有停滞的趋势。这是以“法治方式”制造出来的新矛盾，呼唤全面推进法治。法治与改革的矛盾主要是法治的保守性和改革不断突破规则变革性之间的矛盾。然而，我们排斥西方的价值，没有价值可保守。这样就产生了一种来自灵魂深处的不安。在这种不安中法治的意义一直处于流动之中。

2. 法治与改革都反对“革命”行动，社会发展需要法治方式的改良

法治与改革是两种不同的思维路径，但两者在面对“革命”的时候又有了共同的使命——防止革命举动的发生。改革与法治的关系面临着新的难题，过去的改革是要解决落后的制度与先进的生产力之间的矛盾，要解放生产力，现在的改革的目标似乎又重新回到了解决社会矛盾，从而化解爆发革命的几率。如果处理不好改革、法治与社会之间的关系，就会爆发社会革命。由于受传统革命思想的影响，很多人心目中改革的实质就是革命。因而，在很多人看来法治就是用法律束缚革命者的手脚，是依据法律制度和政府进行斗争的手段。因而认为法律越多，政府的管理就越难；法律越

细“刁民”就越难以对付。这是法律虚无主义的弥散。表明人们意识深处能接受的改革就是革命。然而，在和平时期法治不能容忍“闹”的行动，法治与革命是两股道上跑的车，走的不是一条路。平和时期的改革，本质不是剧烈的革命，而是渐进的、在法治许可范围的改良。法律并不是僵化的教条，法律的概括性可以容纳很多社会多元的价值，在法治旗号下的改良是今后改革的路径。革命与法治是对立的，但改革与法治可以兼容。我们需要研究在保持法律稳定的前提下实施对政治、社会的改良。把改革称之为改良也许对法治建设有积极的意义。法治要求有稳定的制度，而改革要求冲破制度的限制。改革是对社会积弊的改变，要用法治方式解决社会的不公平、贫富差距不断拉大、官员的腐败日益严重、社会的不稳定、犯罪率不断攀升、公民权利救济措施不力等问题。

然而，从辩证的角度来说，改革意味着对法律制度“合法性”的质疑。改革首先是观念的改变，其次就是制度的改革，并且制度改革是所有改革的最显著特征。革命式的改革暗含着法律虚无主义的基因。只要不断地改革，法律的稳定性和权威性就不可能出现。解决这一问题的思路只能是与时俱进，在不断地改良中寻求适当的法律稳定。但就整个社会中国人的思想来说，缺乏对法律的稳定性的追求。这使得法治建设一直处在低调状态，高歌猛进的改革是中国的潮流。人们没有思考过的逻辑问题是，不断地改革意味着先存的制度永远是存在问题的。因而，法治论者一直苦苦等待社会关系的稳定，等待着社会制度的完善。只有在社会关系稳定、在价值追求上达成基本的共识之后，法律才能稳定，法治才能开启。在不断革命或不断改革的背景下，法治建设只能在社会关系比较稳定的领域展开，很难全面地推进法治建设。最近，中央提出用法治方式凝聚改革共识，推进法治中国建设是对法治与改革关系的准确定位。法治与改革不仅是促进社会进步的工具，而且法治也成了社会发展的目标。

3. 法治要维护普世价值，而改革把效率作为优先选择

尽管公平正义等普世价值存在诸多的争论，但它是法治要维护的基本价值。法治思维的特点在于“一般优于个别”的思维过程，除此之外法治需要普世价值，在中国需要一批大师站出来，重拾理想，塑造信仰，设法把一般价值推及到个别的情境之中。然而，普世价值在遭遇中国国情或文化的特殊性以后出现了变异，一般的价值被现实的民生需求所裹挟，发展与效率等成了硬道理，公平正义等价值成了软道理。在一百多年向西方学习的过程中，虽然接受了人权、民主、秩序、自由、公平正义等价值，但在遇到具体问题时，正义价值总是压不住特殊国情。① 人们总是把特殊放到与

① 参见陈金钊：《法治遭遇中国的变异》，载《扬州大学学报》2013 年第 1 期，第 16 ~ 38 页。

一般同等重要的位置，从而使一般价值失去涵盖特殊国情或文化的功能。一般优于个别的法治逻辑总是会在推理过程中出现中断。正是在思维链条中一般与个别逻辑推论的中断，导致了现世的观念总是处于优势地位，而一般价值难以发挥对思维的指导意义。因而在改革的现世呼声中，很多人对自由、民主、人权等普世价值失去了信心。民主、人权、自由在法律上都有规定，但是宪法上规定的民主权利在什么程度上实现了呢？"无论在理论上还是在实践上民主都没有价值优势。民主与专制一样都伤害某些人的利益，而且同样没有正当理由。"① 所有的民主权利如果还原到普通的公民身上究竟有哪些？人们对此是心知肚明的。

由于在中国文化中，形式逻辑的思维规则不被重视，因而很少对自己制定的政策进行形式逻辑上的推敲。虽然有辩证法作为思维指南，但到了具体政策的制定上，要么只讲对立，比如认为法治是资产阶级的，因而不能搞资产阶级的法治；要么只讲片面的统一，比如在个人利益与集体利益的冲突中，用集体利益涵盖个人利益。在以集体利益为中心的观念中，虽然也强调对个人利益的保护，但是，个人被掩盖在集体之中。我们很难理解，法治是建立在自由主义基础之上的，是公民个人实现权利、保障尊严的工具。"把法治等同于自由民主法治的倾向导致一些亚洲学者把西方政府和诸如世界银行与国际货币基金组织之类的国际组织在亚洲推进法治的做法描绘成文化、政治、经济和法律霸权。批评者认为，自由民主法治是极端的个人主义，把个人凌驾于个人对他人的义务和社会公共利益及社会团结与和谐之上。"② 在集体与个人的辩证关系中，作为公民的个人没有了地位，法治成了纯粹方便管理的工具。

（二）法治与改革需要同步展开

虽然各种思潮都在呼唤改革，但几乎都共同地排斥法治。在社会矛盾不断激化的今天，不进行改革，传统的制度难以传承下去，然而，一旦进行改革就必须藐视现有法律的权威。改革不是不需要法治，中国既要运用法治来稳定社会，又需要改革祛除腐败以缓和社会矛盾。因而，我们需要正视改革与法治在思维方式的矛盾。改革思维是一种建设性意见，而法治在总体上则是一种趋于保守的思维倾向。法治要求尊重法律及其体系的权威，而改革则是要冲破某些法律规范的束缚。改革不需要过于严格的规范束缚，法治则要求认真对待规则。改革重视社会效果，而法治则要求法律得到严格实施，重视法律实施的效果。在法治与改革问题上寻求共同语言是这个时代最重要

① 参见马立诚：《当代中国八种社会思潮》，社会科学出版社 2012 年版，第 74 页。

② ［美］约翰·W·海德：《摸着石头过河：中国的法治》，李海松译，载《比较法研究》2013 年第 2 期，第 123～143 页。

的法理学课题之一。但吊诡的是，在我国的法治目标的实现需要通过改革才能达到，法治是对改革成果的最终确立。研究法治实质的人们发现，在法治的束缚之下，人们思维的自主性和行为的自由越来越少，但改革思维则要求灵活变通，在改变规则与程序的思维活动中，激发行动的活力和思想的智慧。然而，我们必须主义运用法治方式凝聚改革共识的积极意义。法治中国是改革的目标之一。

改革与法治是涉及中国未来发展。从已经走过的历程来看，我们选择了经济体改革优先，政治体制改革缓行的策略，经济得到了长足的发展，军事实力等有了很大的提高。因而不断改革成了社会发展的动力，进而政治体制改革的呼声也随之高涨。只是我们没有从逻辑的角度思考，制度需要不断改革意味着什么？不断改革的思维之下，法治还有没有可能？如果是现行制度一直需要改革，那就不仅是要用改革解决的问题，而需要革命打乱现有的制度，重新进行规划设计。然而现实的情况并非如此。尽管现有的法律制度可能存在弊端，但从整体运行上看还是有很多可取之处。“30 年来，我国宪法以其至上的法制地位和强大的法制力量，有力地保障了人民当家作主，有力地促进了社会主义法治国家进程，有力地促进了人权事业的发展，有力地维护了国家的统一、民族团结、社会稳定，对我国政治、经济、文化、社会生活产生了极为深刻的影响。”① 所以，我们在呼吁改革的同时，也要呼喊法治，要求人们认真地对待现有法律及其体系。对公平社会的追求以及发展的需要呼唤改革，而对秩序和利益保护的需求则要求实施法治。

之所以出现不断改革的理论，是因为法治在中国不是建立在理性信仰基础上，而是植根于人们实用主义的需求。对很多人来说，只有当法治对自己有利的时候，才要求别人尊重法治；治者也只是在管理别人的时候渴望法治；公民在权利救济的时候需要法治；学者在评价他人行为的时候才拿出法治。对待法治的态度基本是各取所需，整个社会缺乏法治思维和法治意识形态。所以，改革与法治都是满足各自需求的“临时”举措，缺乏长远的筹划。由于坚持的是从易到难的改革指导思想，因而眼前的改革没有长远的目标。更主要的是在改革中我们没有把法治当成目标，法治也仅仅是改革的工具，没有成为意识形态的主流。改革虽然是改变现有法律制度，但要以实现法治社会、法治国家为目标。法治并不是要制止改革，只是意味着改革需要经过法治的严格程序；需要在改革的时候进行充分的法律论证。在法治已经成为治国方略的时候，对法治要有起码的敬畏，应该通过法治的理性来保障改革措施的正当以保证不

① 习近平：《在首都各界纪念现行宪法公布实施 30 周年大会上的讲话》，http：//politics. people. com. cn/n/2012/1205/c1024 - 19793282. html，最后访问日期 2013 年 8 月 3 日。

引起社会矛盾的进一步激化。

（三）法治思维应成为主导改革的意识形态

当下的中国社会面临着改革与法治双重需要。我们既不能安于现状，又不能失去秩序，要获得秩序就需要人们敬畏法律，而要改革就需要改变法律。法律是经验的总结，由于法律经验的获取需要较长时间，因而通过总结自己的经验而进行的立法似乎太慢。最为经济的作法就是借鉴域外的法律，因而法律移植在中国法治建设中格外显眼。当然，有一些制度的改革，也采取了先试点再推广的方式。然而，人们对这种导向性很强的实验结果与数据是存疑的。并且改革试验也得突破现行法律的约束，实行的是违法改革。在法治已经萌动的形式下，今天的试验已经不同于以往，刚一开始实验，来自法治立场的质疑很快就会出现。在法律正在生效的情况下，改革能否抛开现行的法律而获得合法性？或者能不能说：改革是否具有超越现行法律的天然合法性？如果改革不能超越法律，该如何改革？现实的情况是一方面在大声呼喊改革，另一方面在小声嚷着要搞好法治。我国目前的改革是在缺乏良好法治环境的前提下进行的；建设法治本身也是改革的目标。从这种意义上看，中国的法治建设不仅仅是制度的改良，而且是一场社会制度建设的“革命”。由于法律人在理论上没有搞清楚法治与改革思维的矛盾性，因而也就没有积极去探寻协调解决两种思维倾向冲突的方法。这就出现了在进行改革和实施法治的时候，临事而决断，具体问题具体分析，有时放弃法治，有时则舍弃改革，引起思维的混乱，缺乏思维的连贯性。对法治的追求不断被改革所取代，而改革又不时被法治所中断。

中国需要把法治思维当成主流的意识形态。法治与改革思维走向的矛盾性，导致选择性司法与执法的出现。这表明我们没有恒定的价值观念和前后一致的法治思维方式。价值的多元及其冲突为实用主义的选择提供了方便。在这种情况下，必须强调法治和法治思维方式在统一思想方面的重要性。“在转型的变革中，只有形成稳定的制度，才能确保变革的成果。但事情不能陷入教条化。”① 社会转型目标的实现以及民生的需要、民众权利意识的觉醒逼迫改革。社会各方面都需要进一步的改革。2013年1月《人民论坛》通过对国内外566名专家进行了面访、电话访谈等得出结论，认为四大鸿沟阻碍改革理论创新：顶层设计与基层实践的鸿沟、口头改革与行动改革的鸿沟、制度设想与实际效果的鸿沟、理论滞后与实践突进的鸿沟。所谓理论滞后，在我看来就是没有论证清楚法治应该作为现阶段意识形态的核心。不能在和谐、稳定、改革以及法治问题上胡子眉毛一把抓。要用法治方式或法律方法协调和谐、稳定、社

① 孙立平：《确立社会转型新思维》，载《领导文萃》2013年第7期（下），第24～28页。

会公平正义、改革等之间的关系。过去，我们常认为，法律方法是解决司法问题的。但是，以法律方法所塑造的思维和行为方式，包括论证、解释、修辞、推理等方法，对协调法治框内的价值冲突也有积极的意义。

如果不在意识形态上搞清楚法治、改革、革命、社会与权力等之间的关系，就不可能全面推进法治。在当前的意识形态话语中，和谐、稳定与法治似乎是合拍的，但这种貌似正确并且永远正确的观点，如果理解不当，就会对改革与法治形成压制。在特定的语境下，以和谐作为意识形态的核心概念，既可以以和谐之名放弃改革，也可以丢开法治。如果不把法治当成意识形态的核心层次，不仅和谐、改革，甚至国情都能成为放弃法治与改革的理由。当然也可能出现用法治抑制其他的现象，在法治的旗帜下改革似乎陷入了停滞，在改革的旗帜下，法治没有迈开步子。在整个法治实施过程中，一系列平行的大词相互掣肘。比较明显的是，和谐一词在司法场景中运用，成了法律人依法办事的心理压力，成了“领导”干预案件审判的口实，也成了一些人不愿意依法审判和执行的借口。不愿意执行法律就说是和谐稳定的需要。只要不搞清楚这些大词至今的层阶关系，确定法律的最高权威，中国的法治建设就无从全面推行。当然确定这些大词之间的关系也不是件容易的事情。各种大词涵盖面很宽，在优位选择上，似乎用不着从一般到个别的逻辑推论，只需要临机选择。然而在选择过程中，明确其一就意味放弃其他。由于没有把法治建设确定为最高目标，因而在很多问题上都采用实用主义的选择。结果法治永远需要给其他更重要的价值让路，因而法治搞不好也“情有可原”。

二、运用法治推进改革以避免革命的发生

这一标题不是一种对社会事实的判断，而是一种基于忧患意识居安思危的思考。我们发现，尽管各项改革在人们的颂扬致辞中取得了巨大的成就，然而人们发现无论是市场文化改革、财政金融体制改革、政府体制改革、司法制度改革，还是财产公示制度以及党内民主制度建设等都没有实质性的进展，很多时事评论在言说法治倒退，改革停滞，抱怨法治建设不仅思路不明，而且与改革以及保守势力之间的关系不清。30 年改革留下的只是“下一步改革的空间还很大”这类说辞，[①] 这反映了人们对法治与改革成绩的不满以及对未来的期待。中国的法治进程，就像美国学者海德在一篇

① 常修泽：《改革空间与四点方略》，载《领导文萃》2013 年第 6 期（下），第 29 ~ 32 页。

文章题目所标示的"摸着石头过河：中国的法治"。[①] 很多人设想，既然经济上摸着石头过河取得了巨大成就，那么在法治建设上也可以收获"没有设计的奇迹"。从近300年的历史发展的轨迹看，很多人感觉到西方法治是自然生长出来的。然而，这是一种假象，无论中外的法治建设都不可能是自然生长。因为，法治发展与经济发展不同，经济发展只要调动了个体对利益追求的积极性就可能迅速发展。但人们对法治的追求，不像追求利益那样直接，而是需要启发和调动他们的行为积极性；特别是中国政治、经济、法治发展之间的不平衡，各种社会矛盾很可能集中爆发，因而中国的法治根本没有时间"自然"生长。在法治与革命赛跑的过程中，改革与法治的共同目标是避免革命的爆发。当然避免革命只是直接的目标，实现社会公平正义才是最终的目的。

（一）"法治与革命在赛跑"？

不管政治社会学家提出的"改革与法治赛跑"、"法治与革命在赛跑"的命题能不能成立，但从警钟长鸣的角度看，这一命题是有意义的，或者说是可以接受的。也许这就是用法治凝聚改革共识，推进法治中国建设的现实背景。历史经验值得注意。研究中国近代法制史的学者提出，应该在大的历史格局中认识清末立宪。当时，反宪派要固守祖宗之法，想要把清王朝的统治万世一系地传承下去，因而千方百计阻止宪政的实施，结果武昌兵营一声爆炸，使大清王朝顷刻倒塌。不用看托克维尔的《旧制度与大革命》，只要分析一下清末迅速灭亡的原因，就足以促使我们抓紧实施改革，全面推进法治中国建设。然而，有些思想僵化之人把法治当成西方的专利，把保江山当成第一要务，好像实施法治就保不住江山了。这些人不清楚保江山与实施改革、法治是同等重要的，具有共同的使命。绵延了几百年的大清王朝迅速灭亡的历史经验告诉我们，偏执于保江山而不顾社会发展的趋势，最终可能把人们的行为推向革命。为了避免革命就必须改革、实施法治。当然更长远的是要实现社会公平正义。经过近百年的法治启蒙以及最近30年的法治建设，公民的权利意识在觉醒，已经很难用（由资产阶级提出来的）"人民"等大词来蒙蔽公众。抽象的人民权力只是政治修辞的空洞话语，没有具体的内容。如果不能与个体的权利结合，所有的集合概念下面权利都是空的，只有与个体联系在一起才具有实际的意义。抽象的大词是政治家的语言，这种言语只能在革命时期发挥重要作用。法学家关心的是能够个体化的权利，权利只有能够个体化才有可能实现。

---

① ［美］约翰·W·海德：《摸着石头过河：中国的法治》，李海松译，载《比较法研究》2013年第2期，第123～143页。

为了化解社会矛盾不能光说一些空泛的和难以实施的权利，用法治思维和法治方式化解社会矛盾必须使我们的思维进入到对具体人—公民的关怀以及对现实情况的充分关注。纯粹的理论推演如果不与社会结合就是一种虚幻的理想。[①] 被解构的抽象的大词已经很难唤起人们的认同，只能引起人们更加不安。从网络舆情中可以看到中国人普遍存在的焦躁情绪，经常因为丁点小事就会点燃暴戾之火。这表明，目前的中国是一个浮躁的社会，一个厌权贵、疑法治的非理性社会，各种各样“闹”以及过火举动，虽然不是传统意义上的革命，但确实构成了社会的不稳定因素。人们对社会的不满，可能有多种原因，在思维过程中非理性战胜理性也是常有的事情，无论是否法治社会，非理性的情绪都会存在。关键在于该用什么方法予以管束？对制度的不满，可以通过改革疏导，人们的利益受到伤害可以用法治救济。在众多中国人的梦想中，包含着法治梦。法治是理性的体现，“不管社会舆论多偏执，社会情绪多狂热，随着时间的推移，人们注意力的疲乏，终归会慢慢消退。不管社会情绪如何狂热，但法律毕竟是冷静的。不管非理性的力量有多强大，在理性面前毕竟不堪一击。”[②] 法治与改革的共同使命就是避免革命，使权力在法律规范的基础上行使，使社会在不断改良中进步。法治不仅为社会发展与进步提供了规范与程序框架，还提供了逻辑推理基础上的理性思维。

改革与法治之间的关系需要调整。法治与改革的矛盾需要用法治思维和法治方式化解。怕乱，是不愿意改革的主要理由。怕失去权力是反对法治的原因。[③] 但是，怕也不行，越怕鬼，鬼敲门。我们需要审时度势，在社会关系还处在基本稳定的时候搞改革、法治，在这种情况下尚有能力控制革命的情绪。等到情绪完全失控的时候实施法治就晚了。阿拉伯世界的茉莉花革命所导致的失控也可以从侧面证明这一判断。革命不是解决社会问题的最好方法。很多矛盾在革命之后又回到了原点，只有在法治框架内的改良才能逐步解决问题。反思历史会发现，革命所带来的变革并不彻底，更多的是改朝换代以及革命后的失落感。甚至对最基本的价值观都会产生怀疑。无论是法国大革命，还是中国革命以及美国的上个世纪 60、70 年代的革命都基本如此。很多革命所反对的东西，在革命后死灰复燃。但历史就是这么不断地重复。[④] 法治本来就

---

① 宋大琦（自由撰稿人）在南开大学举办的“中国儒学与法律文化研究会 2013 年会”上的发言记录。

② 参见刘峰：《兰和律师或会将李双江一家推入绝境》，http：//dophome. fyfz. cn/b/762642，最后访问日期 2013 年 8 月 2 日。

③ 孔子在听说郑国铸刑鼎以后发表评论说：民在鼎矣，何以尊贵。这种思想遗留至今，难以令被治者忘怀。

④ 参见高晓松：《大师闪耀的年代》，载《特别关注》2013 年第 8 期，第 26 页。

是治乱的手段，通过改革走向法治恰恰是维护政权长治久安的工具。最近中央提出要全面推进法治，要用法治思维和法治方式化解社会矛盾、治国理政。这不仅是中国法治意识形态的一个大的进步，而且也是对法治与改革关系的重新界定。

（二）用法治思维消解人治意识

法治在中国的呼声已经有一百多年，为什么还存在对法治的怀疑？第一，从文化构成的角度看，法治并没有完全深入人心，法治启蒙还有必要性。“实际上，在近代中国能够了解法治、民主观念的只限于一部分知识分子。”[①] 不仅民众，而且有些领袖人物还缺乏法治文化和法治思维，这是历史的悲剧。很多治者是传统中国文化的继承者，不仅喜欢威权的治理方式或者说把战争时期的做法继承下来，还以革命者自居，把革命作为指导和平时期建设的思想。这就会在思考管理和被管理关系上出现思维的错位。本来自己已经掌权，还要继续革命，难免搞不清革命的对象。理论的混乱必然会导致行为的怪异。第二，法治思维和法治方式是对目前需要的治国理政方式的准确描述，因而不能再沉迷于革命和人治德政的幻想之中了。现在很多治者和公民都不信任法治，至少是存在质疑和观望的心态。如果部分治者不信，还有办法解决，只要民众相信就会逼迫治者规范权力行使。但是如果民众不信任法治，不积极参与法治建设，法治真的就没有任何希望了。中国社会的改革发展问题需要用法治方式来思考。法治建设也需要走“群众路线”。

从政治思想史的角度看，建设法治需要清理人治德政观念。“在西方社会，维系诚信的首先是法律，而在中国，诚信维系主要靠道德约束，法律的威慑力远远不够。”[②] 以人治为基础的王道仁政的治国理念，强调贤人的道德示范作用，要求在君民关系中以民为本。这种源自于上古，在先秦时期已经很成熟的民本思想，认为富民是强国的条件、教民的前提。衣食足则知荣辱，仓廪实则知礼节；统治者要修身爱民。这种思想有积极的意义，然而，仁政德治只是治理国家的价值倾向，缺乏实施的具体方法；无法在权利、义务、责任问题上个体化，难以操作。现在人治思想虽然受到了批判，在治国方法上强调科学、民主与法治，实施政党政治，但人治的思维方式并没有改变。这种来自于自然经济的治理方式，已经不适应市场经济的发展模式。在现代信息社会，个体细小的权利已经得到普遍的张扬，个体主体性的张扬与法律上“我有权”的结合，使得传统的用道德、整体化解个人权利的做法难以奏效。仅仅在思维方式上以民为本，只能解决统治者的价值倾向，难以保障个体的权利。中国传统

① 陈菁霞：《内圣外王是蒋介石最向往的境界》，载《领导文萃》2013 年第 6 期（下），第 68 ~ 71 页。
② 吴晓东：《中国正遭受信任问题》，载《领导文萃》2013 年第 6 期（下），第 114 ~ 116 页。

文化里面没有个体的地位，因而以自由权利保障为本位的法治很难与传统的德治统一起来。当代中国需要用法治来解决社会矛盾与冲突。

（三）用法治消解革命因素

各种社会矛盾的激化引发了对未来道路的思考。一般认为有三种道路可供选择，一是像近百年形成的传统，用革命的方式来彻底解决。但由于革命带来的社会动荡需要耗费太大的成本，因而在中国“文化大革命”结束以后，这种方式虽有人提及，但已经很少使用。自1978年以后，中国解决社会问题的基本思路已经变为改革。但是改革也存在一些问题，如，“文化上的自掘坟墓和政治上的无法无天，使得文革彻底破坏了中国数千年间建立起来的礼义廉耻，摧毁了中国社会曾经拥有的对拜金主义本来就不强的免疫力，构成了当代中国市场经济的先天缺陷。于是市场经济就像决堤的洪水，很快就淹没了一切，文化、教育、宗教、司法、慈善等一切本来属于非市场经济的领域，也遭受到市场经济的入侵，成了市场法则恣意妄为的领域，我们本来是要建立市场经济，但很快陷入了市场社会”[①]。改革总会使一部分人的利益受损。因而一部分既得利益者总是想法设法抵制改革。但这种抵制的结果只能是使更多人的利益受损。而社会矛盾不能化解，就会增加革命的因素。改革有向革命回归的思潮。现在更多的领导者和知识群体，已经清醒地认识到，只有走改革+法治的路径，给社会带来的负面作用最小。

为实施法治方式，在革命成功以后主要的工作应该是及时去革命化思维。然而中国最近的一百多年，不断革命的理论充斥着人们的头脑，至今尚存余音。论说当无产阶级政党领导人民取得革命胜利以后，为保持社会的稳定与发展，就需要把法治当成治理社会的主要手段。然而，没有革命的压力就难以形成变革的动力。执政党改革的动力来自于社会矛盾冲突的迫使。长期以来我们忽视法治，以至于现在面临着改革与法治的双重压力。不实施改革，统治的基础就可能会出现问题。法治不能控制社会，就要爆发革命；同样，改革搞不好，也会爆发革命。改革需要稳定的法治环境，不至于使改革演变为革命，革命的情绪需要法治来缓解。法治是社会控制的松紧器。严格法治无法展开改革举措，而松动制度的严格同样会鼓励革命的情绪。“改革这个词本身没有价值目标的，只要变就是改革，甚至将改完的改回去也可以叫做改革。”[②] 在失去法治控制的情况下，胡乱改革就成了瞎折腾。虽然改革与法治在思维方式上存在着某些冲突，但是要求改革、法治的呼声依然很高。不过我们一定要处理好改革与法

① 赵法生：《没有法治就没有真正的市场经济》，载《领导文萃》2013年第8期（上），第22页。

② 孙立平：《确立社会转型新思维》，载《领导文萃》2013年第7期（下），第24～28页。

治的关系，要让法治促进改革，不能使法治成为保护既得利益的手段。

过去在法治与改革的关系上，奉行的是改革优先，法治附随。改革优先是要用改革来实现法治所需要的基本制度构架，用法治捍卫和巩固改革的成果，以避免或约束因改革打乱利益格局而产生的新矛盾，用法治化解革命因素。法治附随意味着即使是以实现法治为目标的改革也必须运用法治思维。“如果要以某种妥协来换取一个更加公平的社会，它就不可能不涉及制度的重大转变。”① 在具体行动上，改革与法治必须同时来抓，改革是一种硬性的推动，而法治带有某种程度的妥协，法治中包含了多元价值，各个利益群体都可以运用法治来维护自己的利益。如果只有硬性的改革，而没有法治的妥协，改革之后接着还会有新的改革要求，会在一些利益诉求上形成尖锐的对立，为消解这种对立，引进法治就成了必然。法治方式为人们平和理性地追求利益提供了手段。在法治建构中排除过度的实用主义。不能把法治当成政党政治的一己之私。法治是社会的法治，是缓和各阶级矛盾的公共产品。也正是从这个角度说，法治是避免革命的有效手段，法治的本质是妥协，但不是故步自封。在中国，建设法治本身就是改革最重要的组成部分。十八届三中全会，描绘了推进法治中国建设的宏伟蓝图。虽然改革与法治还都具有手段的含义，但是，法治已经不是纯粹的手段，法治中国成了社会转型的目标之一。这意味着人们可以以法治作为改革的标准，不符合法治要求的首先要改掉。无论是经济方面、还是政治方面都需要用法治思维方式引领改革。

三、以法治方式凝聚改革共识

“目前中国的现实是，应该限制的地方却没有限制，导致某些被放任的自由与被放任的强制的短路联系。自由需要以法治为基础，法治当然也意味着限制，即限制个人自由的被放任，也限制政府权力被滥用。但这样的限制之所以不让人感到压抑，是因为它以保障自由为目的，是一种为了自由的限制，并通过限制更好地保障自由。我们面对的困境是，该自由的地方缺乏自由、该限制的地方缺乏限制，有些阴差阳错的感觉。”② 之所以会出现这种感觉，在一定程度上是因为没有全面推进法治所致。法治与改革涉及政治、经济、文化与社会，在单一方面进行改革与法治肯定会出现问题。法学家需要对社会的发展提出建设性意见。法治既有的妥协精神为我们寻找两者

① 邢少文：《又见“赎买论”》，载《领导文萃》2013年第8期（上），第32页。

② 季卫东：《法制的转轨》，浙江大学出版社2009年版，第256页。

之间的恰当关系提供了前提。用法治方式推进改革是一个值得探讨的命题。如何运用法治凝聚改革共识已撰文研究。在本文中只从思维转变角度展开讨论。

（一）运用法治方式在个体间凝聚共识

“马克思不仅没有拒绝‘公民’这一概念，而且，‘利己的、独立的个体’最终将‘复归于’‘公民’成为未来社会全面发展的人。”① 用法治方式凝聚个体间的共识，不是靠简单的政治口号，而是要用法治这一独特的公民社会的思维方式。人民、群众的概念是治者视角的概念，在法律方法上不具有操作意义。“尽管‘公民’已傲然挺立在我国宪法中，但在现实政治生活中，其境遇并不美妙。在大多数时候，人的政治性被突出到不应该有的地位，公民还是‘公民政治人’，甚至，‘政治人’覆盖‘公民’，‘公民’概念遭到贬斥或拒绝，‘公民’被‘人民’所覆盖或取代。‘公民’概念的现实境遇集中体现了政治场域中个人的地位与境遇。在整个近代以来的中国政治发展过程中，个人都存在身份焦虑，对公民社会人的身份认同经历了从本土主义身份政治到意识形态身份政治的转变。在整个中国传统中以及近代以来的政治发展过程中，始终没有个体的地位，个人始终依附于特定的整体而存在。”② 中西思维方式有很大区别。西方人崇尚个人主义或个体主义，认为“拯救一个就是拯救世界”，而中国人则崇尚整体主义，认为改变了整体也就拯救了社会。中国要想实现法治就需要改变整体主义的政法思维，塑造个人主义的法治思维。只在整体上做文章难以找到法治实现的具体方法。

法治思维与法治方式要求以个人为本位，建立明确的权力、权利和责任关系。在这种关系中，人是公民，而不是群众或人民。“个人权利在历史上的中国传统社会里长期受压抑，中国典籍中鲜有自由主义的思想萌芽。”③ 在这种历史背景下很难实现现代性法治。为改变这种状态需要塑造法治意识形态，改变整体主义、集体主义的思维方式。按照法治的要求补上个人主义、自由主义思维方式，把保障公民个人权利的实现作为法治建设的本位。在片面的集体主义之下，人们的很多权利被组织代表了。按照法治的要求，作为个体化的权利是不能随便被代表的，除非法律已经授权。在集体主义之下，个人做了坏事，就等于集体做了坏事。这不是法治思维。每个人都是独立的个体，不需要被代表。人都是具体的，不是抽象的。集合概念的“人”，其权利

① 张三元：《“个人”概念的演进及其时代精神——从“抽象的人”到“现实的人”再到“公民社会人”》，载《学术界》2013年第6期，第74～87页。

② 张三元：《“个人”概念的演进及其时代精神——从“抽象的人”到“现实的人”再到“公民社会人”》，载《学术界》2013年第6期，第74～87页。

③ 环球时报社评：《自由主义，剪不断理还乱的思潮》，载《环球时报》2013年8月1日，第14版。

在法律上既无法保障，也无法救济。与抽象人的概念相对应是具体的人，具体的人可以从人的自然性、社会性、感性与理性、利益与需要、生活资料和人自身生产等方面的统一中去把握。[①] 一切权利如果是不能个体化，就是骗人的权利，离开个体的权利都很容易形成权力者把玩的对象。

人民是一个政治概念，在政治学上具有重要的意义。然而当它与权力、权利、责任等相连时却根本无法操作。在根据权利、责任等法律概念进行推断的时候，人民等集合概念都存在推不下去的问题。"'人民'是'现实的个人'在一定历史条件下的逻辑延伸，在现实生活中具有抽象化的倾向。'公民社会人'是'现实社会人'在当代政治生活中的'复归'和具体表现形态，是时代精神的彰显。重塑'公民社会人'是构建公民社会的时代要求。"[②] 这就需要建构与法治相适应的个人主义的思维方式。"学术界对社会建设的认识比较激进，目前在经济学、法学和社会学领域占主导地位的首先是公民社会派。从西方传入的'civil society'一词，在中国有多个翻译：公民社会、市民社会、民间社会和草根社会等等。总之这一派认为，在政府结构之外，有公民自己组成的各种各样的组织，都叫做社会组织。……很多学者将这些社会组织称为公民社会，认为可以纠正政府和市场的失灵。"[③] 中国离真正的公民社会还有很大距离。原因在于：一是公民精神——自主性、创造性、契约精神、平等观念、权利意识等还没有形成；二是整体思维中义务本位还没有改变，臣民意识还有大量残存，刚刚萌动的权利意识有绝对化倾向。公民社会所奉行的权利义务一致的观念还没有树立起来。三是政法思维中的"人民"仍然覆盖或代表着公民。如果没有与个体权利、自由、民主等相联，就没有依附，属于空中楼阁。现代的政治应该是法治政治，需要以公民的名义，运用法治思维提出具有可操作性的改革方案。

（二）把群众路线与法治路线结合起来

群众路线是党的工作的生命线，强调在工作中要相信群众、依靠群众；在官民关系上要爱护群众、尊重保护群众利益；人民群众的利益高于一切，包括高于决策者自身的利益。这作为政治道德和作风要求都没有问题。但这种政治的要求，很难落实到法治思维中。因为群众路线是治官之路，而不是驭民之术。法治路线与群众路线有不

① 参见张三元：《"个人"概念的演进及其时代精神——从"抽象的人"到"现实的人"再到"公民社会人"》，载《学术界》2013 年第 6 期，第 74 ~ 87 页。

② 张三元：《"个人"概念的演进及其时代精神——从"抽象的人"到"现实的人"再到"公民社会人"》，载《学术界》2013 年第 6 期，第 74 ~ 87 页。

③ 曹锦清：《市场、社会与社会建设》，载《哈尔滨工业大学学报》（社会科学版）2013 年第 4 期，第 2 页。

同的问题指向。在法治建设问题上，不宜片面强调群众路线，弄不好会变成群众运动。一旦变成群众运动，法治就会荡然无存。十年“文革”中，腐败等问题解决了，但社会秩序和管理秩序出现了混乱。有人认为运动式反腐形成官民之间的良性互动的条件也是可能存在的，关键是“在经历了一段运动式反腐以后，能不能及时转入可以导致制度变革的制度反腐”①，因而主张用法治方式开展反腐败。然而，人们也看到“走法治化反腐之路，提高发现和查处腐败的概率，在反腐面前人人平等。当前，‘领导让查谁就查谁，领导让办到什么程度就办到什么程度’的现象十分突出。反腐机构在惩治腐败方面处于一种相对消极被动的地位。由此导致‘选择性惩处’和‘违纪软约束’的现象”②，因而把群众路线和法治路线结合起来很有必要。走群众路线不能放弃法治路线，可以用法治路线弥补群众路线在思维方式上的“短路”。

从权利、责任需要个体化的角度看，群众路线存在着在思维路径上推导不下去的问题。群众是一个政治概念，群众在干部之上，干部要为群众服务，爱护群众、群众满意是政治道德的要求。一般来说，在官民关系中谁是群众很清楚，然而，群众是一个集合概念，当群众的利益与公民的权利放到一起思考的时候，概念就混乱了。公民既是群众的组成部分，又很难说就是群众。在法律权利和责任问题上，群众的概念根本无法操作。这也可能是法不责众的另一层意义。靳诺说：以人为本、执政为民是马克思主义政党的生命根基和本质要求。③ 但这里的人不应是抽象的人或作为集合概念的人民，而必须是公民个人，否则群众路线的价值取向只会停留在口头上，难以真切地关怀到公民个体的利益。习近平总书记在今年2月份中共中央政治局第四次学习的时候强调：要全面推进依法治国，要加强宪法和法律实施，维护社会主义法制的统一、尊严、权威，形成人们不愿违法、不能违法、不敢违法的法治环境，做到有法必依、执法必严、违法必究。行政机关是实施法律法规的重要主体，要带头严格执法，维护公共利益、人民权益和社会秩序。执法者必须忠实于法律。④ 这作为一项政治要求，无疑是正确的。官员个体来说不能贪图名利，不能只对自己负责，不对群众负责，以权谋私，干部心里面应该装有群众。但是，对群众利益的保护不能停留在政治

① 孙立平：《确立社会转型新思维》，载《领导文萃》2013年第7期（下），第24~28页。

② 京雨：《坚决反对腐败建设廉洁政治——专访中央编译局比较政治与经济研究中心主任、研究院何增科》，载《领导文萃》2013年第7期（下），第7~22页。

③ 《党建特别策划：十位专家畅谈群众路线》，http://theory.people.com.cn/n/2013/0701/c83855-22035048-3.html。最后访问日期2013年8月5日。

④ 《习近平主持中共中央政治局第四次集体学习》，http://cpc.people.com.cn/n/2013/0225/c64094-20583750.html。最后访问日期2013年8月5日。

道德的要求上，还必须运用法治思维研究它的实现路径，把群众路线与法治方式结合起来。党所关心的人民群众的利益才能得到切实的保护。

（三）在法治框架内凝聚改革共识

有人认为中国已经进入后改革时代，但季卫东认为，虽然中国在个人权利的承认与保护方面取得了巨大成绩，但改革的历史使命并没有完成，还需要推动公共管理的改进。[①] 在法治框架内改革需要与法治均衡发展。既然法治与改革需要在同一历史时空展开，那就需要处理好法治与改革的关系，推动法治与改革的合作。法治与改革的合作是国家与社会、权力与权利、管理者与被管理者、利益的争取者与利益的捍卫者等之间的合作。从改革的动力结构看，改革是国家的事情，而法治兼具国家与社会的属性，两者正常的纽带是法治。“社会的发展壮大既是改革开放的成果，也是改革开放进一步推动的动力。国家面对的是一个强大而且多元化、自组织化的社会。国家要通过制度建设、为社会利益的表达提供更为通畅的渠道，为社会利益的整合提供更为有效的方式，同时要把更多的权力还给社会，发挥社会自组织的作用，使国家的职能向提供公共品和公共服务方面转移，以缓和全球化带来的各种社会冲击，在应对全球化过程中形成合力。”[②] 从权利的角度看，改革的实质是利益的重新分配。而从管理的角度看，改革、法治是治国理政手段的变化，是在权力与权利之间重新划定范围或边界。

“改革实质是一场革命”只是一种对革命者的策略性说辞，实际上中国已经不适合用革命理论凝聚改革共识了，而是需要在法治框架内重塑改革话语。主要内容包括：在改革中包容各种价值追求，形成科学立法、公正司法、严格执法和全民守法的法治思维；在利益纷争上运用法治方式解决冲突、化解社会矛盾；打造政治国家与公民社会的和谐关系，在保护个体权利的基础上形成廉洁的政府、公正的社会；以限制权力为核心打造法治国家；以依法行政为手段建构法治政府；用法治方式凝聚改革共识全面推进法治中国建设。这种法治与改革关系的意识形态构造意义重大。有国外学者已经看到我们的这一软肋。“中国的崛起并不包含特别的道德或规范意义。当今及未来的中国很可能向世界呈现出经济和军事的力量，但他们不可能提出高调的哲学理论或意识形态。”[③] 现在我们只注意硬实力的提升，在软实力方面下工夫不够，在社

---

① 季卫东：《法制的转轨》，浙江大学出版社 2009 年版，第 254 页。

② 郭为桂：《全球化的新特点与中国的战略对策——专访中央编译局世界发展战略研究部副主任杨冬雪研究员》，载《领导文萃》2013 年第 8 期（上），第 22 页。

③ 参见第五届中国学论坛观点采摘：作者不详《中国道路：没有价值观的崛起?》，载《领导文萃》2013 年第 8 期（上），第 27 页。

会发展的规划中缺少文化理论的顶层设计。各种各样的方法都用，但缺乏对各种方法使命定位。我们需要认识到，在革命、改革与法治错综复杂的关系中，我们需要用法治方式推进改革，法治与改革的共同使命是抑制革命。我们必须坚持改革，需要运用改革手段打破现在那些不利于生产力发展，可能产生冲突的制度，建构起新的能够减少矛盾促进发展的基本框架，当然这需要一个过程，不可能一蹴而就，所以在今后很长一段历史时期内还要坚持改革。然而在改革过程中并不是不要法治，法律的效力在其没有废除以前，必须坚持它的效力，不能搞违法改革，法治与改革是并行的，并且法治是改革的目标。用法治方式推进改革虽然会在一定程度上延缓改革的步伐，但在较长时间的争论中，会增加改革措施的理性成分。中国需要以法治凝聚改革共识、规范发展行为、促进矛盾化解。

"旧制度"下的"司法权利"

——大革命前法国司法的基本形态

杜 苏*

摘 要 司法在旧制度下的法国被视为一种与司法者人身相关的"权利",这种观念最初发源于封建体制之中,与贵族的身份和采地紧密相关;在王室主导的反封建改革当中,这种"司法权利"意识不仅未能消除,反而与司法官职相结合,获得了进一步的完善和发展,为近代的法国司法注入了强烈的自我意识。理解法国司法的这一特性对理解博丹、孟德斯鸠一代所创造的政法理论体系具有重要的参考意义。

关键词 司法 法国 旧制度 封建体制 孟德斯鸠

大革命前的法国司法体制是大量近代法学知识得以孕育的制度温床,孟德斯鸠开创的"司法独立"理论也萌生其中。然而国人对孟德斯鸠所处时代的司法体制却始终不甚了解,这个体制时而被带上"封建"的帽子,时而又被涂上"集权"的色彩,"资产阶级革命"一类的简单预设无法对这一时代的司法形态做出准确描述。在这种模糊之中,人们通常没有注意到,当时的司法还被人们视为人身"权利"的一种,"司法权利"概念是那个时代司法的首要标签。理解司法的这种"权利"特性,是理解"旧制度"末期一系列法律制度和理论变化的重要前提。

一、"司法权利"的早期形态

"司法权"指的是一种权力而非权利,这在今天是一个无需解释的常识,然而在17世纪以前的法国,情况恐怕并非如此。说起大革命前的"旧制度"(l'Ancien Régime),"封建社会"可能是大多数国人的第一反应。"封建"意味着"权力碎化成

---

* 杜苏,西南政法大学行政法学院讲师。

诸多独立的细胞”①，而当时的“司法”也的确随着这些“细胞”相互隔离开来。在中世纪的法律观念中，一个人不被奴役而独立存在的依据是其“自由”（libertas），但在当时的法语中，“自由”就是“特权”（privilege）或“特许权”（franchise）的同义词，“它指的是一种权利，这种权利划出了一个范围，在这个范围当中，你可以利用垄断、习惯或其他任何可能的方式，将别人驱赶出去；你能将别人赶出去多少，自己就可以获得多少。”② 在这种“自由”观念的驱使下，“司法”也时常被理解为一种需要主张和维护的“司法权利”（droit de juridiction），而“司法权力”③ 的说法反而变得罕见了，只有在科层观念相对完整的教会法中才能略闻一二④。

和其他“权利”一样，当时的司法按其所有者的身份而被划分为诸多种类：国王拥有“王室司法权”（juridiction du royaume），教会拥有“教会司法权”（juridiction spirituelle），贵族拥有“领主司法权”（juridiction seigneurial），而城市里的工商业行会则拥有“行会司法权”（juridiction corporative）。这种“群己权界”式的划分使“司法”与“管辖权”或者“管辖范围”的概念发生了混同，“司法不仅指法院或者在法院提起的诉讼，也指某些领域之间的边界划分”⑤，这样的混同甚至一直持续到现代法语中，甚至现代英语当中。

在公元5世纪前后，日耳曼诸民族征服罗马的过程中，“日耳曼人制定的所有法律几乎都把人分为三类，既贵族（les nobles）、自由人（les homes libres）和佃农（les conlons），农奴（serf）则被排除在这三类之外”⑥ ——作为一个法律概念，“权力”描述的是一个主体对另一个主体的统治，而在一个大多数人不具备主体资格的社会里，“统治”就是一种私法上的所有或占有，这便是“权利”一词在中世纪早期大行其道的原因之一。

除开奴隶不谈，拥有法律身份的人们当时也面对着两种不同的司法体制，近代的历史学者称之为“私人司法”（justice privée）和“公共司法”（justice publique）⑦：

---

① ［法］乔治·杜比：《法国史》（上卷），吕一民等译，中国出版集团2010年版，第313页。

② Frederick Pollock：The genius of the common law，Columbia university press，1912，P61.

③ 法语中的“司法权力”一词大致有四种表述，分别为 pouvoir de juridiction、pouvoir judiciaire、puissance de juridiction 和 puissance judiciaire。在宽泛地谈论三权分立体制时，四者的差别不大。

④ 参见 B. Latomus，Adversus M：Buccerum altera defensio，1545，Bibliotheca belgica：Volume 14，Marcel Hoc，1961，P725.

⑤ Marcel Marion：Dictionnaire des institutions de la France aux XVIIe et XVIIIe siècles，originally published in Paris 1923，published by Burt Franklin，New York，1968，P314.

⑥ Ibid，p. 49.

⑦ 我们也可以将其翻译为“私法上的司法”和“公法上的司法”。参见 Juan José Larrea，La Navarre du IVe au XIIe siècle：Peuplement et société，De Boeck Supérieur，1998，p. 474.

早期的法兰克社会还是一个高度军事化的社会，其政权组织和军事组织紧密融合，一个人在战场上归谁指挥，在战场下就归谁审判。军队的主体是"自由人"，他们通过或远或近的部族血缘关系与国王相连，国王对他们来说是部族的首领；军队的精锐力量是"贵族"，他们通过"臣服礼"（hommage）仪式与国王建立起某种法律上的依附关系，他们是国王直接或间接的"封臣"（vaseeal），而国王则是他们直接或间接的"封主"（seigneur）[①]。在战场上，封臣服从于封主的指挥，而自由人服从于"伯爵"（comte）的指挥，因此到了战场下，封主就成为封臣的法官，而"伯爵"就成为自由人的法官。[②] ——"伯爵司法权（la justice du comte）源自于某种公共权力（puissance publique），只能在伯爵所管理的地域内行使，而这一地域并不归伯爵个人所有"[③]，伯爵的司法因此被看作是"公共司法"（justice publique）的典型，而相应的，封主的司法权（juridiction seigneurial）则成为了"私人司法"（justice privée）的基本形式。

作为一种权利，"私人司法"按照权限的大小又被分为三种，即高级司法权（haute justice）、中级司法权（moyenne justice）和低级司法权（basse justice）[④]。高级司法权较为完整，可以管辖领地内几乎所有的案件。中级司法权在民事方面享有较为完整的管辖权，但在刑事方面只能审理斗殴、伤害、盗窃等轻罪，而且不能使用死刑。低级司法权只能处理一些治安案件，刑事管辖范围很小，但可以审理诸如人头税（taille）、地租（rente）、年贡（cens）等与领主经济利益有关的案件[⑤]，在这些案件中，领主在自己的法庭上，为自己的利益指控并审判自己的属民，当司法是"私人"性的时候，司法者就不可避免地会成为自己的法官。

随着查理曼一代的去世，从9世纪起，整个法兰克帝国开始陷入连绵不断的动荡当中，首先是皇位继承引发的内战，继而又是诺曼人对北海和英吉利海峡沿岸的大举入侵，这场持续两百年之久的动乱使整个西欧的社会经济发生严重倒退，在战争和破产的威胁下，作为小土地所有者的"自由人"被迫向大土地所有者寻求庇护，社会

---

① Seigneur一词有两种含义，相对于农奴阶层而言，它可以指整个封建主阶层，这时一般被汉译为"领主"；在封建体制内部，它和"封臣"（vaseeal）相对，表明了封建秩序当中的上下级相对关系，这时应当被汉译为"封主"。

② 参见 Marc Bloch, Los caracteres originales de la historia rural francesa, Librairie Armand Colin 1968, p. 81.

③ G. d'Espinay, La feodalité et le droit civil français, P. Godet 1862, P32.

④ 参见 Louis-Gabriel Du Buat-Nançay, Les origines ou l'ancien gouvernement de la France, de l'Allemagne et de l'italie, Chez letellier 1789, livre XI, chapitreIV, P98 ~ 103.

⑤ Pierre Adolphe Chéruel, Dictionnaire historique des institutions, moeurs et coutumes de la france, L, HACHETTE 1855, tome II, p. 638 – 639.

的中产阶层——“自由人”群体因此逐步缩小进而基本消失，整个社会开始进入到一种“臣服”与“庇护”的单一法律关系模式当中，这就是我们所说的“封建社会”，它在11世纪中期完全形成。社会的这种封建化反映到司法领域，就是“公共司法”的迅速萎缩和“私人司法”的大行其道，“领主们独占了司法权，过去那种依照公共权利而进行的司法审判此时已经难匿踪迹了”[①]，“在法国（当然不是全部，还包括意大利的北部地区），司法的这种封建化进行得非常彻底”。[②]

“封建化”意味着司法彻底成为了“领主权利”（droit seigneurial）的一部分，这种强烈的“权利”特性也使司法与领主的身份紧紧捆绑在了一起，中世纪法学家艾维隆明确宣称：“是司法权利将一个人变为法官也变为了主宰者”[③]，近代学者梅林在论述贵族特权时也总结到，“考虑到领主的荣誉，那就是司法权利（droit de justice）……考虑到领主收益，那就是采地权利（droit de fief）”[④]。在这种司法、荣誉、采地三位一体的局面下，“领主权利”作为一个法律概念本身也开始变得清晰起来，后来的法律历史学家在论述其外延时已经可以将其大致划分为三类，即“私人司法权”、“征税权”（droit fiscal）和“私战权”（droit de guerre privée），[⑤] 而后两者与前者之间其实也存在着紧密的关联。

首先是“征税权”（droit fiscal），作为领主政治的经济基础，这种权利以领主“私人司法”作为后盾，最基础的“低级司法权”（basse justice）也包含了处理人头税、地租和年贡问题的权限，据此，领主可以命令属民缴纳赋税、服徭役并承担其他义务，如果遇到反抗，领主法庭就会对反抗者判处劳役或罚金，其判决理由可以仅仅简单到“不服从”（désobéi）[⑥]，以至于庄园中的主要税种居然就叫“任意税”（taille arbitraire）。[⑦] 或许正是由于这种依赖关系，在某些情况下，征税权甚至会被看成是司法权的附带权利，18世纪出版的某种词典在定义领主“狩猎权”（Chasse）时写到：“对拥有高级司法权的领主来说，狩猎权被看作是一种征税权，它附属于该领地上的

① Marc Bloch, Los caracteres originales de la historia rural francesa, Librairie Armand Colin 1968, P81.

② Marc Bloch, La société féodale, Albin Michel 1982, P513.

③ Jacques Eveillon: Traité des excommunications et monitoires avec la manière de publier, exécuter et fulminer toutes sortes de monitoires et excommunication, Chez Edme Couterot, 1672, P45.

④ Philippe Antoine Merlin: Répertoire universel et raisonné de jurisprudence, H. TAELIER, 1828, tomeXXVIII, P349.

⑤ 参见 G. d'Espinay, La feodalité et le droit civil français, P. Godet 1862, P30 ~87.

⑥ Marc Bloch, Los caracteres originales de la historia rural francesa, Librairie Armand Colin 1968, P102.

⑦ Alphonse Rousset, Frédéric Moreau, Dictionnaire géographique, historique et statistique des communes de la Franche-Comté et des hameaux, tomeV, A. Robert 1837, P521.

高级司法权，如果相应的高级司法权被废除，那么狩猎权也就同时废除”①。财税与司法的这种高度相关性极大地影响了当时法国人的政府观念，特别是影响到了萌芽中的“行政”观念，这一点我们在后文中还将看到。

接下来就是著名的“私战权”（droit de guerre privée），“当个人受到了侵犯，而侵犯行为的实施者又拒绝将该争议提交于司法，此时，被侵犯的个人就可以行使这种发动战争的权利”②，这一定义意味着封臣可以绕开封主的司法，用战争解决相互间的纠纷，换言之，在解决矛盾的过程中，司法与战争是两个基本平行的合法选项。国人在此可能会联想到“大刑用甲兵，其次用斧钺”③一类的中国式“封建”秩序，但法国人对“私战”问题的认识显然要“民事”得多——“无论如何，对于司法案件而言，私战也是一种良好的损害救济方式，它符合自然法，因此也具备一定合法性”④。毕竟，在当时的法庭审判中，“司法决斗”（combat judiciaire 或 duel judiciaire）也是最流行的审理方式，因此“所谓私战，也只是司法决斗的一种扩大，只是决斗从私人之间扩大到了家族和部族之间而已”⑤。可能正是因为如此，后世学者在讨论这一时期的法国历史时，时常将“内战”（guerre civile）和“私战”（guerre privée）作为同义词混淆使用，⑥ 而这种“内战”按其字面意思理解，其实就是一种“民事战争”。

二、13 世纪的司法集权进程

在 13 世纪的英吉利海峡两岸，英格兰和法国的王室司法权都经历了大规模的扩张，所不同的是，这种扩张在英格兰导致了一场以“大宪章”为标志的著名内战⑦，而在法国，局势却平静得出奇，以至于用孟德斯鸠的话来说，“这场改革就很少被人

---

① Charles-Louis Richard, Dictionnaire universel dogmatique, canonique, historique, géographique et chronologique des sciences ecclésiastiques par le P. Richard, tome premier, 1760, P991.

② François Laurent, Histoire du droit des gens et des relations internationals, Hebbelynck 1850, P154.

③ 汉书·刑法志

④ Pual Chamley etc（Université de Strasbourg, Université de Lausanne）, La référence Hobbienne du XVIIe siècle à nos jours, Librairie Droz Geneva 1982, P99.

⑤ François Laurent, Histoire du droit des gens et des relations internationals, Hebbelynck 1850, P155.

⑥ Michel Kaplan, Patrick Boucheron, Histoire médiévale: XIe-XVe siècle. le Moyen age, Bréal 1994, P341.

⑦ 参见《自由大宪章》第 17、21、34、39、40 条。另见：William Mckechnie, Magna Carta, a commentary on the great charter of king john, with an historical introduction, James Maclehose and sons, 1914, P261～398.

们所察觉”[①]。领导这场改革的法王路易九世后来被教廷封为圣人，因此他又被后世尊为“圣路易”。

不论是出于有意还是无意，这位国王在其44年的执政生涯当中将基督教作为一种执政智慧发挥到了前所未有的高度。1244年，埃及军队攻占耶路撒冷，西欧再度掀起了“保卫圣地”的宗教狂热，第七次十字军东征已经箭在弦上。就在法国各地紧张备战的过程中，路易九世突然于1245年初下诏重提了著名的“国王四十日”（la quarantaine le roi）制度——贵族权利若受损害，须在四十天内将争议提交至国王法庭仲裁，不得私战报复，违者将受到国王军队的讨伐，并被判处死刑。[②] 其实早在一个世纪前，教会就提出了类似的“上帝休战”（le trêve de dieu）理论，半个世纪之后，法王菲利普·奥古斯都（也称腓力二世，路易九世的祖父）也颁布了类似的法令，但贵族们一直对此置若罔闻。[③] 路易九世仅仅是选择了一个正确的时机，他利用宗教战争之前特殊的政治气氛使“国王休战”原则第一次得到了各方的默认，虽然贵族叛乱此后并未完全禁绝，但在法律层面上，国王的“司法权利”已经开始明确地优位于贵族的“私战权利”，换言之，公力救济已经开始明确地优位于私利救济——战争从此不再成为民事法律的客体，这对近代国家观念的形成有着不言而喻的重大意义。

在罢黜私战的同时，路易九世开始对风行于领主法庭的决斗裁判进行限制。野蛮残忍固然是绝对的一大弊病，但决斗的最大问题在于，它阻止了上诉，既然决斗结果被认为是神的意志，那就没有必要进行反复检验，这对于扩张中的国王司法而言是最大的程序性障碍。

路易九世生前颁布了《基本法》（établissements），其中收录了他所认为的最重要的敕令（但并未标注敕令的颁布时间），在该法令第一卷第二条中，国王用相当谨慎的口吻宣布：“在我们所有的领地上，在所有的案件中，我们禁止决斗。我们知道，世俗法庭里普遍存在着否认（denis）、抗辩（responses）和休庭（contremans）这样的程序，此外各地的习惯法当中还存在许多法律程序，对这些程序，我们都不会加以反对，我们禁止的对象仅仅只是司法决斗。在过去适用决斗的地方，我们将以证人证

---

① Montesquieu：L' Esprit des Lois, édition électronique à Chicoutimi uébec, 2002, www. uqac. uquebec. ca/zone30, Livre XXVIII, Chapitre XXIX, Sixième partie, P70.

② Charles Caix：Histoire de France au Moyen-age, Chez Louis Colas, 1840, P284

③ Denis Diderot, Jean Le Rond d' Alembert, Encyclopédie ou Dictionnaire Raisonné Des Arts, Des Sciences et Des Métiers, tome seizième, Samuel faulche 1765, p. 605 – 606.

言和书证替代之"[①]。很显然，国王并没有触动各地领主及其法官的"司法权利"，他只是禁止这些权利以决斗的方式来运行。

但这种"禁止"是有重点的，在第一卷第六条当中，国王具体地解释到："如果有人指控他的主人裁判错误，这种错误只能通过证据而非决斗来证明。如果这一错误没能被证明，则控告其主人者必须付出适当罚金；如果这项错误被证明，则被控领主将在相应领域内丧失其习惯法权利（coustome）。"[②] ——这种裁判错误之诉之所以成为改革的重点，是因为它直接牵涉到封建体制内的上下级关系问题。正如前文所述，决斗的存在意味着一审终审，决斗一旦被废除，上诉就成为必然。而在这种裁判错误之诉中，一旦国王合法地接到上诉，他的法庭实际上就掌握了控制贵族"习惯法权利"的主动权，而一旦上诉成为常态，贵族的"司法权利"就会在一定程度上被架空。

最初的上诉获得承认之后，国王就设法将其制度化，大约是第一次东征归国之后，路易九世着手设立了四个"大总管辖区"（grand bailliage），四位"总管"（bailli）常驻于韦芒（vermandois）、森斯（sens）、圣皮埃尔·穆斯蒂耶（sanit-pierre-le-moustier）和马孔（Macon）四地。[③] 在当时，地中海沿岸和卢瓦尔河以南的大部分地区还不归法王管辖，在新近并入的图卢兹和诺曼底地区，法王的统治也不算稳固。因此从地理上看，巴黎位于法王实际控制区的西北部，韦芒位于东北部，森斯位于中部，圣皮埃尔·穆斯蒂耶位于南部，马孔位于东南部——一个控制王国全境的法院网络此时已经初见雏形。

这里所谓的"总管"（bailli）本意指封建庄园中管理治安司法事务的家臣，路易九世设立这些上诉法院时并未另置官名，而只在其前面加上了一个"大"字，这基本说明了当时的人们对中央司法权的看法：这并非是加洛林时代"公共司法"的复兴，而是国王本人"私人司法"的扩张。但是相对于地方领主的司法权，国王司法权多少还是显示出一定的"公共"性，因此后来的学者在将两者相提并论时，习惯于称领主的司法权为"家事司法权"（justice domestique），称国王的司法权为"王室司法权"（justice royale）[④]，"王室"已经不再是一般的"家事"，但它还是依然绑定在国王个人的身份之上。

---

① Saint-Martin, Les établissements de Saint Louis roi de France, Nyon l'aine 1786, P35.

② Ibid, P39.

③ Charles Desmaze, Le Parlement de Paris : son organisation, ses premiers présidents et procureurs généraux, michel levy frères 1859, P5.

④ G. d'Espinay, La feodalité et le droit civil français, P. Godet 1862, P32.

作为一个私人的国王，其权利的来自于其身份，其权利的扩张建立在身份扩张的基础之上。“王室案件”（cas royal）被认为是“圣路易”时代又一项重大的法律发明，王室法学家们将国王的身份尽量抽象化，然后将这种抽象的身份扩大到国王的统治权、官吏、旗帜、话语、诏书、印章、仓库乃至于国王铸造的货币当中，于是乎，叛乱、矫诏、损毁盗窃王室财物、侮辱王室官吏、伪造王室货币等行为都被认为是对国王本人及其权利的侵犯，因此应处于王室司法的排他管辖之下①。然而，国王的身份究竟可以抽象到什么限度呢？他的法律顾问们并没有言明，或许也不愿意去言明，这个问题的标准答案大约是“具有相应合法权利的国王官吏，经过他们宣告的事项就属于王室案件”② ——这与英格兰早期的令状制度也颇具异曲同工之妙。

但和英格兰的“失地王”约翰不同，圣路易并没有利用“王室案件”理论无节制地谋取政治利益，相反，他对旧有秩序体现出极度的敏感和尊敬。在下诏废除司法决斗的同时，他声明对其他法律程序予以保护，此后还专门另下一诏，为的只是在“废除决斗”之前加上一个定语，既“在我所拥有、占有、管理和保有的所有领地上”；③ 同样的，在推出“王室案件”的同时，他又下诏向贵族许诺：“背弃誓言、强奸、纵火、盗窃或非法侵占以及一切可能导致死亡和截肢的案件，只要它们以前以决斗的方式进行审判，那么以后，这些案件还是归拥有高级司法权的男爵们来审理”④。另一个更具典型意义的例子是，一位贵族发动叛乱，后被王室剿灭，其儿子和大部分部下都在战斗中被俘，王室法庭旋即对这些人全部判处死刑，路易九世闻讯后亲自撤销了判决，其理由是“他（叛乱贵族之子）这么做只是为了服从父亲的命令，而他的部下这么做只是为了忠心侍奉自己的主人”⑤。类似的大量判决让这位国王更像是一个仁慈的封建卫道士，而绝非一个激进的社会改革者，然而这样的形象无形间又为他的改革大大减轻了阻力。这一切的让步只换来了一个结果，那就是在避免大规模内战的前提下，将“王室案件”的不确定性作为一种法理传统保留了下来。

国王身份是否具有确定性，如果有，那么这种确定性究竟应当如何来表述——笔者以为，这是一个导致英法两国法律制度发生分野的关键性问题。路易九世一生谨小慎微地限缩着“王室案件”的范围，而在海峡对岸，年代稍早的“失地王”约翰却

① 参见 Joseph Nicolas Guyot：Répertoire universel et raisonné de jurisprudence civile，criminelle，canonique et béneficiale，Chez Panckoucke，1776，tome septième，P513.

② J. A. Félix Faure，Histoire de Saint Louis volume Ⅱ，H. TAELIER 1866，P254.

③ Saint-Martin，Les établissements de Saint Louis roi de France，Nyon l' aine 1786，P40.

④ Ibid P38.

⑤ Institut national genevois，Bulletin de institut national genevois，Tome 6 - 8，Chez Kessmann，1857，P67.

坚持了前几代英王所竭力推行的令状扩张政策。两位国王后来都遭遇到了军事上的失败,[1] 但唯有约翰的失败导致了严重的法律后果——《大宪章》和《牛津条例》对国王的司法权进行了严格的列举式限定，这种限定在布莱克斯通的笔下获得了完整的理论表述：《英国法释义》仿效罗马法当中的"人法"单列"人的权利"一章，将"国王"作为一种特殊的"人"罗列其中，将"国王"的人格与普通"个人"（individual）人格相提并论,[2] 这种近乎于民法式的分析方法将国王的法律身份界定得纤毫毕现。相形之下，随着大量"权利来源令状"[3]的不了了之，英国贵族的身份权利反而从十四世纪起成了一笔永远也算不清的糊涂账。

哪些权利可以被界定，哪些权利不能被界定，什么时候去界定，界定到什么程度，在这些问题上，不同的立法者在相同的历史关头做出了不同抉择，导致了不同的后果，对这些后果，我们无从论其好坏。但路易九世领导的这场改革的确在最大的阻力面前，以最小的代价，为王室司法权的扩张创造了一个最好的开端，他反复利用自己的军事和宗教威望，使人们对国王的命令充满了"神圣的敬畏"[4]，将世俗国王的形象塑造为"人间的上帝"、"永恒的最佳惩恶扬善者"[5]。他改革的内容并不复杂，过程也谈不上轰轰烈烈，结果也说不上立竿见影，但"有时候一次的变化需要好几个世纪的准备时间；到时机成熟，看，那就是革命了"[6]，对此，孟德斯鸠的评价非常贴切。

三、官职——司法权利的后期意涵

改革正在使法官变得文职化、专业化，司法在与采地脱离的同时又与法官职位相

---

① 路易九世曾于1249年在第七次十字军东征中被埃及军队俘虏，后被赎回。

② 参见《英国法释义》第一卷第三至八章

③ 权利来源令状（Quo Warranto）：英译"by what warrant?"（谁授予的?），普通法令状的一种，用来调查特定权利来源。接到此项令状的人必须向法庭说明特定权利内容、范围和来源，涉及权利包括该人所拥有的职位、土地所有权、司法权等等。该令状起源于英王爱德华一世时期。爱德华一世的祖父"失地王"约翰于1215年被贵族联军击败，被迫签订《大宪章》，此后英格兰王权衰微，两代英王实际处在贵族的监护之下，在此期间，王室权利大量流失，很多国王才能委任的职位也被非法占有。爱德华一世即位后于1268年决定性地击败贵族叛军，复振王权。此后他派出大量王室法官持该项令状清查动乱期间各地贵族侵占王室权益的实际情况。但半个多世纪的动乱使大量的档案和证据遗失，加上牵扯利益过于复杂，此项清查行动后来在爱德华一世参加十字军东征后不了了之。参见 G. R Elton, England Under the Tudors, Routledge 2012, p. 13–16.

④ Richard de Bury: Histoire de St Louis, roi de Franee, avec un abrégé de l'histoire des croisades, Chez Perisse Freres, Lyon, 1835, P263.

⑤ ［法］雅克·勒高夫：《圣路易》（下），许明龙译，商务印书馆2011年版，第765页。

⑥ ［法］孟德斯鸠：《论法的精神》（下），张雁深译，商务印书馆2004年版，第314页。

结合，这一趋势在路易九世之后已经变得不可阻挡，但改革的一切成果却又都需要在既有法律理论当中得到论证和说明。然而当时的法律理论正处在两套话语的反复拉锯之中，两者相互矛盾而又必须共存，道不同却又必须相互为谋，很多概念的表述因此都显得自相矛盾，晦涩不清，“官职”就可谓是其中最为混乱的概念之一。

罗马法学家所描绘的世界是我们所大体熟悉的：公民拥有基本平等的身份抑或“自然权利”；私人在获得合法权利的同时也放弃合法暴力，暴力处在公法的制约和垄断之下；公法和私法因而相互依赖、相互平衡，形成一个稳定而紧密的法律共同体。在这个共同体当中，君主代表了公共意志，官职本身只是君主身份的道具。不管历史上真正的罗马是否如此，当人们抱定类似思想时，他们习惯于将官职称为 magistrat，抑或“选任官”，选用这一词汇表明作者暗示：官吏是公共性的、可自由任免的。《共和国六书》的作者让·博丹就是这种观念的典型代表。

加洛林—卡佩时代的封建法则是一个结构机理完全不同的体系：除了国王，绝大多数个人在身份上都依附于另一个个人；公共领域只在这种依附关系之外有限地存在，当这种依附关系变得过于发达，有限的公共领域也可以完全消失；私人拥有合法权利，同时也拥有合法的暴力，合法权利无法解决的问题也可以交给合法暴力去解决；公法与私法的边界模糊不清，两者间缺乏互动和联系，后者还在不断挤压前者的空间。当人们抱定这种思想时，他们称官职为 charge。这是一个国内学界尚无法准确理解的概念，它指的确实是政府当中的一个位置，或者说是封主委任的一个职位，但这个职位同时也是封建义务的一部分，或者说是封臣对封主的一种服务。这种服务是相对于采地而言的：采地经常被称为封主赐予的“礼物”或者“恩惠”（Don），而 charge 一词的本意是负担、债务、支出乃至赋税，因此笔者认为，charge 之于采地很可能近似于义务之于权利——它既是官位，又是一种服务义务，还是占有采地的一种正当性证明，并且和采地一道描述了一种封建性的服务—报酬关系。

孟德斯鸠就把法兰克时代的领主们称为“那些占有采地和 charge 的人们”[①]，似乎 charge 和采地就是构成“领主”概念的两个基本要素。采地在典型的封建秩序当中被看作是领主的一种财产，它是可继承的，商品经济发展之后也可以变相地进行转让，这样一来，与采地紧密相连的 charge 也就附带成为了继承和转让的对象。在很多情况下，如果看到某位作者刻意用 charge 一词来描述官职，那么这位作者就很可能在暗示：职位是财产性的，不可随意任命。孟德斯鸠就类似观念的典型拥护者。

① Montesquieu：L' Esprit des Lois，édition électronique à Chicoutimi uébec，2002，www. uqac. uquebec. ca/zone30，Livre XXXI，Chapitre Ⅲ，Sixième partie，P.150.

在中世纪晚期和近代早期的法律论述中，类似的用词混乱司空见惯，不足为奇，但在这些混乱的用词当中，我们至少可以发现一个各方都普遍承认的事实：即当时的官职分为两种，一种是选任性的，非终身性的；而另一种则是永久性的、身份性的。前一种官职是国人所容易理解和翻译的；而后一种官职在我国的"封建"法律体系中实难找到一个对应的词汇，有学者曾译其为"官爵"[①]，但此译极易与"男爵"（baron）、"公爵"（duc）那样的"爵位"（dignité）相混淆。为避免麻烦，有18世纪末的法国人干脆将这种官职称为"荣誉官职"（office & charge honorable），[②] 如果一定要译为中文，沿用此说也算较为恰当了。

"唯有聚集起最勇猛和最贤明的人们，领主的荣誉才能得到彰显……而作为一个封臣，战斗和审判就是他的义务"[③]，显然，在孟德斯鸠这样的老牌贵族看来，只有作战和审判这两项工作才配得上"荣誉"的称号。在封建时代，征收贡赋，指挥农业生产，铺设道路，维修风车水渠一类的"行政"事务都由庄园里的下人负责，贵族只专心于作战和司法——司法既是贵族的工作也是他的"权利"，是他对封主的神圣义务，还是他独立人格或"荣誉"的象征。在后来的几个世纪里，这种观念极大地影响了贵族们的择业倾向，换言之，在贵族们看来，官僚系统当中只有两种职位是体面的，其一是军人，其二就是法官。当然，他们也可以充当国王的顾问、侍卫，可以出家从事神职工作，可以从事文化艺术研究或者干脆无所事事，但唯独不能担任一般行政官员。"总督"（intendant）是18世纪法国一省的最高行政首长，可是"如果有人提出任命大领主为总督，那就是对他的侮辱；一般乡绅家庭出身的人，哪怕贫穷也不屑于出任总督"[④]。在当时，这些早期的行政人员还被看作庄园里的家仆，或者是与犹太包税商为伍的"下等人"[⑤]，他们的官职被认为是缺乏"荣誉"的。

"贵族"是一个千年封建史沉淀出来的社会政治多面体，如果说"荣誉"是它的道德面，"权利"就是它的法律面，"采地"就是它的经济面，作战则是它的技艺面。贵族曾经是社会的领导者，法律的执行者，国家的基层政权组织，还是军队的基本构成单位。然在十四世纪以后，农奴解放，庄园解体，贵族的基层政权功能丧失殆尽；百年战争初期的惨败之后，国王仿效瑞士和德意志建立了多兵种合成的专业常备军，

---

① ［法］雷吉纳·佩尔努：《法国资产阶级史》（下），康新文等译，上海译文出版社1991年版，第76页。

② Fortunato Bartolomeo De Felice, Encyclopédie ou Dictionnaire universel raisonné des connoissances humaines, tomeXXX, 1775, P409.

③ Ibid, Livre XXVII, ChapitreXXXI, Sixième partie, P64.

④ Alexis de Tocqueville: L'ancien régime et la révolution, Michel levy frères, 1856, P55.

⑤ Ibid, P55.

封建骑士的地位也变得岌岌可危；司法改革将审判从一种半武职的工作转化为一种全文职工作，这又使得旧贵族们失去了用武之地。潜移默化间，这些变化最终影响到了“荣誉”这一基本价值观。

“知识产生荣誉”（l’ honneur d? à la science），[①] 这样的口号终于在十六世纪末开始出现，实际上早在两百年前，国王已经就颁赐了“司法骑士”（chevalier de judicature）或“法律骑士”（chevalier de loix）这样的称号，他们与旧有的“军事骑士”（chevalier militaire）或“武装骑士”（chevalier d’ arme）[②] 相对应，构成了新时代贵族的两大分支——“骑士们为国王而战，凭借的是他们的‘佩剑权利’（droit d’ épée）；法律家们（avocats）也为国王而战，但他们所凭借的是知识和诉讼技巧，（或者用他们自己的话来说）是‘书写权利’（droit écrit），正因为如此，法律骑士们有资格也有能力与过去的骑士平起平坐”[③]，当时的一位法学家用这样的比附来为早期的专业法官们正名。

这里所谓的“知识”也不是泛泛而言的，16、17 世纪之交的著名法学家鲁瓦索（Loyseau）曾将其严格地界定为四种才学：“其一是神学；其二是法学，也就是我们说的教会法（droit cannon）和民法（droit civil）；其三是医学；其四是艺术（art），包括语言学、修辞学和哲学。每一种才学又分三级，即业士（bachelier）、学士（licencié）和博士”。[④] 很明显，这些因“知识”而得“荣誉”的人们都是大学和法律学校的学生。这些新式的教育机构几乎全部集中在城市，城市居民因此取代乡村贵族，成为了新式法官或者新式贵族的主要来源。在当时的法语中，“城市居民”和“资产者”抑或“资产阶级”还是同一个词（bourgeois），而“资产者”在当时还有另一个名字，那就是国人耳熟能详的“第三等级”（Tiers é état）。

“所谓第三等级，在大多数情况下，指的就是‘市民’（bourgeois），这个词仅仅指那些居住在城市里的人，古代的法语和现代的德语都管这种人叫‘城里人’（bourgs），他们以前生活在城外，被叫做‘城外人’（fors-bourgs），后来才搬到了城里。当然也不能把城市里的所有居民都叫‘市民’，有些贵族在城市里也有住宅，但

① Charles Loyseau, Les oeuvres de maistre Charles Loyseau, avocat en parlement, La compagnie des Libraires 1701, P49.

② Antoine Loisel, Institutes coutumières d'Antoine Loysel; ou, Manuel de plusieurs et diverses règles, tomeI, craplet 1846, p. 47.

③ Ibid P48.

④ Charles Loyseau, Les oeuvres de maistre Charles Loyseau, avocat en parlement, La compagnie des Libraires 1701, P48.

他们就没有'市民'的身份。贵族身处另一个等级，而这个等级是第三等级的人们所钦羡的，正因为如此，第三等级的人们才总是与贵族过不去……"[①] 鲁瓦索在17世纪初的描述基本反映了当时的情况，曾经的农奴或者说"城外人"，通过解放或逃亡而进入城市，几代人靠经营工商业而成为了"金融业者、店主和商人"，继而又接受学校教育成为了"文化人"（gens de lettres）。[②]

在他们生活的年代，以货币为代表的商品经济关系已经开始严重地侵蚀旧有的封建法律体系，其标志性的现象就是采地买卖。当时的乡村土地几乎都是封建"采地"，而采地又是封建社会关系的基石，是绝大部分封建权利和义务的载体，因此从性质上讲是不允许买卖的，但人们伪造继承关系，虚行册封仪式，将实质上的土地交易改头换面：土地购买者向所有者行"臣服礼"，或者干脆谎称自己就是所有者已经亡故的某位亲戚，而所有者对此也心照不宣，法律程序只在表面上进行，金钱给付则在私下完成。[③] 15世纪前后，这样的法律"拟制"（fiction）现象在英吉利海峡的两岸几乎同时兴起。作为百年战争的胜利者，查理七世国王在军事外交上取得了巨大成功，然而在战争中，他为换取国内各方支持不得不在执法力度上有所保留，在他之后，采地交易已成常态，积重难返了。

"司法权是采地本身所固有的一种权利"[④]，既然土地交易是通过继承和册封完成的，那么购买者在购得采地的同时也就合法地获得了相应采地上的"领主司法权"，至少是"低级司法权"。而另一方面，采地与所谓"荣誉官职"在性质上存在紧密关联，采地的商品化很快也会将官职引上了商品化的轨道。和采地一样，官职理论上也是不允许买卖的，但如果允许继承，那人们也会用完全相同的办法将买卖"拟制"为继承。而更为严重的一个问题在于，当时的人们无法理解：为什么一个附有"荣誉"的官职就不能继承——"司法骑士"依然是"骑士"，工作方式的变化并不意味着"权利"本身的性质发生了改变。"武装骑士"占有"采地"，"司法骑士"占有"官职"，人们看不出两者之间有什么不同，如果"骑士"身份和荣誉的继承是天经地义的，那么官职的继承也就无可厚非。罗马法上"公职"（office publique）观念在此时已经传入，并且被博丹那样的前卫知识分子所接纳和宣传，但在广大的城市乡

---

① Ibid，P49.

② Ibid，P49.

③ Jean-Joseph Expilly，Dictionnaire géographique，historique et politique des Gaules et de la France，tome troisième，Desant & Saillant 1764，P128.

④ Montesquieu：L' Esprit des Lois，édition électronique à Chicoutimi uébec，2002，www.uqac.uquebec.ca/zone30，Livre XXX，Chapitre XX，Sixième partie，P132.

村，类似观念的传播速度远不如我们想象的那般迅速。在封建传统的强大惯性作用下，当时的人们甚至还无法准确地理解“公共”（public）这一概念。

鲁瓦索在他的《官职五论》一书中曾经试图对官职和采地的概念进行区别，他写到：“采地与官职具有很大的相似性，两者看上去几乎完全相同，它们共同构成了私人人格的法律功能，换句话说，它们让私人人格本身在法律形式上得以存在……但二者之间依然存在一定差别，官职是公共性的，而采地则是私人性的。比如追随主人作战的战士，在担任某个官职时，他们的誓言是在公众面前发出的，但是臣服礼却是对领主个人做出的。同样的道理，官职的接受是在公众的注视下进行的，接受官职者会得到回报，公众的见证为此提供了担保；而封臣的继承则是源自封臣自己之手……可是这种差别并非随时随地都存在，它与权利本身无关，与权利的买卖也无关联。”①

这段论述在今天看来可能显得有些逻辑混乱，但在当时的知识背景下却是完全通顺的。首先，这里所谓的“公共”（publique）其实近似于“公开”，职位具有“公共性”并不意味着职位属于公众所有，向公众负责，而仅仅是意味着相应的权利义务关系获得了公众的见证和认可，谁要是违背就会在公众面前丧失“荣誉”，这种“公共”并不具备“公天下”或者民主政治的意义，它仅仅是一种舆论监督或者人证。其次，这里的“官职”的确被看成是一种义务，因为接受官职者需要得到“回报”，而这种回报还需要以公众见证的方式来进行担保，回报的内容可能是采地，也有可能是作为工资的货币，当然也包括附着在采地和官职上的特权，总之，当义务的承担意味着权利的获取，义务和权利也就不可避免地混同化了，因此官职后来又被称之为权利——财产总是权利和义务的综合体，但人们总是习惯于将财产称之为权利，在过去和今天都是如此。最后，和采地一样，官职也被看作是“私人人格”存在的法律标志，或者干脆就被看作“私人人格”的一部分，“人格”的继承是理所当然的，如果合法的买卖拟制自继承，那么相应“权利的买卖”自然也就变得无可厚非了。

狄德罗说：“在古代，法国的一切官职都是由国王根据其美好的意愿而任命产生的”②，实际上，在封建社会的黄金时期，同级别人士的选举也曾是常有的情况。封建等级体系之下很容易产生出一种“共同体”（communauté 或者 corp）观念，城市里的手工业者，游走四方的商人，大学里的教师，修道院里的修士，同级别的贵族……

① Charles Loyseau：Cinq livres du droit des offices，avec le livre des seigneuries et celuy des orders，Chez la veusue Abel l' Angelier 1614，P185

② Denis Diderot，Benard，Encyclopédie ou Dictionnaire Raisonné Des Arts，Des Sciences et Des Métiers，tome XXⅢ，Pellet 1778，P538.

总之，只是要具备同等自由身份的人们，都被看作是一种半自治性的共同体，可以在国王的首肯下推选自己的领导人。王室法官在当时也被看作是一种独特身份，因此一直到法王查理六世（1380—1422）执政时期，高等法院（Parlement）的法官还是由法院内的其他法官选举产生的。当然，法院是国王所设立的，因此这种选举依据的也是国王赐予高等法院的一种特权[①]。然而这种特权此后被国王逐步收回，到1552年，法官们能够选举的就只有院内的"庭长"（president）了。[②] 收回的这部分官职绝大多数都被国王卖了出去，"官职的售卖取代了官职的选举"[③]，这在查理八世（1483—1498）的执政时期已经成为了一个事实。如果官员私相继承和买卖官职，那就不能阻止国王出售官职，至于是国王卖官在先还是官员卖官在先现在已经无从可考了。如果官职被全社会普遍视作为一种财产，何者在先其实也并不重要。

四、官职售卖制——博丹与孟德斯鸠的分歧

"官职售卖"（venalite des offices）在15世纪成为一种正式的法律制度，有国内学者曾将这一制度译为"卖官鬻爵"，[④] 在汉语当中带有明显的贬义，而这种贬义可能有碍于我们对它进行进一步的研究和理解。实际上，类似的做法在"圣路易"的黄金时代已经存在，只不过在当时，这还只是为了解决财政问题偶尔使用的一种权宜之计，[⑤] 所涉官职也并非永久性地出售，因此还有学者称之为"出租"（affermer）[⑥]。在当时，法国的官僚体制尚未发育成熟，许多职位时设时废，尚不固定，官职大多数也没有终身化，这样的官职还不可能被售卖。14世纪以后，官僚体系日益成熟，王室政府架构也日趋稳定，但与此同时，新生的瓦洛亚王朝却为连续的战乱所困扰。

战争使王室权利获得了巨大扩展，但为了在战时赢得国内各方支持，国王也必须做出一定让步：1467年，法王路易十一下诏允许部分司法官职"永久化"，换言之，就是允许官职继承；1493年，法王查理八世下诏，对他售卖司法官职的行为进行辩护，这是对官职售卖合法性的第一次公开承认。其实早在1373年，审计法院

---

① Noël Chomel, Pierre Roger, Dictionnaire oeconomique: contenant divers moyens d'augmenter son bien, et de conserver sa santé, tomeI, Jean covens & Corn mortier 1740, P215.

② Ibid, P215.

③ Ibid, P215.

④ 刘文立：《法国新旧贵族的融合与同化》，《中山大学学报》（社会科学版）2003年第3期，第45页。

⑤ Cesare Cantù, Histoire universelle: soigneusement remaniée par l'auteur, Firmin didot frères, P203.

⑥ Charles Bataillard, Du droit de propriété et de transmission des offices ministériels, Thoinnier-Desplaces 1840, P22.

(Chambre de compte）的判例中就已经出现了要求官职获得者支付拖欠价款的判例。[①]从“民事”判例到国王亲自下诏承认，官职售卖从半地下转向公开，期间整整经历了120年，而这120年正好又是新式司法体系不断建设，走向成熟的关键时期，法国的国家司法体制在建立之初就与官职售卖问题紧密地纠缠在了一起，而连接二者的首要纽带则是与旧制度相伴始终的财政危机。

官僚体系的扩张和和规模空前的战争，两者在时间上刚好重合，这给王室政府带来的财政负担是难以想象的。14世纪以后的历代国王实际上都在与破产进行着无穷无尽的斗争。1605年，也就是宗教战争结束后不久，驻巴黎的威尼斯大使写到：“国王陛下面对的是一个财政枯竭、负债累累的王国，他不得不采取某些非常措施，给出某些恩惠，以此作为提高财政收入的适当办法，几乎所有的改革都围绕这一目的而进行，其中还引入了某种售卖官职的措施，售卖的官职不仅涉及司法，还涉及王室政府、宫廷、国王的随员和侍从、卫队军官以及国王所认为合适的一切位置，这样的做法让贵族感到十分不满。”[②]

事实上，这位大使到任的时间不长，如果他能看到一个世纪前的情形，他肯定会觉得目前的情况已经算是有所改善了。“圣路易”以后的历代国王热衷于设立法官，却没有建立起配套的监督制度，特别是针对法官的惩处制度，在连绵不断的战争中，类似的制度建设也无法引起国王的重视。到法王路易十二（1498—1515）执政时，官职的管理已经混乱到了极点：在高等法院，有人获得官职后只领工资，却拒不上班；有人将审判工作转包给他人；有人将不能出售的官职也私自出售；有人将法官职位卖给了文盲；居然还有外国人出现在了官职任上……[③]路易十二不得不对相应机关进行头痛医头、脚痛医脚式的整顿清理，一部分显然无法胜任工作的法官被裁汰，但是这些人拥有职务的所有权，裁汰的同时还必须对其“损失”做出补偿，而国王又不愿承担这笔费用，于是这些官职中的大部分又被转卖给了本院的书记员和法警，这些人被认为至少能维持法院的正常运转。[④] 在处理类似问题的过程中，国王想的不是如何去制止售卖，而是如何对这种售卖进行控制和管理。本着这一思路，弗朗索瓦一

① Denis Diderot, Benard, Encyclopédie ou Dictionnaire Raisonné Des Arts, Des Sciences et Des Métiers, tomeXXXV, sociétés typographiques 1779, P853.

② Sophie de Laverny, Les domestiques commensaux du roi de France au XVIIème siècle, Presses de l' univerite de Paris-Sorbonne 2002, P76.

③ Charles Bataillard, Du droit de propriété et de transmission des offices ministériels, Thoinnier-Desplaces 1840, P43.

④ Ibid, P45.

世（1515—1574）上台后于1522年建立了“部分酬金管理局”（Le bureau des parties casulles），统一处理官职售卖问题。[①] 在该局，各种官职的价码、售卖程序、购买者的年龄和资历要求，以及相应的继承转让权限都被得到了细致的规范；私人间的官职买卖也必须在该局进行登记，登记必须在交易后40天内完成，否则交易无效；[②] 官职被卖出后40天内，如果出卖者死亡，买卖也归于无效，官职由国王收回。[③] 最后这项措施当然招致了官职所有者的普遍反对。

这里所谓的“部分酬金”（parties casulles）被狄德罗定义为：“从不能被继承的官职中返还给国王的财政利益”，换言之，“一项司法或财政官职，如果它不能被继承，那么它就应该在每年年初向国王缴纳这种酬金”[④]。由于它按期缴纳，年年如此，类似于一种针对官职征收的物业税，因此又被部分现代学者称为“部分酬金税”（Taxes des Parties Casuelles）[⑤]。而“部分酬金管理局”的业务范围不仅限于征收“部分酬金”，事实上，所有与“官职”有关的财政事务都处在它的管理之下。很显然，官职售卖规范化的过程也是其财政化的过程。沿着这一方向，“官职售卖”制度在弗朗索瓦一世之后持续发展，在亨利四世（1589—1610）时代走向成熟。

作为三十年宗教战争的终结者和波旁王朝的初建者，亨利四世不仅要应付空前的财政危机，还要缓和尖锐的国内矛盾，他将官职视为解决国内问题的重要资源，他热衷于制定一个新的官职售卖方案，在解决财政问题的同时，还要对官职所有者们的诉求做出回应。1604年，这个方案被王室财务秘书查理·波莱（Charles Paulette）提出，并很快获得了国王的首肯。波莱为官职售卖专门制定了一种类似于格式合同的“租约”（bail），由国王将官职租予对方，租期原则上为9年，可以延长；每年的租金降低为官职价值的1/60（在此之前“部分酬金”曾一度达到官职价值的1/8）；在租赁期内，国王承认官职权利继承和转让的合法性。[⑥] 换言之，只要缴纳这种租金，

---

① Claude de Ferrière, La science parfaite des notaries, Charles Osmont 1704, P203.

② Jean-Joseph Expilly, Dictionnaire géographique, historique et politique des Gaules et de la France, tome V, Desaint & Saillant, 1768, P606.

③ [法] 雷吉纳·佩尔努:《法国资产阶级史》(下), 康新文等译, 上海译文出版社1991年版, 第76页。

④ Denis Diderot, Benard, Encyclopédie ou Dictionnaire Raisonné Des Arts, Des Sciences et Des Métiers, tome XXIV, sociétés typographiques 1779, P853.

⑤ 参见 Julien de Saint-Acheul, Taxes des Parties Casuelles de la Boutique du Pape, Les Libraires de Theologie, 1820.

⑥ 参见 Jean V. Alter, Les Origines de la satire anti-bourgeoise en France: Moyen ge-XVIe si cle Les Origines de la satire, Librairie Droz, 1970, p. 40. l 另见 Jean Baptiste Rosario Gonzalve de Nervo (baron), études historiques. Les finances françaises sous l'ancienne monarchie, la république, le consulat et l'empire, Michel Levy Freres, 1863, p. 424. 以及 [法] 雷吉纳·佩尔努:《法国资产阶级史》(下), 康新文等译, 上海译文出版社1991年版, 第77~78页。

相应所有官职的继承和转让就能够获得国王的承认。

国王收取的这部分租金也被视为一种“部分酬金”，这种新式的“部分酬金”以波莱的名字命名，也称 Paulette，国内学者大多译此为“官职税”。其实按当时的法律语言来看，这种酬金是一种建立在民事契约基础之上的“租金”，国王在收取这种租金时近似于一个租赁法律关系当中的“租赁人”，而官员对官职的“购买”实际上类似于今天的中国农民对农村土地的长期“承包”（当然这个比喻并不完全恰当），故称相应的价款为“税”也许并不准确，音译“波莱金”或许是最为妥当的译法。

波莱金虽然不是严格意义上的“税”，却在社会上却引发了类似物业税一样的法律现象：为了少缴波莱金，官职买卖的双方有时故意压低官职的公开价格，这使官职的公开价和实际成交价之间拉开了很大差距。例如在孟德斯鸠曾经供职过的波尔多高等法院，17 世纪初的庭长（président à mortier）一职公开价是约 60000 利弗，所应缴纳的波莱金也就是约 1000 利弗，但实际成交金额却高达 15000 利弗；一般法官职位的公开价是大约 24000 利弗，应缴波莱金 400 利弗，但实际成交价却达 60000 利弗左右，超过公开价的两倍。[①] 即便有这样的“偷税漏税”行为，波莱金还是给国王带来了巨大的财政收益：1604 年之前，王室每年通过官职售卖而得的收入大多数时候只在 10000 到 20000 利弗之间，1583 年时甚至还不到 9000 利弗，而在波莱金制度实施后不到 5 年，相应收入就达到了超过了 50000 利弗，在 1620 年前后甚至达到了创纪录的 100000 利弗[②]，15 年内居然增长了近 5 倍，这种立竿见影的效果使得王室财政对波莱金制度产生了相当程度的依赖，而官员们也因为能够长期合法地占有官职而感到满意。这项令各方皆大欢喜的制度在亨利四世之后获得了长期稳定的执行，从此，官职的财产化既成大势所趋，再也无法扭转了。

尽管如此，大多数接受过罗马法教育的法学家们还是无法与这样制度达成理论上的妥协，亨利四世时代的博丹就是其中的代表人物。在《共和国六书》第五卷当中，行文一向谨小慎微的他在官职售卖问题上毫不讳言地表达了自己的愤怒情绪：“多少年来，法国丧失了多少光荣和尊严，多少高贵者远离了他们的位置，多少贤明者被亵渎，多少博学者被贬低，这一切都无以数计了。所有的这些灾祸都来自于对社会地位、官职和教职的荒唐贿买，来自于那些肮脏的财政，来自于对那些无耻行为的姑息

---

① Chistophe Blanquie, Le prix de la religion: l' evaluation colbertienne des chambers de l' edit, Bulletin de la Societe de l'Histoire du Protestantisme Francais, tome153, Droz 1852, P189.

② Michel Cassan, Les officiers "moyens" à l'époque moderne: pouvoir, culture, identité, Press Universitaires de Limoges 1998, P226.

纵容。"①不仅如此，为了从理论上彻底断绝官职售卖的合法性，博丹在论及封建法律关系时甚至有意识地误用法律术语：在谈及封主将封建权利赐予封臣这一行为时，他不用常见的"授予"（donnor），而代之以"准予"（ottroyer）；在描述封臣获得权利这一事实时，他不用常见的"取得"（obtenir），而代之以"代领"（avoyer）。"特权"（privilege）这一概念他避之唯恐不及却又实在无法回避，于是他略带牵强地考证说，拉丁文中的 privilegium 不仅是一种权利，还可能是一种不利，甚至可能是"死刑"这样的刑罚。② 他使用了一切可能的办法，试图将封建体制下的层层册封描述为一种权利的层层代理，而非是权利的层层转移，以此否认官职权利私有化的法律依据。

而孟德斯鸠还是一如既往地站在博丹的对立面，他在《论法的精神》当中写到："这种（官职）买卖在君主国里是美好的事情，他可以让一项工作变成家族性的职业，而这些工作原本是人们所不愿（出于美德而去）从事的；这种买卖可以让人们各安其位，可以让国内秩序永远地保持稳定"③。很显然，孟德斯鸠有意无意间还在将官职当作一种"人们不愿从事的"义务，当作是跟随领主上阵打仗那样的苦差事，但早在孟德斯鸠出生前两个世纪，那样的情况就不复存在了。十五世纪以后的官职多数都是高待遇、低风险的文职，虽然价格不菲，人们依然趋之若鹜，绝无"不愿从事"之说。但无论当时的人们如何文过饰非，他们购买官职肯定不是为了所谓"美德"（vertu），这却是一个不争的事实。

在孟德斯鸠看来，"美德"是一种"一心为公"（le sens qu'elle se dirige au bien général，直译应为"以公共福利为目的的倾向"）④ 的精神，是一种"为国多于为己"⑤ 的精神，这种精神只能在人人平等的民主政体（例如全盛时代的雅典城邦或罗马城邦）当中才能孕育和维持，而在君主政体（例如孟德斯鸠时代的法国）当中，这样的美德是不存在的，即使存在也发挥不了多大的政治作用。君主政体之下的人们毫无公心，甚至压根就没有"公共"这一意识，他们脑子里有的只是"荣誉"——那是社会等级造成的一种"偏见"（préjugé）⑥，是一种在等级阶梯上不断向上攀爬的

① Jean Bodin, Les six livres de la République, Gérard Mairet 1993, P458.

② Ibid, P161 ~162.

③ Montesquieu: L' Esprit des Lois, édition électronique à Chicoutimi uébec, 2002 uqac. uquebec. ca/zone30, Livre V, Chapitre XIX, premier partie, P88.

④ Ibid, Livre Ⅲ, ChapitreV, premier partie, P47.

⑤ Ibid, Livre Ⅲ, Chapitre VI, premier partie, P48.

⑥ Ibid, Livre Ⅲ, Chapitre VI, premier partie, P48.

“热望”（envie）[①]，是一种为己之心，但这种为己之心也可以产生出坦率、忠诚、公正、勇敢的高贵情操。怀有这种情操的贵族们不会为了“公共福利”而放弃自己的财产或权利，但却会为了效忠君王或坚持自己的处世原则而慷慨赴死。[②] 在孟德斯鸠看来，法国人的政体以及由此产生的人文精神气质，与古代的希腊人、罗马人大相径庭，如果将希腊式的“共和国”和罗马式的“公法”、“公职”观念强行移植，不仅不会产生预期的效果，甚至还会破坏法国的良好风俗。正确的做法应当是顺势而为，鼓励并且疏导法国人的上进之心，因此“官职售卖”可以作为一种“由富裕而致显贵的路径，激发和维系人们的职业精神（industrie），而这种精神正是这种（君主）政体所渴求的”，“在西班牙，所有的职位（emploi）都是免费给予的，因此那里就滋生懒惰”。[③]

孟德斯鸠本人就是两次“官职售卖”的亲身参与者。第一次是1714年，他花费24000利弗买到了波尔多高等法院的“推事”（conseiller）职位。[④] 第二次是在1726年，已经官升“庭长”（président）的他又将该职位卖了出去，价格是“年金”（rente）5200利弗[⑤]（也就是每年支付5200利弗，直至孟德斯鸠去世）。据记载，1774年法国一审法院“年金”管辖金额上限也只有160利弗[⑥]，不到孟德斯鸠卖官“标的”的1/30，再考虑到半个世纪以来的物价上涨因素[⑦]，我们可以想象孟德斯鸠的官职在当时是一笔价值多么巨大的财产。

如此大额的财产肯定有相应的“民法”与之匹配。十余年前，国人曾经热议过“中国古代有无民法”[⑧] 这一问题，这样的讨论在礼—法之分和法律—风俗之分之间来回摇摆，最终不了了之。之所以会出现这样的局面，笔者以为，是因为当时的国人并不清楚西方古代的“民法”究竟是什么。就在1604年，也就是波莱改革的头一年，作为改革的一项配套措施，亨利四世国王对其前任多位国王的敕令进行了重新编

① Ibid，Livre IV，Chapitre Ⅱ，premier partie，P55.

② Ibid，Livre IV，Chapitre Ⅱ，premier partie，P55.

③ Ibid，Livre V，Chapitre XIX，premier partie，P88.

④ Joël Askénazi：Montesquieu，de l'esprit des lois：la nature et la loi，édition Marketing，1987，P17.

⑤ David Wallace Carrithers，Patrick Coleman：SVEC（Studies on Voltaire and the eighteenth century），2002：09，Voltaire Foundation，P208.

⑥ Roland Mousnier，translated by Arthur Goldhammer：The Institutions of France Under the Absolute Monarchy，1598—1789，university of Chicago press 1984，P265

⑦ 参见 Anne-Marie Piuz，Liliane Mottu-Weber，Alfred Perrenoud：L'économie genevoise de la Réforme à la fin de l'Ancien Régime，Librairie Droz，1990，P236。按该页图表计算，在这半个世纪当中，法国西南部以小麦为代表的谷物价格上涨了超过40%。

⑧ 参见俞江：《“古代中国有无民法问题”再思考》，《现代法学》2001年第12期，第67页。

辑清理，最终出版了《亨利三世法典》（Code du Roy Henry Ⅲ）。在这部"法典"的第六章当中，我们可以看到我们熟悉的"赠与"（donation）、"遗嘱继承"（testament）、债权（charge）、"委托代理权"（commission）以及"土地经营权"（maniement），可与此同时，我们也可以看到"官职"、"采地"、"贵族身份"（noblesse）乃至"司法权"（justice）。这些项目作为"私人权利"（droit personnel）被并列在一起，缀在第五章"民事诉讼程序"（procez civil）之后，构成了当时民事实体法的主要内容。

"当领主的头衔被第三人所合法占有（détenteur），在相应的宣誓赎罪仪式得到承认后，在这种占有第一次合法宣告之日起，原领主的封臣有权在相应采地上执行司法权……"①，坦率地讲，笔者也不完全明白这样的条文究竟在描述一种怎样的法律现象，而这种现象与我们今天所谓的"第三人占有"理论之间究竟有着怎样的具体关联。但从类似的大量法律当中我们至少可以发现一点，既在十六世纪前后，西欧所谓"民法"的调整对象绝不只是国人眼中的"户婚田土钱债之讼"，它涉及到"头衔"，涉及到头衔之后的采地和官职，涉及到附着在采地和官职之上的"司法权利"以及其他种种权利，而这些"权利"的背后是当时整个法国的政治权力格局。可以想象，如果司法和征税这样的"公器"也被作为私产继承买卖于我国古代的江湖庙堂，那将是一幅何其荒诞的景象，而如果那样的景象真的出现，相应的"民法"肯定也会在我国古代大行其道。当然，这样的假设是毫无意义的。

结　语

托克维尔在对大革命前的法律活动进行广泛研究之后断言："封建制度是我们所有民事制度中最为庞大的一部分"②。以今天的标准来看，这种包含着司法权利和征税权利的"民事制度"并不是一种单纯的私法制度，它是一种私法与公法的混合物，一种财产秩序与政治秩序的混合物。在鲁瓦索的笔下，法（jurisprudence）就只分为两种，即教会法（droit cannon）和民法（droit civil），③ 显然在那个时代的知识分子看来，"民法"几乎就是一切世俗法律的总称。在这样一种"民事"化了的世俗政治

① Barnabé Brisson, Louis Le Caron, Le code du Roy Henry III: augmenté des Edicts du Roy Henry IV, Chez Clavde Morel, 1609, P274.

② Alexis de Tocqueville: L'ancien régime et la révolution, Michel levy frères, 1856, P48.

③ Charles Loyseau, Les oeuvres de maistre Charles Loyseau, avocat en parlement, La compagnie des Libraires 1701, P48.

秩序当中，法国旧时代的司法无可避免地沾染着浓厚的等级“权利”色彩。从987年卡佩王朝建立，到1789年波旁王朝覆灭，在这近千年的时间里，“权利”一直是法国司法的首要特性，而“司法”也成为“权利”观念的重要支撑和来源。

早期的“权利”观念身后是一个不平等的多元化法律格局：大多数人作为财产附属于少数人，少数人拥有大体平等的自由身份，而多数人只与他们的“主人”发生法律联系。在封建体系之下，这样的“权利”观念之所以受到尊重是因为它以人作为客体，这就如同上古的祭祀受到尊重是因为它以人作为祭品。

而到今天，我们所谓的“权力”很大程度上来自于博丹所构想的“主权权力”（puissance souveraine）观念[①]。这种“权力”的背后是一个平等的单一化法律格局：所有人都拥有平等的身份，都可以与主权者发生直接的法律联系。过去的一切“权利”此时都成为了主权权力“准予”（ottroyer）或“代领”（avoyer）的结果，成为了主权权力的某种环节或者影像，严格地说来，这种“权利”消失了，以封建法理的标准来看，所有人其实都处于一种不自由的状态，而这种封建化的“自由”也的确不是博丹所要追求的目标。“法律就是主权对一切人和一切事物的支配”，[②] 博丹对此从无讳言，人不再成为“权利”的客体，却成为了“主权”所“支配”（commandement）的对象，换言之，成为了“主权权力”的客体，和早期的“权利”一样，早期的“权力”依然将人作为客体看待——在构建统治合法性的同时，又将所有人不加区别，随时随地视之为法律关系的主体，这是一项庞大而又极其复杂的法理系统工程，它是在德国人的手中开启并且完成的，大革命前的法国人还远远没有这样的意识，鲁瓦索没有，博丹没有，孟德斯鸠和卢梭也没有。在中世纪乃至近代早期法国人的法律思维当中，人格客体化的钟摆可以在“权利”和“权力”之间来回摇摆，在封建法和罗马法之间来回摇摆，从而形成一幅活动而模糊的“司法”影像，只不过作为现代人的我们更加亲近罗马法和“权力”话语，因此封建法和“权利”在我们的眼中显得更加眩目和刺眼罢了。

然而，在实际的经验历史当中，这种“钟摆效应”的发生是极其缓慢的，“司法”以及附带的种种意识因此长时期的停留在等级“权利”的藩篱之中。在封建意识的长期熏陶之下，人们对于权利问题有着某种异乎寻常的“敏感性”，甚至是“超敏感性”[③]，他们在遭遇侵权行为时几乎从不空谈，而且一旦救济失效往往就会毫不

① Jean Bodin, Les six livres de la République, Gérard Mairet 1993, P57.

② Ibid, P98.

③ ［美］汤姆逊：《中世纪社会经济史》（下），耿淡如译，商务印书馆1963年版，第185页。

犹豫地诉诸武力；行文时，他们会情不自禁地在“权利”前加上“上帝赋予的”、“来自血统的”、“传自先祖的”、“荣誉的”、“神圣的”这样的定语，在大革命前后，法国人的这种权利激情随着他们浮华的文风而传向全世界，造成了难以估量的影响。在这样的一个国度里，习惯法上的实体权利是一条很难触动的底线，早期的改革因此只能以选择两种方式进行：其一是对习惯法进行解释，待到条件成熟之后还可以对其稍加取舍，重新编纂；其二就是在决斗、上诉这样的程序问题上进行微调，条件成熟之后就可以变更法院体制，从而建立起一种新的司法权威。在后来，这两条路径又分别发展为大陆法系的实体法和程序法系统。

从时间上看，第一条路径（习惯法编纂）发端于15世纪中期，准确地说是查理七世统治时期，而第二条路径（程序性调整）早在13世纪末，也就是“圣路易”的年代就已经大规模展开。后者与前者之间存在着一个大约150年的时间差，而这150年恰好又是新式国家司法系统建设的关键时期。换言之，法国中央司法体系的最初建设，是在缺乏实体法和实体“权利”保障的情况下完成的，旧有的封建“权利”观此时并未动摇，它在一个多世纪的时间里居然主导了这场“中央集权”式“反封建”改革，这给整套司法体制，乃至整个“旧制度”日后的“精神分裂”埋下了严重的隐患。然而，正是因为这种“权利”观的存在，每一个法官，无论他是采地还是官职的占有者，他的内心深处都被注入了一种强烈的自主意识和“荣誉”意识，尽管这样的意识不能称之为“司法独立意识”，但它的确造成了一种“独立”的事实，甚至是过分“独立”的事实，在“司法独立”孕育形成的漫长过程中，这样的意识和事实发挥着隐秘但却至关重要的作用。

日本法律近代化的精神动因

李丽辉*

摘 要 本文通过对日本民族的伦理价值体系及占据其核心地位的名誉观念的考察，发现独特的伦理道德成为日本人在近代完成法律转型的重要精神因素。对名誉观念的重视是日本人不甘心落后的人生目标，其所依托的伦理道德“恩”由“义务”、“义理”组成，构成日本人生活的主要道德规范。名誉观的实现方式深化了日本民族对名誉观念的重视，其衍生物现世主义和对教育的重视促进了日本法律在近代的转型。本文从精神层面的探究仅仅是研究的尝试，并不意味着否认其他因素在日本社会法律转型中的重要作用。

关键词 名誉观 道德 法律近代化 精神动因

通过对历史一定角度的考察，人们发现在日本人的伦理价值中存在着忠为先、孝在后的顺序。在近代日本，履行报答天皇之恩的“忠”和报答父母之恩的“孝”这两类义务时，废除孝道的行为只有在与对天皇的义务发生冲突时才可以做出。而且，相当露骨的相互怨恨只在孝道中可以看到，这种现象在尽忠这一重大义务中是不存在的。忠孝的先后顺序与日本人的名誉观这一民族特性密切相关，后者最终成为日本法律近代化的精神动力。正如迪尔凯姆（Emile Durkheim）所言：“每一种社会事实都是一种力量，而且是一种支配我们力量的力量，又因为每一社会事实都有它们固有的特性，所以要使它们存在，仅凭意图或愿望是不够的，还必须有能够产生这种决定性力量的力量和能够产生这种特性的特性。二者在这种条件下，社会事实才能够存在。”①

* 李丽辉，昆明理工大学法学院副教授、硕士生导师。

① ［法］埃米尔·迪尔凯姆：《社会学方法的准则》，狄玉明译，商务印书馆1995年版，第107页。

一、名誉观的含义

一般情况下，中国人认为“最贪者莫过于自杀，最弱者莫过于自杀，最无自信者莫过于自杀。在人道的意义上，最残忍的更莫过于自杀，在精神的生活上，最矛盾纷乱而不能统驭的心理无过于自杀”①。在西方人的眼中，认为中国人的自杀原因与西方迥然不同。沃尔夫（Margery Wolf）在关于中国女性自杀的论文中，发现了这样的问题：“自杀行为和中国人的许多其他行为一样，不仅仅是一种个人行动、自身绝望的表示，更是一种指向他人的行为。……西方人对自杀通常的设问方式是‘为什么’，但在中国，人们可能更关注‘谁？谁逼她自杀的？谁应该对此负责？’”② 这一研究结论与一位旅居中国的西方人的经验不谋而合。清末民初，在中国东北行医的苏格兰长老会的克里斯蒂目睹了当时一个穷人因为地界纠纷与富人打官司，富人通过行贿取胜之后，穷人家的三个儿子相继在富人家门口自杀。这家穷人通过这样的方式获得了富人家的赔偿、赢得了在村里的威望。这个传教医师写道：“在中国，人们自杀并不是因为厌倦生活，也不是因为想从耻辱或悲伤中解脱的怯懦想法，而是因为不可遏制的愤怒，或者他知道他的死会陷对手于不义。”③

通常情况下，中国人不会因为“想从耻辱中解脱”而自杀，而这种想法却是西方人和日本人自杀的重要原因。以自杀作为解脱耻辱的方法，在这个意义上，日本人和西方人颇多类似之处。但是“类似”并非完全一致，日本的自杀率比其他经济发达国家都要高，平均每个自杀者都有10多次以上的自杀未遂经历。如果以生活压力大、人的脆弱性作为解释自杀率高的原因，那么，这一原因难以解释在生活压力更大的其他国家为何没有出现那么高的自杀率？难道日本人较之其他民族就特别的脆弱？值得注意的是，在日本不仅普通民众选择这种方式结束人生，而且许多著名人士如号称明治“维新三杰”之一的西乡隆盛、甘为天皇陪葬的军国主义者乃木希典、获得诺贝尔奖的作家川端康成等等也以同样的方式结束生命。也即是说，自杀在日本社会具有普遍性。在这种普遍性的背后，在这种对自杀的价值观认可的背后，究竟存在着什么样的原因？

在迪尔凯姆关于自杀的研究中，他发现这种特殊的社会现象与种族、遗传因素、

① 蒋百里、戴季陶：《日本人与日本论》，凤凰出版社2009年版，第143页。

② 海青：《始于自杀，终于“自我”》，载《读书》2010年第6期。

③［英］杜格尔德·克里斯蒂、伊泽·英格利斯：《奉天三十年》，转引自海青：《始于自杀，终于“自我”》，载《读书》2010年第6期。

个人素质、心理状态、精神病、自然条件、气候变化之间的关系不大，却与社会环境有着密切的关系，并且，“在任何时候，决定自杀人数多少的都是社会的道德规范。因此，每个民族都有一种具有一定能量的集体力量推动人们去自杀。乍看起来，自杀者所完成的动作似乎只表现他个人的性格，实际上是这些动作所表现出来的某种社会状态的继续和延伸。”① 按照自杀的不同原因，迪尔凯姆把自杀分为三种类型：利己主义的自杀、利他主义的自杀和由于社会混乱所引起的自杀。在第二种类型当中，又包含了三种不同的形式：义务性利他主义的自杀、非强制性利他主义的自杀和强烈的利他主义的自杀。第一种形式义务性利他主义的自杀是因为社会强制性规定了这种牺牲是为了社会的目的，“社会迫使他承担自杀的义务，使这种义务具有强制性的条件和环境就是由社会造成的。”② 个人只是整体的组成部分，没有自身的价值。如果个人不履行这种义务，就要受到侮辱和宗教的惩罚。第二种非强制性利他主义的自杀直接和明显的动机都是微不足道的，因为不留恋生命被视为一种美德，社会的奖励给予了由此产生的自杀，拒绝这种奖励就会招致惩罚。“为了在某种情况下逃避耻辱，就是为了在另一种情况下赢得更多的尊重。”这种自杀的习俗部分是自发的，它训练人们从童年时代起就习惯于不重视生命，可以为了最小的借口而放弃生命。第三种强烈的利他主义的自杀不是社会强加的义务，也不是与荣誉有关的事件起了作用，而是“为了得到牺牲的乐趣，因为毫无特殊理由地自我牺牲被认为是值得赞扬的”③。

尽管迪尔凯姆强调利他主义是原始人的道德特点，低级社会是利他主义自杀的温床，但是在现代社会中，这种利他主义自杀也是存在的。日本人的自杀就非常接近迪尔凯姆描绘的利他主义自杀的第二种形式。为了名誉，甚至个人的生命也可以轻易成为抛弃的对象。至于选取切腹的方式，是因为社会形成的习惯使然。无论这样的行为或者习俗是否低级社会的道德观念，这些道德实践逻辑背后的形而上学体系才是它们的根源所在。

“名誉”一词在日语中有四个含义：一是指荣誉，二是指名声，三是指体面，四是指在歌颂别人丰功伟绩时在形式上使用的说明，如“名誉教授”④；在汉语中则有两个含义：一是个人和集团的名声，二是名义上的（多指赠给的名义，含尊重意）⑤。

---

① ［法］埃米尔·迪尔凯姆：《社会学方法的准则》，狄玉明译，商务印书馆 1995 年版，第 321 页。

② ［法］埃米尔·迪尔凯姆：《社会学方法的准则》，狄玉明译，商务印书馆 1995 年版，第 228 页。

③ ［法］埃米尔·迪尔凯姆：《社会学方法的准则》，狄玉明译，商务印书馆 1995 年版，第 232 ~ 233 页。

④ 日本株式会社旺文社编著：《日汉双解学习词典》，王萍等译，外语教学与研究出版社 2005 年版，第 1668 页。

⑤ 中国社会科学院语言研究所词典编辑室编：《现代汉语词典》，商务印书馆 1983 年版，第 797 页。

逐个剖析这些含义——“荣誉”是特指光荣的名誉，“名声”是在社会上流传的评价，“体面”是种传统、身份或者光荣、光彩——可以发现，“名誉”一词在两种语言中的含义相比较而言，共同之处在于二者均使用于名声和名义上，差异之处则在于日文中的“名誉”更指向那些与光荣、体面有关的积极方面的含义。

的确，名誉的意识除了包含着人格的尊严和对价值的明确自觉之外，在日本人心目中，名誉更是他们为了赢得普遍的尊敬而持久追求的目标。这种在出生之前就受到熏陶的名誉心，“触及到他心情的最敏感之处”①。在他们看来，名誉即使只是虚荣或世俗的赞赏，也被视为人生的至善，具有极高的地位；它成为青年们追求的目标。如果不能得到名誉和声望，知识、财富甚或生命本身，也被视为毫无价值，可以迅速而平静地舍弃。精心观察过东方制度和人民的汤森（Meredith Townsend，1831—1911）认为：“我们经常说欧洲如何影响了日本，却忘记了这个岛国的变化完全是它自身发生的。并不是欧洲人教导了日本，而是日本自己发起从欧洲学习文武的组织方法，从而获得了今天的成功。”它“自身发生”变化的原动力在于国民自身之中：不能容忍被蔑视为劣等国家的名誉感是日本发生变化最强大的动机。②

在名誉感的驱动下，日本人唯恐落后，古代学习中国，近代学习欧洲，现代学习美国，“对日本人来说，所谓外国，就是长期内经常给自己带来文化的地方，来自外国的文物往往给自己带来新的便利和富裕”③。从江户时代开始，他们已经有了在世界各国的序列中尽可能名列前茅的愿望。所以，当不可能不接受传统熏陶和教诲的明治政治家们到西洋考察后、意识到他们不适应这个世界时，文明开化的政策便成为他们的首选，明治维新成为“西方化的开始，也是江户以来中国化的完成”④。“他们把西洋作为了一个进步的尺度，一个日本前进的目标。”⑤ 当时的日本人认为最需要的是把西洋的文明引入日本，欧洲化、西洋化就是文明开化。于是，在殖产兴业初期，政府从英国引进了织布机，从各国雇佣了数量惊人的外国人。为了引进技术，社会各

① ［日］新渡户稻造：《武士道》，张俊彦译，商务印书馆 1993 年版，第 47 页。

② ［美］汤森：《亚洲与欧洲》，转引自［日］新渡户稻造：《武士道》，张俊彦译，商务印书馆 1993 年版，第 96～97 页。

③ 薛福成：《出使英法义比记》，转引自艾永明：《清末法制近代化为什么失败》，载《比较法研究》2003 年第 3 期。

④ ［日］渡边浩：《“进步”与“中华”》，转引自孙歌：《求错集》，生活·读书·新知三联书店 1998 年版，第 65 页。

⑤ 中央电视台《大国崛起》节目组：《日本》，中国民主法制出版社 2006 年版，第 83 页。

个领域包括绘画等都在积极学习西方。时至今日，家族徽章的繁多[①]，工作服上装后背的组织图案，商店的象征性标志门帘[②]乃至生活中对清洁的癖好[③]等等无不象征、体现着日本人珍惜、重视“名誉”的观念。

中国人并不是不爱惜或重视名誉，孟子就曾经说过：“羞恶之心，义之端也。”[④]然而，在中国人眼中，名誉观念的内涵并不包括为了赢得普遍的尊敬而持久不变追求的目标；其次，中国人的名誉观念也不像日本人那样在其人生的伦理价值中占据着极高的特殊地位；再者，中国人追求名誉实现的态度和方式也不同于日本人。在儒家修身齐家治国平天下伦理的熏陶下，中国人更珍视的是“仁”的品质和价值。所谓“己欲立而立人，己欲达而达人”是其积极的一面，“己所不欲，勿施于人”则是其消极的一面[⑤]。“仁”也不是孔子所认为的最高境界，“圣”才是最高境界，但孔子认为即使尧、舜都未必能达到。如果名誉受到损害，中国人会以“君子报仇、十年不晚”的精神去卧薪尝胆、发奋图强，或者以置之不理等其他方式挽回受损的名誉；但却很少有人像日本人这样为了追求名誉的实现，全力以赴而不计较方式的采纳；或者当其名誉受到损害时，不论用何种方式一定要雪除名誉的污点。所以虽然二者在实质上都属于耻感文化的范畴，然而娓娓道来的话，却也有着诸多的差异。

在日本人的道德观念中，只要受到的侮辱、毁谤及失败而未得到报复，或者污点未被雪除，世界就不平稳；一个正派的人必须努力使世界恢复平衡，这是人的美德而非罪恶。在任何重视雪除名誉污点的观念占优势的地方，其人生价值的核心总是超越物质意义的利益，一个人为了名誉牺牲其财产、家庭、生命是这种地方经常提倡的精神价值的基础。然而把名誉看作高尚理想的一部分，耻必须雪的观念却是日本人所特有的。在与其他民族有所差异的地方最能够体察出一个民族的特性，而从这样的特性，又可以观察其背后的社会生存意识的特质。之所以有这样关于名誉的独特观念，是因为他们独特的伦理价值体系。名誉的价值观念只不过是伦理价值体系之树上面所悬挂的一颗果实，果实的品种取决于树木的品种，而树木的状态也不可避免地会投射

① 中国没有类似徽章的东西。日本的徽章就其历史、种类、图案而言都不逊色于欧洲，在江户时代的鼎盛时期，家徽的种类多达12000种以上。

② 无论是家族徽章、工作服上装还是标志性门帘，都把集团的名誉、信誉用一种视觉的记号表现出来，以体现集团的名誉与团结。

③ 在日语中，“清洁”一词除了如汉语指涉卫生状况的含义外，还具有“人格和生活态度等等正确而没有污点”的引申义，涉及到人的精神状态；而汉语只有借助于换喻的手法，才能用它来指涉人的精神。这样，日本人的整洁习惯实际上已经具有了卫生手段以外的意义。

④ 《孟子·公孙丑上》。

⑤ 杨伯峻：《论语集注》，中华书局1980年版，第16页。

到果实的状态上。这种属种关系的存在，使得伦理价值体系的独特产生了名誉观的独特。当然，名誉观在整个伦理价值体系中所占据的核心地位是不容否认的。这一核心地位的拥有使得对名誉观的考察更具有管中窥豹的作用和功效。反之，这一独特的伦理价值体系，不仅能够从纵深方向展现名誉观念在日本人生活中的重要地位，而且能够使人们深入了解日本人名誉观的逻辑构造，掌握其确切、全面的内涵。

二、恩的伦理价值体系

同中国人一样，日本人也认为自己是历史的负恩者，通过祖先崇拜的仪式，人们表示承认对过去的一切欠有巨大的恩情，两国的语言中都有“养儿方知父母恩”的民间俗语。但是由于社会结构和传统文化的差异，中日两国人们不仅对恩的理解、分类不同，而且报恩的方式也有所差别。几百年来，“不忘恩情”这种习性在日本人的习性中占有最高地位。对日本人而言，“恩”作为一种必须偿还的债务，也意味着对所欠恩情的回报。“恩”一经接受，则成为永久存在的债务，就要用报恩来进行积极地、刻不容缓的偿还。“欠恩不是美德，报恩则是懿行。为报恩而积极献身之时就是行有美德之始。”①

日本人非常重视“投之以桃，报之以李”：这次收了别人的礼物，下次必定会还礼。即便是几年以前送给别人的礼品，几年之后再度见面时，日本人不仅会提到上次所接受的礼品，并且会馈赠相应的礼品。所以，日本人举办婚礼，“赚”得很少，因为收礼必定要还礼。② 这种习惯的形成是因为日本人把礼物视为了一种必须偿还的恩情。莫斯在对斯堪的纳维亚文明和其他文明中礼物的研究发现，交换和契约总是以表面上自愿的礼物的形式达成，而实质上，送礼和回礼都是义务性的。这些表面自由和无偿的自愿呈献，实际上却是强制和重利的。因为在这样的社会中，“这些进出往来，便意味着无论在氏族之间、个体之间，还是在品级之间、性别之间和世代之间，都存在着一种既关涉物也关涉人的精神方面的持续交换”③。而在这些“精神”当中，荣誉的观念扮演着重要的角色。有尊严的回报被视为一种强制性的义务，倘若没有履行这一义务，将会散失一辈子的颜面并遭到惩罚。所以在日耳曼古语中礼物也具有双重的意涵：一方面是礼物，另一方面是毒药。虽然莫斯将研究的范围限定在后进社会

① ［美］鲁思·本尼迪克特：《菊与刀》，吕万和等译，商务印书馆1990年版，第80页。

② 叶永烈：《樱花下的日本》，中国社会出版社2009年版，第58页。

③ ［法］马塞尔·莫斯：《礼物》，汲喆译，上海人民出版社2005年版，第24页。

或者古式社会，但是他也承认，我们在生活中所采用的原则其实都是一些由来已久的原则，我们社会与阶层所熟稔的动机也是古式的道德。① 从日本人对礼物接受与返还的敏感当中，人们不难发现荣誉这一民族性因素的重要作用。虽然这一习俗并没有以法律制度的形式存在，但却顽强地存续在日本人的历史和现实生活之中。这一存在实际上从另一个侧面印证了莫斯的研究，增加了其现代社会的素材。

日本人把恩分为各具不同规则的不同范畴：天皇之恩、父母之恩、主人之恩、师长之恩以及一生中与各种人接触时所接受的“恩”。他们不仅将所有对自己施恩的人都视为自己的恩人，而且要主动偿还这些从被动立场产生的义务，向恩人回报这些义务，这样就有了恩的两类义务。

第一类义务无限的恩又称之为“义务”，也即无论如何偿还都是无法全部还清的，而且偿还时间也是无限的。这类义务包括报答天皇之恩的“忠”和报答父母之恩的“孝”。孝道包含对双亲、祖先的尊敬、服从以及对子女的照顾，无论父母是否值得尊敬、是否破坏自己的幸福，都不能不奉行孝道。废除孝道的行为只有在与对天皇的义务发生冲突时才可以做出。无论是“忠”还是“孝”，二者都具有强制性，是任何人与生俱来的义务。

比之于中国古代历经若干个朝代的更替，日本历史上只有一个“万世一系”的皇室。天皇在明治维新后被塑造为最高主祭者、日本统一与永恒的象征，“忠”成为每个日本人对神圣首领的报恩，一句“这是天皇御旨”的号召就可以唤起强制力超过任何现代国家的“忠”。在民政管理中，“忠”强制着从丧葬到纳税的一切事务。在日本人看来，遵守法律就是对他们的最高恩情——皇恩的回报；所以，“忠”就包含了对天皇、国家和法律的义务。如果说答父母之恩的尽孝义务之中还可以看到家族成员之间露骨的怨恨的话，这种现象在报答天皇之恩的尽忠义务中根本不存在。天皇超越了国内一切政治纠纷，“作为忠诚的象征，其意义远远超过国旗。”② 所以在日本，如果有人说人的最高义务是爱国他就会受到指责，而必须说人的最高义务是对天皇报恩。

第二类义务又称之为“义理”③，也即应当如数偿还的恩情债，而且偿还时间也不是无限的。如果说源自中国的“忠”、“孝”概念在日本虽然有些改变，但与中国所熟悉的道德性要求仍有着某种渊源类似点的话；那么“义理”的观念则是日本独

① ［法］马塞尔·莫斯：《礼物》，汲喆译，上海人民出版社2005年版，第162～165页。

② ［美］鲁思·本尼迪克特：《菊与刀》，吕万和等译，商务印书馆1990年版，第90页。

③ “义理”是日本文化中对这类义务惯常使用的称呼，中文中则有时会使用“情义”一词，二者含义相同。

有的范畴，它包含了从报答旧恩到复仇一系列混杂的义务。[1] 对于恩的第一类义务“义务”，人们在报答的过程中不会含有“不愿意”做的意思；对于“义理”的报答却充满了内心的不快，凡是发自内心的行动都不能称之为“义理”。但是同时，“义理”也借此机会发展人与人之间相互扶助的关系。“义务”的范围包括了对直接家属应负的一切义务，“义理”则只包括对姻亲家属应负的一切义务。强调“义务”是表示积极接受对方的要求，强调“义理”则是敦促人们之间维持特定关系。

义理的准则是必须报答，否则就会像利息那样增长，“为了义理”这句话最能表达日本人那种负担沉重的人际关系。所有阶层的人都要讲“义理”，与日本其它一切义务和纪律一样，身份越高，“义理”的责任就越重。如果说一个人不懂义理，他就会在人前蒙羞，成为受到其同伴藐视和厌恶的可悲者。于是，由于担心世人的舆论，人们不得不遵守“义理”，并且通过对各类人履行各种义务来报答义理。这些义务又可以进一步划分为两类：对社会的义理和对自己名分的义理。

第一类“义理”又称之为对社会的义理，也即向同伙人报恩的义务，大体可以描述为履行契约性的关系，在英语中常常被译为“conformity to public opinion”（服从舆论）。它包含了对主君的义务、对近亲的义务、对他人的义务和对非近亲的义务。对主君的义务属于重大传统的“义理”，是重视名誉的人对其上级及其同辈所尽的忠诚；对近亲的义务则是对姻亲家属应该承担的义务，“履行义理”就是对配偶的家庭终身履行契约性义务；对他人的义务是报答自某人处得到的“恩”，如工作上的帮助；对非近亲如伯父、表兄妹的义务是为了报答共同祖先的恩情而援助这些人，而不是从他们身上得到了什么“恩”。在这里，对近亲的义务和对非近亲的义务并未列入孝行的范围之中，这也是日本的家族关系与中国的家族关系有所差异的一个重要方面。在2011年的3·11日本大地震中，面对帮助自己的中国国际救援队员，日本人用鞠躬和“对不起”的言说表示致谢。有人对于他们不用“谢谢”却用“对不起”的说法表示不解，实际上，这即是日本人第一类“义理”中对他人的义务。[2]

第二类“义理”又称之为对名分的义理，就是保持自己名声不受任何玷污的义

---

① 日语中的许多词汇虽然还保留着中文的形态，但含义却已经物是人非。譬如：中文里的“义理”是指言论或文章的内容和道理，日文中却改变了含义；在中国伦理价值体系中具有崇高地位的“仁”，在日本不仅被彻底排除在伦理体系之外，而且社会地位低下；“行仁义”一词的含义变成做法律范围以外之事，或者是在地痞流氓之间通用的道德标准，或者使用于应该受到惩罚的不良行为之上。

② 日文中的“对不起”可用于两种完全相反的情况，既能表示抱歉又能表示报恩。在应该完成的事情未能做完之时说“对不起”，表示给对方增添麻烦的歉意；在感谢对方的热心帮助时说“对不起”，表示感受到对方为了帮助自己确实付出了一定代价。

务，它与古典时期西班牙的 el valor Español（西班牙的勇敢）和德意志的 die Ehre（名誉）颇有共通之处。它既包含受到侮辱或遭到失败时洗刷污名的义务，也就是不被视为侵犯的复仇的义务；也包含不承认自己专业上失败和无知的义务；还包含遵守日本人礼节的义务，也即是遵守一切礼节、严守身份、克制感情等。严格来说，这类义理不属于"恩"的范围，因为并不是往日受恩于别人的问题，而是保持自身名誉的问题；但在日本人的眼中，他们是完全统一的。日本封建时代的历史表明，有许多充当家臣的武士为主君捐躯尽忠或者背叛侮辱自己的主君以进行复仇。尽忠是对社会的义理，复仇是对自身名分的义理，二者都是义理，不过是一块盾牌的两面罢了。

对自己名分的义理的内容一方面包括遵守各种繁琐礼仪的要求，能够忍受痛苦，在专业及技能上维护自己的名声。另一方面还要求受到侮辱或遭到失败时，有洗刷污名的义务，亦即报复或复仇的义务；因为侮辱会玷污名誉，必须洗雪，必要时可通过自杀的方式达到目的。只要对于耻辱不是等闲视之，雪耻的方法可以是上面两种极端作法之中的任何一种。具体说来，除了在特定场合要求的复仇外，还包括稳静的、克制的行动，即使剖腹时的武士也必须泰然自若①；生活与身份相适应也体现了对名分的义理，否则就丧失了自尊，例如德川时代的法律规定，不同等级的农民只可以给他的孩子买不同种类的布娃娃；除了守本分，还要履行其他多种义务，如借款时把"对名分的义理"抵押给债主，当新年来到时，无力还债的人会用自杀来洗刷污名；各种职业上的责任也与"对名分的义理"有关，这种"对名分的义理"决定了实业家不能向任何人透露他的资产已经枯竭，外交家也不能承认自己外交方针的失败。

在上述的伦理价值体系下，人们可以看到，日本人名誉观的内容实际上范围甚广、涵义甚深。在这种道德观熏陶之下的人们，即便身处不同的领域，做事的原则、应对的策略其实大同小异。这种名誉观有时会催人进取，有时也会沮丧人生。尽管日本人采取了等级制、家族制和繁琐礼节等方法，避免因为失败而引起的耻辱，以至引起有关名分的义理问题，但是在现实生活中，人们对耻辱仍然看得很重，对失败的反应仍然很敏感。自杀是最为极端的攻击自身的行为，但日本人却尊重自杀，认为"用适当的方法自杀，可以洗刷污名并赢得身后好评"，"它是一种光荣的、有意义的行为。在一定场合，从'对名分的义理'来说，自杀是最体面的办法。"②

---

① 剖腹是日本人用刀切开腹部的自杀仪式，是日本平安时代以后广泛流行的自杀方法，也是封建时代最有尊严的死法。尽管剖腹的痛苦较多，但自杀者在死的时候，还必须保持住清晰的生存意识，不能够使身体有倾斜、或者使十字纹有偏倚、或者把使用过的武器随意乱扔。为了减少剖腹的痛苦，有时有"介错人"从背后挥刀斩首帮助剖腹者迅速结束死亡。

② ［美］鲁思·本尼迪克特：《菊与刀》，吕万和等译，商务印书馆 1990 年版，第 115 页。

三、名誉观与日本法律近代化

通过以上的分析，不难发现“名誉”的观念在日本人伦理价值体系中所占据的核心地位。“名誉”被认同和界定成日本人为了赢得普遍的尊敬而持久追求的目标，在这一前提之下，当由于对恩情的不同分类而产生出了不同的报恩义务之时，“名誉”在各个范畴之中所呈现出来的面貌也是有差异的。也就是说，“虽然达到目标是价值系统中首要关心的，但是所要达到的目标内容则是相对可变的”①。这样，为了“名誉”的实现，人们势必在一定的领域中结合具体的情况采取相应的手段，以便报答天皇之恩和父母之恩、对社会的义理和对自己名分的义理。只有这样，“整个日本才会繁荣，而日本的繁荣甚至会影响至外国。赈济村村户户的人，即是他正在回报所受的天、地、人之恩”②。

明治时期的政治家们通过对西方社会的考察，感受到了自己的落后，并且发现“在现代人类的世界上，除了家庭和亲友之外，不论政府、公司、买卖、借贷、一切事物莫不依据法规办事”③。在名誉心的驱动下，他们意识到“就目前的情况而言，促进世界文明的工具，除了法制以外并无其他更好的办法”④。虽然法制的精神是无情的、法规的形式与遵守法规的思想或许是可鄙的，但是与无法规的害处相比较，利弊不可同日而语。尤其是在感受了西方社会在各方面蒸蒸日上的发展之后，他们更加认定“这些都是法制的日益周密和实施范围日益扩大的表现”，决心“通过法制以实现大德的事业”⑤。明治的政治家们积极地向当时较为先进的西方法律靠拢。他们认为日本的君主专制政体将来不能永存，但是民主也不能立刻适用，需要制定合乎日本特点的宪法体制。当注意到普鲁士的国情与日本相似之时，他们决心效仿普鲁士，在日本建立集权主义政体。时任司法最高负责人的江藤新平为了尽快将1840年的《法国民法典》变为《日本民法典》，进行催促时所说的名言“误译无妨、只要快”在当时广为流传，典型地代表了政府引进西方法律的迫切心情。该民法草案几乎就是

① ［美］贝拉：《德川宗教：现代日本的文化渊源》，王晓山、戴茸译，生活·读书·新知三联书店、牛津大学出版社1998年版，第21页。

② ［美］贝拉：《德川宗教：现代日本的文化渊源》，王晓山、戴茸译，生活·读书·新知三联书店、牛津大学出版社1998年版，第158页。

③ ［日］福泽谕吉：《文明论概略》，北京编译社译，商务印书馆1959年版，第120页。

④ ［日］福泽谕吉：《文明论概略》，北京编译社译，商务印书馆1959年版，第118页。

⑤ ［日］福泽谕吉：《文明论概略》，北京编译社译，商务印书馆1959年版，第120页。

《法国民法典》的直接翻译，穗积陈重形容其为一部彻头彻尾的“模仿民法”。他们通过积极地翻译、吸纳和推进西法完成了对法制的改革，最终实现了自己的报恩义务和赢得普遍尊敬的目标。

在名誉心驭使下的民众则通过创办私立学校等举动积极地学习西方，不仅这些私立学校大多为专门教授法律的学校，而且到1897年12月，各学校已经云集了众多的学生：东京帝国大学法科大学744人、东京法学院1099人，东京专门学校685人、明治法律学校997人、日本法律学校507人等[①]。相比之下，清朝同时期的西式学堂不仅寥寥可数，而且教授的多是技术方面的知识。明治时期的民众也通过自己的方式实现了报恩和赢得了尊敬。

生活的经验和心理研究的结果告诉人们：最孤立的细小行为，彼此之间也有某些系统性的联系。当人类社会为它自身的生活进行设计时，数以百计的单项行为便构成了一个总体；当这个社会对某些情况的处理及评价方式表示赞许时，那个社会中把这些结论视为全世界基本结论的人们就会把这些结论融为一体，所以，人们一旦接受了生活的某种价值体系，“就不可能同时在其生活的另一部分按照相反的价值体系来思考和行动”[②]。为了追求和谐一致，人们即使在不同的情境下做出不同的行为，这些行为背后的价值准则仍然是一脉相承的。

比较中国晚清时期和日本明治时期对西方法律的采纳，虽然学者们曾经在二者所处的经济环境、政治环境和国际环境等方面发现种种相似、相异之处，但尤其不能忽视的是透过这些差异所凸现出来的价值观念、伦理道德差异，后者就隐藏在社会行为及法律语言的背后。正是这些差异，日本才会存在即便是在闭关锁国的德川时代仍然对外开放的港口城市，才会存在明治维新之后对传统天皇制度的保留与强化，也才会存在日本人对西方法律从深恶痛绝到趋之若鹜的态度转变。相似或差异，都可以成为理解一种生活方式的启示；而由于最细小的差异也可以决定一个民族未来独特的发展方向，所以差异的价值更显珍贵。倘若将差异更多地作为“正值”来看待和利用，则差异奉献出来的，决不仅只是形式层面的内容，而将更多揭示出实质层面的内涵。不要忽视这些深层次的、在法外的“法之理”以及它们本身具有合理性的存在，很难否认它们才是导致不同文化之间在交流过程中产生融合或者排斥的真正原因。所以，在观察和分析这些文化上的融合与排斥现象时，更多的精力应当投向对这类深层

① ［日］手冢丰：《明治法学教育史研究》，转引自丁敏、丁相顺：《私立法学教育与日本法制近代化的历史考察》，载《法学家》（京）2003年第5期。

② ［美］鲁思·本尼迪克特：《菊与刀》，吕万和等译，商务印书馆1990年版，第8页。

次事物的捕捉，找寻蕴涵这些行为的前提，而非仅仅浅尝辄止，满足于表层的差异与分析，那样虽能望梅止渴，但画出来的饼终难充腹内之饥，对法治的实际进程则裨益无多。

名誉观已经浸透到日本民族的血液和骨髓中，支配着他们的喜怒哀乐，所以，不应无视、更不应轻视它对日本人生活的深刻影响。在“赤穗四十七士事件”之中，人们不难发现无限的恩和义理的身影贯穿始终；从日本人对此事持续至今的津津乐道中，更不难发现名誉观早已成为他们生命和生活中不可或缺的一个部分。

江户时代每逢年初，幕府会派人向天皇和太上皇拜年。之后，天皇和太上皇会派敕使、院使前往江户城答礼，幕府则安排各地的大名负责接待仪式。江户中期元禄十四年（1701 年），幕府任命两位大名主持接待仪式，赤穗藩的大名浅野长矩是其中之一。由于不熟悉仪式，两个大名不得不向幕府的老年权臣吉良义央请教。但由于浅野没有像另一个大名那样赠送重礼给吉良，吉良故意让他在举行仪式时穿上了违反仪式的服装。当浅野发现自己受到侮辱时，在将军殿拔刀而起，砍伤了吉良的前额。这就是严重违纪的江户城“刃伤事件”。此事震怒了当时的将军德川纲吉（Tokugawa Tsunayoshi，1646—1709），[①] 为了表达自己对天皇的忠心、避免加封官职的仪式被取消，他命令浅野长矩即日剖腹自杀，惩罚他家从此“断绝”。这就意味着不但赤穗藩的名号封地一律撤销，而且浅野家削为布衣、三百名家臣沦为浪人[②]、失去俸禄和地位。浅野长矩因为受辱而向吉良义央复仇，履行了“对名分的义理”；但在将军殿上拔刀动武则属“不忠”，必须按照规定自杀，才能够实现尽忠的义务。于是，浅野长矩欲辩无辞，当即剖腹自决。

从义理的角度而言，浅野长矩的家臣们有义务跟随主君一起剖腹，同时也是对吉良义央所施侮辱的抗议。但是，首席家老[③]大石良雄等人认为，首先是幕府处理有失公正。既然“刃伤事件”是两个人的纠纷所导致，那么无论是按照幕府向来的惯例，都应该是吉良义央和浅野长矩两人均受处罚。然而现在一人剖腹自杀，另一个人却逍遥法外。其次，剖腹不足以表现他们对主君的义理，他们应该完成主君因为被人拉开而未实现的复仇之举——杀死这场灾难的罪魁祸首吉良义央。这一思路的形成，成为他们日后诸多行动的注解，也使得赤穗四十七士事件至今仍然脍炙人口。这样，他们要做的第一件事情是放弃抵抗、向幕府开城。实际上，对于这个元禄年代势力颇大、

---

① 德川幕府第 5 代将军。

② 指日本幕府时代失去禄位、到处流浪的日本穷困武士。幕府体制瓦解后，浪人不断增加，其中部分改营农商，但多数仍保持武士传统。明治维新后，有些浪人为军部所用，从事侵略扩张活动。

③ 家臣之长。

军备过剩的尚武藩国，幕府也不敢擅自妄动。事实上在赤穗藩的家臣内部，也出现了究竟是投降还是抵抗的分歧。最终在杀了吉良义央报仇这一前提下的开城统一了众人的意见。接下来他们要做的第二件事情是挑选出真正能够实施复仇大业的人。本来，幕府有一项能够调和“忠”与“义理”矛盾的制度：策划复仇的人事先呈报计划，确定行动日期；若在期限之前不能够完成报仇，则只能放弃这一行动。但由于吉良义央是幕府近臣，这一复仇的计划势必不会得到幕府的批准。于是，大石召集了曾经是浅野家臣的300多名浪人，提问如何分配主君的财产。在这一测试中，阵营迅速划分清楚。实际直到实施复仇计划的那天，一直都有脱离盟约、退出复仇的人；但不管离开是出自何种原因，没有出现一个告密者。最终留下的四十七个人歃血为盟，共谋报仇之业。之后，他们要做的第三件事情是麻痹吉良义央，使之丧失警惕。当时江户城的人们都在猜测他们要报仇，可是，四十七士不仅矢口否认此类企图，而且装作是不懂义理之人。其中，有的浪人因为岳父对其行为甚为愤慨，被赶出家门、取消了婚约；有的为了筹措复仇的资金，把妻子卖入妓院；有的潜入与吉良义央家有往来关系的商家充当杂役。经过一年零八个月的潜伏、忍耐和等待，他们终于等到了时机。元禄十五年（1702年）12月14日夜（也即浅野长矩忌日），四十七士袭击了吉良义央的官邸，打败了其侍从，处死了躲藏在存放木炭屋里的吉良义央。他们用其主君浅野长矩剖腹时使用的刀砍下了吉良义央的首级，列队走向埋葬着浅野的泉岳寺。在墓前，他们祭上了首级和刀，同时派人向江户幕府自首。

至此，四十七士报答了对于主君的义理，然而由于违反了国法——未预先呈报就进行复仇，他们还必须执行尽忠的义务。幕府为妥善处理此案煞费心思。对吉良义央，众口一词主张严惩；对四十七士，则饶恕不死和依法处死的言论兼而有之。将军德川纲吉虽有愧于刃伤事件的草率处理，但终究需要在体制内行事：幕府最终命令四十七士集体剖腹。这一结局使得四十七士无论对于无限的恩还是义理都做出了最高的报答。对于四十七士的复仇之举，民间的认同度颇高，[①] 现代日本人更把他们视为“男子汉终极美学的罗曼史”[②]。这个历史故事还得到了官方的认同，明治天皇的嘉赏令写道：“固执主从之义，复仇死于法。百世之下，使人感奋兴起。”[③] 关于赤穗四十七士事件，虽然不同的版本中会有吉良义央的隐退、海盐利益的争夺，但这些细枝末

① 四十七士袭击吉良义央家时，吉良的邻居在围墙上高举灯笼，以照亮院子便于义士们行动，并且命令家臣在围墙旁守备、防止有人翻墙逃脱；四十七士撤离之时，幕府派使者警告吉良的嫡子不许追击；分别被羁押于四个大名家中时，四十七士受到款待。

② ［日］茂吕美耶：《江户日本》，广西师范大学出版社2006年版，第257页。

③ 张承志：《敬重与惜别》，中国友谊出版公司2009年版，第152页。

节的差异不足以对整个事件的发展过程构成颠覆性的影响。更重要的是，当四十七士唯一的幸存者寺坂吉右卫门[①]在1748年逝世之后，人间舞台的幕布随之揭开。在赤穗城，不仅矗立着四十七士的雕像，而且四十七士的墓地长久以来成为著名圣地，成千上万凭吊者留下的拜帖使墓地周围成为一片白色的海洋。

四十七士的故事不断传播，并通过各种艺术形式广泛流传。早在这一事件结束后的第四年（1706年），大阪的竹本座演出了净琉璃《棋盘太平记》开始以虚构的假名代替真事。从此，以净琉璃和歌舞伎为表演形式的义士主题便常演不衰。大约自1732年起，戏牌子上出现了"忠臣"一词，它暗示着一种评判的稳定，以及一种主题和套路的成形。1749年，也即是四十六人剖腹后的47年，大阪的竹本座演出了《假名手本忠臣藏》[②]。自此，"忠臣藏"一词成为描写赤穗四十七士及其复仇的艺术作品代名词。《假名手本忠臣藏》的戏进入日本人的生活后，人气超乎想象，以至于演艺界人云"京阪歌舞伎，无一不演义士复仇"。这种情况延续了200多年，《假名手本忠臣藏》成为今天日本歌舞伎中最为优秀的剧目之一。除了这些民族的艺术形式，《忠臣藏》的身影也出现在影视屏幕上。据日本评论家的统计，《忠臣藏》的拍摄，在明治年代，12年间拍摄了19种；大正时代拍摄了34种；昭和年代在战前战中拍摄11种，战后至1978年拍摄了11种。即使不算描写著名义士的大约60种外传片，日本总计拍摄了135种《忠臣藏》的电影。[③]

据中国作家张承志在东京观看《假名手本忠臣藏》时的观察，日本的观众与其说是在观赏剧情，不如说是在参加仪式。观众们吟味良久，缅怀良多，神情令人难忘。这一出戏已经不只是戏剧了；人们所缅怀和吟味的，是日本人至今仍然推崇的报恩的义务。尤其是当义务与义理这两类报恩的义务发生冲突之时，历史上的人物如何在此种煎熬中寻找平衡。即便结局是其他悲剧性的方式或者死亡，但只要人物能够通过这样的方式保持了自己的名誉，履行了自己应尽的义务，实现了名誉不受玷污的目标，一切的方式都是可以接受的。换句话说，这一出戏之所以能够保持如此长久的生命力，是因为它既体现也包含了日本人所接纳和推崇的伦理价值观念。

比较"赤穗四十七士事件"，"曾我兄弟复仇事件"和"键屋之辻决斗事件"的报仇原因相对单纯，一个是履行孝道的义务，另一个则含有履行对社会的义理之意。

---

① 因为寺坂吉右卫门的身份低于武士，主谋大石良雄判断他会在事后被从轻发落，故而命他逃生，并传递报仇成功的消息。所以剖腹者虽实有46名，但人们还是习惯称之为"四十七士"。

② "假名"一词在这里暗指47个义士，"手本"就是榜样，"藏"是仓库的意思。所以，"假名手本忠臣藏"的含义就是说47位堪称楷模的忠臣义士聚集在一起的意思。

③ 张承志：《敬重与惜别》，中国友谊出版公司2009年版，第158页。

不像“赤穗四十七士事件”，既要履行尽忠的义务，又要兼顾对社会的义理；人物挣扎在两种义务的冲突和煎熬中，最终唯有一死得以两全。这大概是“赤穗四十七士事件”较之其他两个复仇事件流传更广、名气更大的原因之所在。三个有名的复仇事件在这里能够共同提炼出来的信息是：报恩的观念已经融化在日本人的生活之中——如果义务、义理没有得到履行，个体或者集体生命的丧失都是小事，最重要的莫过于个体或者集体的名誉由此所受到的玷污。倘若个体或者集体生命的消逝能够保证名誉已有的光泽度、甚或能够为名誉增添光彩，那么，情感的煎熬和肉体的痛苦只会增加死亡的尊严，最终维护了名誉的尊严。这大概是日本人推崇并纪念这三大复仇事件的真正原因之所在。而这样的推崇和纪念又反过来显现出名誉观在日本人生活中所占据的重要地位。

结语

前述部分在对以名誉观为核心的伦理价值体系进行分析的过程中，发现日本人为了实现名誉的目标，可以根据具体情况对实现目标的手段进行取舍；而且，随着情况的变化而相应地改变态度，他们并不认为这是道德问题。这样便产生了日本民族的伦理价值体系中重视“义务”和“义理”的光明面和阴暗面。前者使得日本人善于适应现实的情况，随着情况的改变而及时地进行调整，从而能够自行涤除积垢；后者使得日本人为了达到实现名誉的目标，重视眼前的利益和功效，从而对实现目标的方式不加选择。不论是“义务”或者“义理”的光明面还是阴暗面，都直接导致了日本人现世主义生活态度的产生。

名誉观的另外一个衍生物是对教育的重视。在以名誉观为核心的伦理价值体系的影响下，日本人必须在实现报恩义务和义理的过程中培养并珍惜种种品质，以保证名誉观这一价值目标的最终实现。教育对这些品质的培养起到了重要的作用，也成为日本人寻求发展的一种有力手段。所以，与其说日本人的教育观是受儒家文化的影响①，不如说是来源于他们以名誉观为核心的伦理价值体系的影响。至于儒家文化，即便曾经在日本国内居于主导文化的地位，但实质上，它只是和佛教、兰学等外来文

① ［韩］金日坤：《儒教文化圈的伦理秩序与经济》，邢东田等译，中国人民大学出版社1991年版，第150～153页。该观点认为为了维持现存体制，儒家文化极其重视教育问题，包括对统治阶级的教育和对民众的教化。由此，教育会自然得到普及，教育水平也会不断提高，最终社会生活能力也会全面得到提高。

化一样，在不同的历史时期对日本产生了影响而已。①

以名誉观为核心的伦理价值体系加上衍生出来的现世主义和重视教育，推动了日本法律在近代转型的完成。与自然成长型的近代化国家不同，日本属于目的意识型的近代化国家。在前一种类型的国家之中，近代化是作为历史发展的自然结果而出现的，英国是这种类型国家的典型。在后一种类型的国家之中，已经有了近代化的模式，以其作为目标来推进近代化。然而，不论是自然成长型的近代化国家中身份制的残留，还是目的意识型的近代化国家中对近代化进行指导的意识形态，无不带有身处近代化这一历史进程中主体选择的痕迹。主体在选择时的有意识抑或无意识已经不再重要，重要的是意识的有或者无都反映出主体生存环境的深刻烙印。正是这种烙印决定了主体的选择。这样，当带有目的意识的思想一般从高层次向低层次扩展之时，思想能源的动力却是从低层次向高层次上升。换句话说，目的的设定是自上而下的，能源的产生却是自下而上的。② 这在一定程度上有效地解释了人们的疑问：都是自上而下推进型的法治改革，为何在有的国家中收效甚微，在有的国家里却如鱼得水。这其中，固然有政府推进法治改革的力度、措施等方面的差异，更为根本的原因，在于政府可以设定目标，却不一定能够开启成效之门，除非政府推进改革的措施合乎了民众思想的能源或者动力。

法律受制于社会的现实，但同时亦改造着社会的现状。这种相互影响的关系同时也存在于法律与民族性之间：民族性影响了法律的创制，法律又反过来巩固了民族性。纵观日本近代的法律，正是因为有以名誉观为核心的伦理道德的存在，日本民族才会积极效仿欧美、制定法律；正是因为有等级身份制的观念存在，日本民族才会最终选择了德国法律作为蓝本，制定出拥护天皇制的《明治宪法》；正是因为有神道、家族观念的存在，日本民族才会将《教育敕语》《军人敕谕》作为重要的法律典范，铭记于心而流传于世。《明治宪法》也好，《教育敕语》和《军人敕谕》等近代的法律也罢，它们的问世在彰显着日本人民族性的同时，也在通过法律制度强化着他们的民族性，为其民族性的日益成熟做好制度上的铺垫。一系列法律制度的制定和施行，将原来仅仅停留于日本民众心中的行为道德规范提升到制度道德规范乃至更高的理论道德规范的层面。当这些原来仅靠口传心授的道德规范见诸于笔端，成为主流的道德规范之时，那么它们所起到的就不只是约束社会成员的作用，还具有了更为重要的坚

① 作为一种对民族性有深远影响的文化，儒家文化在日本的影响实际上远不及其本土生长起来的神社文化。况且，经过了日本文化的创新和改造后，儒家文化已不再纯粹，而是具有了日本的特色。

② ［日］丸山真男：《日本的思想》，区建英等译，生活·读书·新知三联书店 2009 年版，第 88 页。

定其社会成员信念和信心的作用。这是明治维新不同于以往诸多变革之处，也是明治维新的政治家们所未曾料想到的。它站在古代社会的肩膀之上，树立了影响至今仍在延续的近代制度；它站在历史的转折点上，将日本民众的民族性愈发地凸显出来，换上了愈加国际化的服装。

政治权力与乡村经济发展

高　原*

摘　要　本文从村庄和乡镇层面的微观经验出发探讨了政治权力与乡村经济发展之间的关系。在村—乡层面，政治权力的运用与经济事务的实践之间的界限在一定程度上是模糊的。政治权力可以介入经济事务，在一些给定的前提和适当的环境下，可以促进村庄经济发展；在另一些前提和限制下，则会对经济实践起到不利作用。本文经验研究的核心——贾寨乡和耿店村经济变迁的历史过程，便是上述判断的一个具体实例。农民对政治权力介入经济事务抱持一种实用主义的态度。当政治权力的介入起到积极作用时，便加以支持；如造成不利影响，则加以排斥。这种实用主义态度的根源在于市场化的大环境使农民已经无需全面依赖政治权力对经济事务的介入。

关键词　政治权力　经济发展　乡村社会　实用主义　微观社会研究

引　言

农村改革深刻地改变了中国乡村的政治经济形态。人民公社时期生产队统一经营、统一核算、统一分配，在农村改革后则转变为土地集体所有、农民分户承包、家庭自主经营、农户自负盈亏。关于这一转变的意义，已有不少学者分别从经济学、政治学、社会学的角度进行了分析。

然而有一个根本性的问题仍未得到学界的重视。那就是，中国农村改革展现出的国家权力对农业生产控制的放松，究竟是一个策略性和技术性的实践，还是意味着在乡村层面，集体化时期可以不受任何限制地介入经济事务的政治权力，现在已经受到了原则性的限制？如果后者是对的，那么这就意味着自 1978 年以来，中国政治经济

* 高原，中国人民大学农业与农村发展学院讲师。

系统在乡村层面已经发生了根本性的变化——不再具备“全能主义”属性。

政治学家邹谠教授曾对“全能主义”的涵义有一个细致的阐释：

> 我在八十年代初就开始用一个新名词“全能主义”来指出一些国家（包括中国在内）的基本特性，这就是：政治权力可以侵入社会的各个领域和个人生活的诸多方面，在原则上它不受法律、思想、道德（包括宗教）的限制；在实际上（有别于原则上）国家侵入社会领域和个人生活的程度或多或少，控制的程度或强或弱。“全能主义”在原则上和实际上的两个层次，必须区分清楚。①

邹谠先生是在国家—社会关系这样一个宏观的层面使用全能主义这个概念的。他描述的是中国国家的整体特征。本文则在乡镇和行政村这一微观的层面使用这个概念。一方面，它被用来描述在乡镇干部和村干部之中蕴含的一种政治文化——在原则上，为了乡村经济的发展，他们可以将自己拥有的政治权力不受限制地介入经济事务，虽然在实践中，这种介入的程度有强有弱。另一方面，它被用来描述普通农民，亦即群众，对待乡村政治的态度——他们认可乡镇干部和村干部对经济事务的介入，并且在原则上，他们不对这种介入的程度设置心理上的限制；他们对干部介入经济事务的肯定与否，以这种介入在实践中的效果好坏为根本判断。

可以看出，这种全能主义的政治经济系统在对待政治权力与经济事务的关系上与基于自由主义理念的政治经济系统是多么的不同。在一个自由主义经济体中，政治权力对于经济事务的介入有着非常明确的限制，就是仅负责维持可以让经济系统自由运转的外部环境。而且这种明确的限制，在原则上，为政府和经济参与者所共同认可。

到这里，我们已经阐述了全能主义在本文中的涵义。那么回到开始的问题，中国农村改革之后，乡村政治经济系统的全能主义属性有没有发生根本的改变？

答案是否定的。在乡镇和行政村这一中国政治经济体系的最底部，全能主义仍是其基本属性。这个回答来源于笔者对一些乡村的经济发展过程所进行的经验研究。对此，在本文后面的部分，将结合经验材料做进一步的阐述。

但是，如果认为全能主义仍是乡村政治经济的基本属性，认为在乡村层面，政治权力对经济事务的介入在原则上仍然不受限制，我们就必须解释为什么在实践中，政治权力对经济的介入程度会有强有弱；必须解释，为什么在一些情况下，这种介入是强的，而在另一些情况下，这些介入是弱的；必须解释，为什么这种介入的形式和手

① 引自邹谠：《二十世纪中国政治——从宏观历史和微观行动的角度看》，香港：牛津大学出版社 1994 年版，第223 页。

段不是固定的，而是一直在发生着各式各样变化；必须解释，为什么乡镇的政治权力和村集体的政治权力在介入经济事务时，会有显著的不同；必须解释，为什么在一些情况下，这种介入是非常有效的，而在另一些情况下却阻碍了经济的发展。

对这一系列问题的追问，促使我们在本文中结合一组来源于实地调查的经验材料，集中考察乡村政治经济参与者——乡镇干部、村干部和普通群众——行为抉择的变化。这些参与者的抉择都是在一定的约束下进行的，而同时，他们中任何一个主体的行为，也受到其他主体的抉择的影响。约束的变化，导致了行为抉择的变化，而不同主体行为的变化，又会对其他主体的抉择产生影响。正是这些参与主体的丰富而又变动不居的行为抉择的全体，构成了乡村政治经济的实践历史。而在介入经济事务时政治权力的收缩与膨胀，就展现在乡镇干部、村干部和普通群众政治经济实践的历史之中。

一、贾寨乡和耿店村的经验①

在半年的时间里，笔者和地方农业部门合作，断续对山东西北部贾寨乡（该乡隶属于山东省聊城市茌平县）的政治经济状况进行了一系列的实地调查。最初引起笔者兴趣的，是贾寨乡所辖的耿店村在2008年成立了一个“绿冠蔬菜”农民专业合作社，这个合作社经营得相当成功。耿店村全村种植传统粮棉作物的村民已经很少，大部分村民利用冬暖式大棚种植蔬菜。目前，该村冬暖式大棚已达到500个，户均近3个。绿冠合作社就在耿店村繁盛的大棚蔬菜生产基础上应运而生。大棚蔬菜的收入是大田农业的10倍以上，相比去大城市打工的报酬也毫不逊色。在耿店村，除了一些初、高中毕业的年轻人以外，在外打工的成年劳力几乎没有，都是在村内经营大棚。而且一些年轻人在外打工一两年以后，也被家长叫回家种大棚，因为打工并不比经营大棚划算。合作社成立之后，耿店村的村干部又开始筹资建育苗工厂。育苗工厂既方便村民获得种苗，不必再从外地购进，也可以通过销售种苗获利。很明显，耿店村的经验，展现了一条由农业内生动力推动经济发展的途径。不仅村民劳均收入大幅提高，劳动力过密化倾向得到缓解（该村相当一部分村民在蔬菜生产和收获季节需

① 本节的写作及后文各节关于经验的论述参考了如下调查资料：“2010年3月7日茌平县绿冠蔬菜专业合作社调研记录”、“2010年3月26日茌平县绿冠蔬菜农民专业合作社座谈记录”、“2010年5月2~3日茌平县贾寨乡耿店村调查情况记录”、“2010年5月22日贾寨乡耿店村补充调查座谈记录”、“2010年5月11日、22日茌平县贾寨乡座谈记录补充整理”、“茌平县耿店村高标准冬暖式蔬菜大棚构造建设和栽培过程”，以及除上述经过整理的材料以外的在2010年8~9月进行而未经整理的电话及实地访谈记录。

要雇零工)，而且开始和城市低报酬的非正规经济竞争劳动力。

但是，随着调查的深入，笔者发现，相比耿店村大棚产业繁盛的现状，耿店村以及贾寨乡发展大棚产业曲折的历史过程更令人感兴趣，同时也更令人迷惑。包括耿店村在内全贾寨乡的大棚产业，都是在1996年通过行政命令强制性推广起来的，在这之前，全乡只有几个村零星的农户自发种植大棚蔬菜。1996年的推动是个“大跃进”，短短两三年全乡就发展了两三千个大棚。在2000年之前，全乡的大棚产业还是相当兴旺的，建立在乡里的蔬菜批发市场也火爆异常，但是，在2000年之后，却开始大滑坡。只有耿店村坚持住了，其他村的大棚大片大片地废弃不种，甚至被推平改种其他作物，或在棚内和四周栽上了树木。耿店村的大棚不仅坚持住没有滑坡，在2003年之后又通过技术更新实现了大发展——大棚蔬菜的效益更高了。在2006年之后，贾寨乡其他村又开始在耿店村的带动下，逐渐恢复大棚产业，到现在，贾寨乡大棚产业不仅在全县屈指可数，而且在全聊城市也颇有名气了（到2010年全乡已达到近3000个)。

那么，是什么力量促使贾寨乡的大棚产业在极短的时间里就出现了跃进式的发展？为什么这种力量没有阻止全乡大棚在2000年后的滑坡？为什么耿店村保住了大棚？这一连串的疑问，就是笔者在粗略地了解了这段历史之后立刻产生的。这些萦绕于心的疑问促使笔者从横截面式地调查合作社和大棚产业现状，转向调查贾寨乡和耿店村大棚发展的历史。虽然这段历史仅有15年，但是却包含着丰富的内容，既涉及乡村政治和经济，也包括具体的农业技术细节。这里记录下来的，就是笔者尝试还原这段历史的一个努力。

在1996年之前，耿店村一直以种植粮棉作物为主，从没有过建造冬暖式蔬菜大棚的经验。1996年，耿店村的村民开始建造大棚——这并非是自发的行为，而完全来自乡镇的行政命令。早在80年代后期，聊城市就开始号召农民发展“多种经营”，亦即调减粮棉作物的种植面积，多种效益高的经济作物——不过仅仅是“号召”而已，并没有运用行政手段直接干预。直到90年代中期，聊城市的农业仍以粮棉作物为主，其中又以粮食占压倒性优势。在1996年，全市836万亩耕地足有616万亩用来种植粮食[①]。与山东省东部地区的经济发展差距越来越大，促使聊城市的领导决心采用更强力的手段调整本市的农村产业结构，实现经济发展和农民增收。从1993年开始，市党委和政府就开始向下级（各县委和政府，以及和农村工作有关的市直部

① 数据来源于《聊城地区志》，齐鲁书社1997年版，第120页，“聊城地区有关年份耕地面积及利用结构”表；第137页，“1949—1996年聊城地区粮、棉种植面积和产量”表。

门）下达命令，要求各县大力发展以冬暖式大棚为主的蔬菜种植业。而各县通过量化指标又向乡镇摊派任务。这个任务分派和传递的过程持续了两三年，当耿店村所隶属的贾寨乡采取实际行动要求下辖各村种大棚时，已经到了1996年。

种大棚的要求是强制性的。据耿店村和贾寨乡的干部回忆，当年发展大棚的时候，乡镇的领导骑着自行车到各个行政村察看，在村庄靠近道路的地边用手一划，就要求村里在道路附近的土地上建上若干大棚。这个回忆中的过程或许比真实情况要夸张，将乡镇干部的权力描述得无法抗拒，实际情况中，针对建大棚这项任务，村集体和乡镇很有可能存在着一系列讨价还价的行为。乡镇不见得能够左右发展大棚的全部细节。比如耿店村的大棚就不是建在路边而是建在集体的场院里。又比如，同在1996年，聊城市于集乡的李海村也接到了乡里发展大棚的命令，但是村支书在和群众互动后得出结论，村里的土质疏松，取土建大棚容易坍塌。他向乡里说明这一情况，同时保证，虽然不能建大棚，但可以建小拱棚，一样能够种植蔬菜①。于集乡同意了李海村的要求，没有继续强制该村建大棚。但即便存在讨价还价的行为，村集体对于乡镇的行政命令，在大方向上是难以抗拒的。

在上级下达发展大棚的任务之前的1995年，贾寨乡的干部就知道该乡王药包村有一户农民种大棚发了财。他的大棚占地约1亩，棚内实种面积在0.6～0.7亩，种的蔬菜是芸豆。那时候芸豆很稀少，价格很贵，能卖到四五元钱一斤的高价，同时，大棚芸豆的产量也高，一个棚就挣了7000到8000元钱。1996年，贾寨乡就把王药包村这个大棚致富的典型，在全乡范围推广。与此同时，乡里还从寿光聘请了一位懂得种大棚蔬菜的农民做技术员，这个农民家里自己种的就是芸豆，专门为各个村指导建造大棚和种植芸豆的技术。推广大棚的时候，贾寨乡和所辖村庄的互动是非常频繁的。一方面乡里经常把各村的干部叫上来开会。开会的内容，既包括政治宣传，向村干部讲解发展大棚是上级部署的任务，目的是让群众增收致富，动员大家一起干好这件事；同时也向村干部普及一些最基本的技术知识，包括大棚怎么建造，芸豆如何种植和管理。另一方面，乡里还让乡政府的包村干部陪同聘来的技术员到各个村里指导，进大棚直接为村民讲解种芸豆的技术细节，解答建棚和种芸豆过程中遇见的难题。为了适应推广大棚的需要，贾寨乡在行政机构上也做出了调整。乡里专门成立了一个多种经营办公室，由当时的副乡长亲自负责。在1996年，建造大棚需要的物料，如竹竿、铁丝、种子、农药、草苫等，是由乡多种经营办公室统一购进的，然后按照

① 参见高原：《鲁西北的小农经济：一个微观的社会研究》，载《中国乡村研究》第8辑，福建教育出版社2010年版，第31～49页，尤见第35页。

比市场低20%左右的价格卖给建棚农户。90年代中期，推土机还不多见，建大棚靠的是人力——建一个棚6个人要花两天，用12个工。这样的劳动投入，不是一个农户单独可以完成的。为此，乡里安排各个村组织劳动力为建大棚出义务工。一般是每个村组织自己的村民在本村范围内建棚，但如果一个村建棚数量少，乡里就要求这个村为建棚多的村出劳力。在以行政命令进行推广的同时，乡政府还在乡里的农业试验基地建大棚60个，要求乡里每个机关干部都必须种一个大棚，以期带动农户种植。

值得一提的是，各个村在发动村民建棚的时候，建大棚的土地主要有三种来源。第一种是实行“两田制”的村，将土地划分为“口粮田”和“责任田”，“口粮田”人均一份，“责任田”高价发包，大棚建在“责任田”上。第二种是在承包田以外留有机动地的村。这部分村是将绝大部分土地按承包田人均一份分配，留有少部分机动地高价发包。这类村大棚建在机动地上。第三种是土地全部按人均分配的村，村集体从每个人的承包地里平均抽出一份土地，叫做“调地”，用于建棚。无论哪种方式，都不要求由建棚农户自己负担所有的土地，而是由全体村民共同分担。

耿店村最初的26个大棚建在属于村集体的两个场院上，没有占用村民的承包地。村里为种大棚制定了优惠政策：种大棚的土地6年不承担任何费用（当时，种植大田作物的耕地需要承担农业税和三提五统等负担），同时每年每个棚无偿补助建棚户150元，大棚收入全部归建棚户。建棚的资金约需4000～5000元，由农户自己筹集，大部分来源于平日的积蓄和亲戚朋友的临时融资，少部分来源于小额贷款。1996年8月份建棚，9月份扣棚，10月份种植后多数为阴天，而到11月份多数为晴好天气，适宜的天气条件下，大棚芸豆长势很不错，一个棚平均收入8000元左右。耿店村和周边几个村庄生产的芸豆就在耿店村大街两旁进行销售，有些农户在自己的家门口就开展了过磅服务，每称一斤菜向购菜者收取2分钱的过磅服务费。当时主要是聊城和临清等地的菜贩子来拉菜。

1996年至1998年是贾寨乡依靠行政手段和制定优惠措施促使大棚快速发展的阶段。全乡1996年建棚约1500个，1997年约1000个，1998年约700个。1998年因冬季阳光充足，大棚种植农户都获得了较好的收益。因此，从某种程度上调动了农民继续扩建大棚的积极性，再加上县、乡政府的进一步推动，1999年全乡新增大棚1000多个，全乡号称共有5000个大棚，大棚芸豆种植规模达到了一个高峰，乡政府对外打出了“江北芸豆之乡”的牌子，作为贾寨乡的农业亮点加以宣扬。耿店村1996年在村集体的场院里建大棚之后，1997年已没有集体场院可供建棚。按照乡里发展大棚的要求，村集体从4个村民小组中每人的承包地中抽出2分地，共约150亩，作为今后建棚的机动地。这些地靠近村边和道路。1997年耿店村建棚30个，棚内作物仍是芸豆，同样享受原来的建棚优惠。1998 年该村没有建棚，1999 年建棚 120 个。1999 年耿店村因大棚种植面积的快速扩展，村里已无力从资金上再给予支持，便取消了每个棚补助 150 元的优惠政策。

随着全乡蔬菜种植面积的扩大，乡政府为解决销售问题，1999 年在乡政府大院附近的乡农业试验基地旁建了一个蔬菜批发市场。市场建成后，乡里希望把各村种植户都引导到乡批发市场进行交易。当年乡里还派人来把在耿店村内进行蔬菜买卖的农户向乡批发市场里面集中。乡蔬菜批发市场建成后，交易异常火爆，据耿店村的干部回忆，当时前来贩运蔬菜的车辆相当多。

但这种繁荣的景象非常短暂。2000 年后，全乡蔬菜生产不仅没有新的发展，而且开始严重滑坡。2003 年之后，全乡除耿店村外，其他村庄的大棚大部分都荒废，乡里的蔬菜批发市场也因交易量锐减被迫关闭。

贾寨乡大棚蔬菜产业滑坡由多方面的原因造成。首先是种植品种单一，乡里推广大棚时在品种布局上存在问题。从 1995 年开始的两任乡镇领导班子，为树“芸豆之乡”的名称，在全乡推广种植芸豆一个品种，而这种豆科类作物，最怕的是重茬。第一年种植长势很好，第二年变化还不太明显，从第三年开始就会出现菌核病、茎腐病和线虫病等多种病害，造成芸豆苗枯萎、腐烂的现象，以后逐渐严重，5 年后芸豆产量和质量会严重下降。到 2003 年芸豆大棚的效益已经很差，一个棚只收入 2000 余元，而直接生产投入就要 1500 元。在这种情况下，棚内的芸豆必须更换成其他作物，也就是改茬。但是贾寨乡大多数的大棚，都没有及时改茬。第二，在 2000 年之后，农民外出打工的机会快速增加，使一些农民放弃了种植大棚。打工一年可净挣7000～8000 元，比在家种大棚收入还高，很多种大棚的农民，看到大棚收益连年下降，很快就放弃大棚外出打工。大棚改茬是一个复杂的过程，还需要学习新品种的栽培和管理技术，如果没有统一的技术推广，农民很难靠自己的能力引进新的品种和技术，而现在有了外出打工的机会，放下农活就可以出去，去了就可以挣钱。而且，当时发动农民种大棚时，有的是从“责任田”里解决的，有的是从“机动地”里解决的，有的是从人均一份的承包地中统一抽出地来建棚，或者是利用原来就处于承包地以外的集体闲置土地建棚，而且用于建棚的土地不需要承担任何税费，还有优惠。这样农民即便不种大棚，既不影响全家的口粮和基本收入，也没有其它损失。第三，贾寨乡没有及时为农民的大棚改茬提供服务。在 1996 年推广大棚的时候，种子和技术都是乡里一手操办的，乡里完全可以继续运用行政权力介入大棚改茬，为农民提供新的品种和技术，但是，在 2000 年以后，乡里的行政权力反而从大棚产业中收缩了回来。以 2000 年为分界线，在这之后，整个聊城市的经济工作重点转向招商引资，对乡镇的考核和要求也随之转向，农村产业结构调整不再是一个硬性考核的指标，又变成了软性的要求，仅在工作部署时提及，而不再用行政手段要求乡镇一定要发展多少数量的大棚。在这种情况下，乡镇的工作重点也随之转移，行政权力不再干预大棚产业，乡镇领导的主要任务变成了招商引资。2001 年开始的一届乡镇领导班子，对大棚产业采取了放任发展的态度。贾寨乡工作重心转移的一个突出的表现是，1999 年底，原来乡里聘请的技术员因嫌待遇低而主动辞职，而乡里竟然没有再聘一个新的技术员。一直到 2003 年，全乡大棚技术指导出现了空档。而这正是大棚重茬问题严重急需解决的时间段。乡里介入大棚产业的积极性减退，更加剧了全乡废弃大棚的现象。

整个贾寨乡只有耿店村的大棚产业没有滑坡，而是持续发展。与其他村相同的是，大棚是用村集体专门调整出来的土地种植的。大棚占地不交承包费，也没有其他负担。与其他村不同的是，耿店村对大棚不仅有优惠，还有严格的管理。村里规定：只要申请建棚，首先要向村里交 1000～2000 元的押金，大棚建成后，就把押金退还给农户。而申请后不建大棚的村民，村里不退还押金。大棚建成后，如果当年不种植蔬菜，要每亩地缴纳 300 元的承包费，如果连续两年不种，村里无条件收回大棚占地。2004 年时，村里根据上述约束规定处罚了 10 户。而其他村对于建棚户没有任何约束。结果在全乡减少 2000 多个大棚的 2000—2003 年，耿店村一个棚也没有废弃。

大棚周围普遍存在一些零星的边角地，有些建棚户在这些土地上栽上树木，以求不浪费土地。但是这些树木长大之后，遮荫严重，影响大棚内蔬菜的光合作用。更有一些种棚户，在大棚效益下降之后，在棚内栽上了树木。他们种的树木，也会对相邻的大棚造成遮挡，这使一些想种大棚的村民，因为怕受到邻居的影响而放弃。对在大棚周边栽树的农户，耿店村领导班子要求必须把树木砍掉。自己不主动砍的，由村干部亲自拿着斧子带头砍。据村支书回忆，砍掉几家的树之后，其余种树的建棚户就自己把树处理了。而周边的村庄，对于大棚周边和棚内的树木，没有任何处理措施，原有大棚的生产和新棚的建造也因此受到了影响。

在大棚芸豆滑坡最厉害的 2003 年，耿店村支书向乡里反映，现在种芸豆效益已经很差了，再这样下去不行，必须改茬，但是村里没有技术员指导种新品种的蔬菜，乡里得给配技术员。在耿店村的要求下，贾寨乡把在平县蔬菜办主任聘了过来，到耿店村指导技术。随后乡里又从寿光请来一个新的师傅来专门指导改茬，这个师傅来的时候就随身带着黄瓜种子和嫁接黄瓜用的小夹子。来到耿店村之后，寿光师傅帮助村里在 30 个棚里试种了黄瓜。黄瓜种子和嫁接黄瓜用的小夹子费用都是由村里负担的。改茬大获成功，当年一个黄瓜棚收入达到 15000 元左右，比外出打工的收入还高。2004 年以后，耿店村的芸豆大棚都全部被黄瓜、圆椒、尖椒和西红柿所代替，并实行了这几个品种轮番种植。

从2002年开始，耿店村里年年都组织30名以上的大棚种植户到山东省内的寿光参观学习，交通费和生活费由村集体承担。2006年村里组织种棚户到寿光参观，看到寿光已建了一种“高标准”的大棚，受到很大启发，当年，村里的蔬菜种植户就新建了16个高标准大棚。这种新棚配有自动卷帘装置，与原来人工拉帘的棚相比，节省劳力，占地面积也比原来的棚大了近两倍，棚底比地面低，保温效果好，产量和质量比原来的大棚明显提高。2006年以来，耿店村新建的都是这种高标准大棚，有些农户还把旧棚逐步改建成了高标准大棚。2007年新建大棚27个，2008年新建20个，2009年新建改建100个，2010年农民新建改建大棚的活动仍在继续。这种高标准大棚的自动卷帘机需要电力带动，村里负责统一把电缆铺到棚前。

2003年贾寨乡蔬菜市场关闭后，耿店村干部意识到，如不建设蔬菜市场，不解决好农户种菜的销售问题，本村的蔬菜大棚就会受到影响。在统一思想认识后，村干部又多次征求村民的意见。因为曾有在本村交易蔬菜的经历，熟悉蔬菜交易的过程、了解蔬菜销售渠道畅通的重要性，多数蔬菜种植户都拥护村里牵头建蔬菜批发市场。当时村里拿不出建设市场的全部资金，经集体研究，由村干部带头，采取资金入股的方式筹集建设资金，村集体入股3万元，其他的由农户入股筹集，当时筹集资金有20多万元，而真正准备建设时，个别村民对入股建市场心里没底，怕自己的资金收不回来，又把入股的5万多元从村里抽了回来，真正到后来见效分红时，这些户又后悔了。建设市场初期，村支书和其他干部带着入股建市场的村民代表到聊城来考察其他蔬菜市场，考察钢材价格，在建设中严格管理节约用料，利用所筹集的15万元资金建成了蔬菜市场，没有增加新的费用。

蔬菜市场建成后，由村文书具体负责管理蔬菜批发市场，在蔬菜批发交易的时间，入股农民轮流值班，每天由两人值班负责蔬菜过磅和处理市场上的相关事务。过磅时开一式三联单据，一联过磅人留存，二联连同当天所收过磅服务费交给蔬菜批发市场的现金出纳人员，三联交给蔬菜市场的会计入账。蔬菜市场实行股份制经营（入股村民为35户），单独设账核算。市场每年分红一次，到2009年已经分红6次，其中集体分红6万元，入股社员分红24万元，入股村民分红数额已达投资额的两倍以上。按照村“两委”研究和全体村民公开协商确定的意见，蔬菜市场占用村集体土地3年内免费，3年后，参照村里机动土地对村民发包收取承包费的标准交纳市场占地费用（当时确定的为每亩每年300元）。

特别的，近年来种植大棚的村民越来越多，高标准大棚建设需要的土地面积大，一个村民要建棚，自有的土地经常不够建棚之用，或是土地的形状不适宜建造大棚，这时候需要有村里组织协调村民与村民之间的土地流转。目前，这种土地流转的服务已经成为村集体服务的一项重要内容。

2006年以来，由于耿店村的带动，相邻的耿张村原来废弃不种的老棚修复后又都种植起来了，个别种植户还依靠耿店村为大棚架起了电。附近的郭堤口、邢胡刘、袁庄、贾庄、梅庄、孙庄等一批村庄的村民，也在耿店村的示范下建起了高标准大棚。面对新的形势，乡政府采取了推广典型，积极引导，搞好服务，适当扶持的工作措施，提出了“棚菜富民，工业强乡”的经济发展思路。这一阶段的发展，乡政府没有硬性行政干预，没有下达建棚的硬性指标任务，而是在耿店村的示范带动以及蔬菜不断走高的价格吸引下，由贾寨乡的农民自发实现的。甚至一些外乡镇的农民，比如临清的代湾乡，在平县冯屯镇、肖庄乡、蔡屯镇和三十里铺镇等乡镇的农民，也慕名来耿店参观学习。他们在耿店村学到了大棚建设、种植和管理的经验，并在自己的土地上建起了新的高标准大棚。目前代湾、冯屯、肖庄、蔡屯和三十里铺的一些大棚户，都依靠耿店的绿冠蔬菜农民专业合作社购进蔬菜苗子。

二、乡村政治经济系统的全能主义属性

在集体化时期，农村经济的生产和分配制度是高度集中的。生产队是基本的经营、核算和分配单位。隶属于一个生产队的农民，他的生产活动的内容和时间，都是由生产队统一安排。生产队的领导则服从上级。整个农村经济，被党的组织横向和纵向地维系成一个整体。

十一届三中全会之后，人民公社高度集中的经营体制逐渐被废除。1982年中共中央一号文件已经肯定了“包干到户”这种经营方式：

> 包干到户这种形式，在一些生产队实行以后，经营方式起了变化，基本上变为分户经营、自负盈亏。
>
> 包干大多是“包交提留”，取消了工分分配，方法简便，群众欢迎。[①]

文件里已经明确点出，后集体化时代农村基本的经营方式是“分户经营、自负盈亏”。换言之，国家和基层党组织不再具体规定农民的生产劳动的性质和时间。农民如何使用自己的劳力，如何安排劳动时间，是他们自己的事，国家和基层党组织不再干涉。但是，与此同时，国家和党组织也不再负责承担农户的亏损。

然而接下来要问的两个问题是，农村采取“分户经营、自负盈亏”的经营方式，

---

① 1982年中共中央一号文件：中共中央批转《全国农村工作会议纪要》。

给农民以更大的安排生产的自主权，是否意味着国家和党的权力从农村社区的永久性退出？

对于这个问题，1982年1号文件其实已经给出了否定的回答。虽然在这份文件里，第一次明确肯定了“包干到户”，但是不应忽视的是，肯定“包干到户”并非这份文件的主要目的。在文件的前揭文中，已经清楚地展现了它的主要目的是在农村改革的新时期继续加强党对农村经济工作的领导：

> 需要着重指出的是：最近以来，由于各种原因，农村一部分社队基层组织涣散，甚至陷于瘫痪、半瘫痪状态，致使许多事情无人负责，不良现象在滋长蔓延。这种情况应当引起各级党委高度重视，在总结完善生产责任制的同时，一定要把这个问题切实解决好。①

更进一步的，文件的主体部分专门有题为“关于加强思想政治工作和基层组织建设”的一节，其中以严肃的口吻进行了如下论述：

> 当前一些地方，由于放松了领导，生产队的机构和领导班子陷于瘫痪、半瘫痪状态，致使很多工作无人负责。完善生产责任制，首先要把社队的领导班子搞好，使生产队把应负的经济职能和政权职能担当起来。
>
> 要使同志们了解：实行责任制以后，有些事情分散到农户承担，这样更需要改进工作方法，加强集体统一领导、统一管理和协调的工作，干部的担子不是轻了而是重了。
>
> 在思想政治教育的基础上，健全党课制度和民主生活制度，把农村支部建设好，使基层支部真正成为坚强的战斗核心，以保证党对政权组织、经济组织和群众团体的领导，保证各项工作任务的完成。②

从源头上回顾农村改革的过程及其意义，我们需要把这场改革的“目的”和“手段”区分开来。包干到户和农民生产自主性在一定程度上的扩大，是改革的“手段”，是改革过程中的一种策略性实践。这一实践收到了好的效果，所以在中央文件里也被加以肯定。但手段不是目的。农村改革的目的是促进农村经济的发展，在这一目的的指引下，各种手段都可以在作为“检验真理的唯一标准”的实践中加以检验，进而择优推广。目的是不变的，手段则可以不停地变化，这体现在农村改革从联产计酬、承包到组、分段包工、包产到户一直发展到包干到户，最后以家庭承包责任制的形式固定下来。

---

① 1982年中共中央一号文件：中共中央批转《全国农村工作会议纪要》。着重号为笔者所加。

② 1982年中共中央一号文件：中共中央批转《全国农村工作会议纪要》。着重号为笔者所加。

在农村改革的过程中，不变的是党对经济工作的领导作用，以及随时介入经济事务的权力。在集体化时期，党对经济工作有着当然的支配权——这种支配权并不全部集中于中央，而是在一定程度上的地方分权。在十一届三中全会之后，虽然政治权力对社会生活某些方面的介入程度减弱了，但是对经济事务的介入，却并没有放松。实际上，党的工作重心更加全面地向介入经济事务倾斜。三中全会的公报以一种奠定基调的措辞写道：

> 全会决定，鉴于中央在二中全会以来的工作进展顺利，全国范围的大规模的揭批林彪、“四人帮”的群众运动已经基本上胜利完成，全党工作的着重点应该从一九七九年转移到社会主义现代化建设上来。[①]

甚至可以这样说，废除人民公社体制，就是改革时期党对于经济事务的一次全新的介入，因为变革经济制度，本身就是介入经济事务，而这种通过制度变革实现的介入，只有采用党的政治权力才能完成。改革时期，在形式上不同于集体化时期对经济事务的全面支配，党开始尝试利用包括市场机制在内的其他手段介入经济，并且在实践中对这些手段的效果好坏加以检验。1978—1984 年的农村改革，就是这样一个不断检验和调整的实践过程。在这一实践过程背后，不变的则是加快经济发展的决心。

在改革时期，中国共产党积极介入经济事务的态度并没有改变。作为一个诞生于中国国家能力持续下降、社会组织持续瓦解的危机时期的政党，中国共产党在长期的革命和执政的历史中，通过持续不断的实践，逐渐形成了具有“全能主义”属性的政治文化。为了提升国家能力和恢复社会功能，进而在列强环伺中实现中国国家和民族的救亡，只有将政党组织的高效的行动能力介入到社会的各个领域和个人生活的诸多方面，才能在通过政治革命再造国家的同时，通过社会革命再造社会，并且在国家和社会之间构建更为紧密的联系。[②] 这正是邹谠教授所说的“全能主义”政党的基本特征，也是中国共产党的基本特征。而介入经济发展，作为现代国家生存和竞争的首要问题，自然是一个秉持“全能主义”政治文化的政党当仁不让的任务。在改革开放之后，全能主义的政治文化，并没有从党的传统中消失，只不过进一步扩大了它早已存在的分权特色，或许可以称之为“分权的全能主义”。

从中共中央在上世纪 80 年代和进入本世纪以来发出的关于“三农”工作的十几个一号文件中我们可以看到，党中央始终没有放弃对经济事务的领导和介入的权力，

---

① 1978 年 12 月 22 日，中国共产党第十一届中央委员会第三次全体会议公报。着重号为笔者所加。

② 参见邹谠：《二十世纪中国政治——从宏观历史与微观行动的角度看》，（香港）牛津大学出版社 1994 年版，第 4、18、223 页。

虽然随着农村经营体制的改变，政治权力对经济事务的介入在实践中的方式与之前有所不同。同样，在地方政府的实践中，我们更可以看到，农村改革决没有将国家以及党的政治权力一次性的“请出去”，在实践中，政治权力不仅反复地“回来”，而且其介入经济事务的强度，在某些情况下，和集体化时期相比有过之而无不及。

贾寨乡1996年推动大棚产业就是一个典型的例子。一直到农村改革发轫的15年之后，乡镇党委政府仍握有直接动用行政命令调整农村产业结构的权力。推广大棚就像一个缩小版的“大跃进”。每个村都分到了需要建造大棚的任务指标。虽然围绕这个任务会有些许的讨价还价，但是推动大棚的大气候是难以抗拒的。在乡镇的压力下，村干部继续向村民施加压力，要求村民建棚。同时村干部也不得不作为表率自己首先建棚。我们看到，贾寨乡和耿店村推广大棚的早期经历，与我们想象的“改革之后国家权力从农村退出，生产经营由农民不受干涉地安排”是多么的不同。事实上，乡镇干部的行政权力，仍可以深刻地介入生产层面的具体经济事务。在推广大棚的早期，建造大棚所需的物料都是贾寨乡统一购买，然后低价卖给农民的，大棚技术也由乡里一手负责推广，甚至建大棚的劳动力也是由乡里统一安排、义务调动。同意种大棚的农民，面对的是一个几乎完工的大棚，他只要进去种菜就可以了，而且种菜的技术，还有乡里聘请的技术员指导。

贾寨乡党委和政府的行为，就体现了一种“全能主义”的政治文化。发展经济不是一个纯然的民间事务，相反，乡镇党委和政府的权力应该积极地介入，这种介入甚至不能仅停留在“引导”和“号召”的层面，而是要亲力亲为，参与到经济活动之中。乡政府专门建了大棚基地试验园，要求乡政府的机关干部亲自建棚，同时还从配置资源、推广技术的具体方式入手，推动大棚产业。在乡镇干部的政治文化中，这些介入经济事务的手段都是可以利用的。在上世纪90年代中期，聊城市的一个领导这样描述心目中抓经济的好干部：“只要是对当地经济发展有利的事情，不等不靠，凡是没有明文规定不让干而干了又有利于经济发展的，他们都积极去干，有些与上级文件精神不完全一致而对经济发展有好处的事，他们就采取变通措施，使之合法化，或先让下面去闯、去试，干成了再请上面的领导去看，去肯定。”①

但是同时，我们也要看到，上世纪90年代中期的农业生产，尤其是蔬菜生产，主要是面对市场生产。因此，在推广大棚时，贾寨乡政府也必须考虑在市场机制下蔬菜的收益情况。在这里，我们就触及到一个更为复杂的问题，秉持全能主义政治文化的乡镇党委政府，在市场经济约束下，如何抉择它的行为。

① 《聊城通讯》（中共聊城地委综合刊物）1994年第4期，第6页。

贾寨乡的做法是先小规模试验，观察效果，然后大规模推广。在发现了王药包村一户村民因种大棚芸豆发了财之后，在1996年，贾寨乡先小规模地推广这一典型。这一年，各个村发展的大棚数量有限，而且多不是通过占用耕地实现的。比如耿店村就在属于集体的场院上建了26个大棚。当1996年大棚实现了相当不错的收益之后，乡党委政府才以更大的决心在全乡范围大面积推广。

另一方面，改革开放后日益发展的市场经济环境，并不构成对乡镇干部行为的全部约束。乡镇干部，作为国家正式干部体系的成员，既拥有体系赋予他的权力，也要受到组织的纪律性约束。可以说，来自上级的纪律性约束，才是乡镇干部在抉择他们行为时要首先考虑的约束条件。体现在乡镇层面，纪律性约束最突出的特点就是，乡镇干部是在县党委和政府的领导下开展工作的。来自县委和政府的工作要求，是他们在日常工作中首先要考虑的，这也决定了乡镇干部如何运用自己所拥有的权力。当上级要求乡镇着力推广大棚时，如上所述，贾寨乡将权力运用到发展大棚的几乎每个细节。而2000年之后，当上级的要求从调整农村产业结构转向招商引资之后，贾寨乡介入大棚产业的权力也开始了收缩。原本亲力亲为推广大棚蔬菜种植技术的贾寨乡，在全乡大棚生产因为芸豆重茬而大滑坡的关键时刻，却没有积极帮助农民改茬。甚至在2000—2003年这个需要改茬的关键时期，全乡没有一个技术员，出现了技术空档。这就是当上级工作要求发生转变之后，乡镇介入某项经济事务的政治权力从膨胀到收缩的极端体现。

三、村干部的行为

若要考察乡村政治经济系统的全能主义属性，不可忽视的是村干部的政治文化，以及在这种政治文化之下，他们面临不同约束条件时的行为抉择。对于村干部和乡镇干部，无论在中国政治制度的表述里还是在乡村政治经济的具体实践中，都存在巨大的不同，而这种不同往往被学者、尤其是来自西方的学者忽视了①。因此在这一节里，我们把村干部的行为抉择作为一个主题来专门讨论。与上一节相同，我们仍将结合贾寨乡和耿店村的经验进行理论探讨。

在政治制度上，每个行政村均设有“村民委员会”。但是，村民委员会并不是政府机构的一部分，村民委员会委员不是国家编制下的工作人员，不享受脱产薪水。村

① 比如，在论述中国乡村经济发展的经典论文《Local Governments as Industrial Firms：An Organizational Analysis of China's Transitional Economy》中，Andrew G. Walder就没有涉及任何关于乡镇和村级干部的不同。

民委员会是农村居民的自治组织，这一点在《中华人民共和国村民委员会组织法》（以下简称《村组织法》）第2条中规定得非常明确：

村民委员会是村民自我管理、自我教育、自我服务的基层群众性自治组织，实行民主选举、民主决策、民主管理、民主监督。

同时，《村组织法》还在第9条至第16条详细规定了如何通过民主选举从全体有被选举权的村民中产生村民委员会。

那么，村民委员会是不是和中国共产党最基层的组织——村党支部不相干地运作呢？无论从表达上还是在实践中都不是。

首先从表达上看，《村组织法》在第3条这样写道：

中国共产党在农村的基层组织，按照中国共产党章程进行工作，发挥领导核心作用；依照宪法和法律，支持和保障村民开展自治活动、直接行使民主权利。①

由此可见，这样一部关于基层村民自治组织的法律，其实也包含了对基层党组织的规范和要求。而且明确提出，党组织是基层工作的“领导核心”。

从表达上看，村民委员会成员、包括村民委员会主任的选举，是和基层党组织没有关联的；村民委员会主任，可以是党员也可以不是，自然也不一定是村党支部书记。但是在实践中，以贾寨乡为例，该乡全部33个行政村的村民委员会主任，无一例外是由村支书兼任。在实践中，乡镇和村干部把这种情况叫做“一肩挑”。不仅如此，通过民主选举的村民委员会委员，也往往是由村支部成员中产生的。这样，整个行政村的工作其实是由村党支部起关键作用。村民委员会和村党支部的运作，在相当程度上已经无法区分。而且，这种一肩挑的局面，也是乡镇所乐见和推动的，因为这不仅减少了村庄内部的政治冲突，也便于乡镇将自己的影响施加于村庄。

由此，作为村庄事务的主要负责人，村支书的行为就不可避免地带有两种特性。一方面，作为自上到下庞大的党组织的成员，他必须服从党的纪律。这样，当乡镇党委以组织的名义向其下达任务时，村支书需要按照上级的要求来开展工作。他在具体安排上级布置的任务时，面对村民的不同意见，也要借助乡镇党委的权威，说“这是乡里让我们做的”。从这个意义上来说，村支书所拥有的权力，在某些程度上，来源于乡镇党委。同时在实践中，选择谁做村支书，乡镇拥有相当之大的权力。这也决定了在村支书身上体现的，并不全是村庄内部的政治力量。另一方面，虽然是党组织的一部分，村支书却几乎没有可能继续向上提拔，进入乡镇，成为乡镇干部。在村和

① 着重号为笔者所加。

乡镇之间有一条鸿沟，阻断了村干部的晋升途径。因此，虽然在表述上和日常生活中，村支书和他的“领导班子”成员也被称为干部，但是却和乡镇干部有原则性的区别。乡镇干部，无论是党的干部还是政府的干部，都是正式的国家工作人员，是“吃财政饭”的人。他们不仅领有可以脱离生产的薪俸，也具备攀登官员晋升体系阶梯的可能性。对于乡镇党委书记和乡镇长而言尤甚。以贾寨乡为例，1995 年之后任职的所有书记和乡长，除去目前还在任职的以外，无一例外地升入到县里任职，最近离开的一任党委书记，更是通过公务员考试进入山东省文化厅任职。[①] 乡镇领导的调换是很频繁的。贾寨乡从 1995 年开始的书记和乡长，最长的任期不过 5 年。[②] 而村支书任职十年以上的毫不稀奇。耿店村现任书记就已经工作了 10 年。

乡镇干部和村干部相比，体系化的程度更深。他们的权力实际上主要地来源于上级，来源于他们所隶属的巨大的组织体系。他们已经脱离了生产，依靠组织来生存。不仅他们的权威和权力，他们的生存能力也是由组织赋予的。而村支书和村干部并不像乡镇干部那样吃财政饭。村干部的主业，仍是农业或非农业生产。当来自上级的要求难以完成时，一些村干部甚至会选择辞职，甩手不干。乡镇干部则没有这么自由。

村干部尤其是村支书既会受到乡镇党委政府影响，同时他们的生活和生产活动也主要地根植于村庄内部。村支书是农村基层组织的负责人，这一负责人的身份在要求他担负一定责任的同时，也赋予他运用政治权力落实这些责任的潜在可能性——因为没有任何责任是可以不依靠与之相关的一定的权力来实现的。既然村支书是党组织的一个最基层的成员，那么上级在要求他担负责任的同时，必然同时赋予他一定的权力。所以和乡镇干部一样，村支书的权力在某些程度上来源于上级。这就是为什么在推广大棚时，村干部面对群众总是说“这是乡里的安排，要我们做”，因为他们在借助上级的权威运用权力。

但是，更重要的，与乡镇干部的政治权力主要地来源于上级不同，村干部的权力更大部分地、决定性地根植于村庄内部。固然，乡镇党委可以任命自己中意的村支书，但是如果没有村民的认可和配合，村支书的工作无法开展。村支书在具备干部的属性、在承担组织开展基层工作的责任之前，首先是村庄共同体的一个成员。他和村民之间的关系，也不是上下级之间的关系。村庄已经不再像集体化时期那样，被组成一个个管理严密的生产队和大队。而且随着上世纪 90 年代中期、特别是 2000 年以来，市场经济的持续发展，使农民进行经济活动的选择集合不断扩大。一个从前除了

---

① 参见调查材料：《1995—2010 年贾寨乡历届领导职务变动情况》，贾寨乡政府提供。

② 参见调查材料：《1995—2010 年贾寨乡领导更迭情况》，贾寨乡政府提供。

种地没有别的出路的农民，现在随时可以去大城市打工挣钱。农民行为自由的扩展，实际上越来越削弱了村支书单纯依靠上级权威对农民施玉影响的权力。

那么，既然村支书的政治权力主要地内生于村庄，那么孕育这种权力、并且将其赋予村支书的决定性根源是什么？这种权力，是否像一些具有后现代主义倾向的学者认为的那样，主要地来源于具有象征意义的乡村文化和人际关系网络?① 在大方向上，本文不同意这种后现代倾向的观点。自从社会主义革命以来，农村的社会结构已经发生了根本性的变化，在现在的中国农村，这种根本性变化的痕迹就是土地集体所有制——这是区分新旧中国农村社会的标志。本文认为，村支书的政治权力决定性地来源于农村基本经济制度，换言之，决定性地来源于集体土地所有制。村支书以及其他村干部的政治权力的运用，主要是依托集体土地所有制进行的。这种独具中国特色的农村土地制度既是村支书权力的主要来源，也构成了对其运用其权力的根本约束。

耿店村的经验为上述论断提供了佐证。在行政村的层面，这个例子将集体土地所有制与村支书权力的运用之间的关系揭示得一目了然。在贾寨乡推广大棚的试探阶段，耿店村没有要求村民在他们自己的承包地上建棚。建一个棚需要一亩地，这在人均耕地极其稀缺的中国，是相当大的土地投入，而且没人知道大棚的收益如何。一旦大棚失收，农民失去的不仅是建设大棚和种植蔬菜的投资，而且还有一亩土地原本可能带来的粮食产出。这样的风险，如果是在土地私有的情况下，足以构成农村产业结构调整的不可逾越的门槛。因为没有农民敢于将自己维持家计的土地用于冒险建棚、种植不熟悉的作物。但是，包括耿店村在内的许多村庄，首先可以动用它们的集体土地试探性地建棚。耿店村拿出属于集体的两个场院建棚，这就把原本高不可攀的土地成本，降到了零。而且耿店村规定，建棚不仅不交承包费，还有现金补助。这样建棚只需投入购买生产资料的成本即可。耿店村又由干部带头建棚作为示范。在这种情况下，出现了跟进的农户。可见，和乡镇上级直接用行政命令向村干部下达任务，要求他们在本村推广大棚不同，村干部在推广大棚时运用的权力不全是来源于组织的权威。一方面他们会对村民说“这是乡里要我们做的”，但更重要的是，他们紧紧依托土地集体所有制，通过自己调动集体土地的权力来推广大棚。

在接下来，当贾寨乡看到大棚效益很好而决定以更大的规模推广大棚时，耿店村已经没有像场院这样属于集体的空闲土地可资利用。耿店村首先想到的办法，仍然是通过运用调动集体土地的权力，来实现大棚推广。耿店村决定从全村每个村民的承包

① 此种观点在如下专著中得到了充分的研究：《文化、权力与国家：1900—1942年的华北农村》，［美］杜赞奇著，王福明译，江苏人民出版社2003年版。

地中调出 2 分地，一共是 150 多亩，用来建棚。全村剩下的土地还是在所有村民中——既包括建了棚的也包括没建棚的村民——平均分配。这相当于由全体村民分担建大棚的土地，进而分担种植大棚蔬菜的未知风险。而建棚农户在种植大棚蔬菜的同时，还有一份承包地可以种大田作物。同样，这种做法降低了由一家一户自行建棚的高准入门槛。这次大规模的调地是在 1997 年秋季，此时玉米和棉花都已收获完毕，冬小麦还未开始种植，整个村庄的土地基本是空置的。

但是，因为毕竟不像 1996 年发动建棚时那样没有占用任何人的耕地，这次，不想种棚的农户也要拿出自己的土地让别人种棚，因此相当一部分村民的意见很大。有意见的主要是那些不打算种棚的村民，以及那些本来承包地地势较好、靠近水井、水浇条件优越的村民。不过，那些打算种棚的村民则同意调地。那些原来承包地地块不好的村民，也想借调地换得更好的地块。结果，耿店村还是把地调了，按照村干部现在的回忆，是“强压着调的”①。调出来种大棚的地，仍旧不交承包费，而且享受补助。种了大棚的农户收到了比从前种大田作物好得多的效益。但是那些没建棚的农户，一方面承包地面积减少了，另一方面还要承担一部分建棚土地本该承担的农业税费。所以，这次集体土地调整，不是一个全体村民得利无人受损的帕累托优化，虽然从动态的观点来看，这次调整推动了耿店村产业结构的进步。

更重要的，村干部不只具有一次性调整集体土地的权力。因为全村土地属于村集体，亦即属于全体村民共有，而村干部则是行使村集体权力的负责人，所以，集体土地所有制在客观上也赋予了村干部继续管理集体调配出的、用于建造大棚的土地的权力。因为这些土地是通过村集体的统一的土地调整，从全体村民那里调出来的，这些土地从其他村民手里转移到种棚农户的手里的过程，是通过村干部权力的运用才得以实现的。没有村干部权力的运用，就不会有这些建棚土地的出现，进而，这些土地不可避免地附加着村干部对其进行管理的权力。因此这些土地在性质上，与人均一份的承包地截然不同。在实践中，耿店村的干部也正是积极运用调出的集体土地所附着的管理权力，来继续规范和干预建棚农户的行为的。

我们在前面已经看到，耿店村对大棚不仅有优惠，而且有严格的约束措施，这就保证了，在 2000—2003 年，尽管全乡减少了 2000 多个大棚，但耿店村一个棚也没有废弃。并且，在芸豆重茬效益降低后，有些建棚农户不愿种棚菜，而在自己大棚里面和周边栽上树苗，导致遮荫厉害，不仅严重影响大棚蔬菜的光合作用，降低棚菜产量树木，还影响了邻近农户的大棚生产。这时候，耿店村的村支书带头拿着斧子去栽树

① 来源于对耿店村支书的访谈，2010 年 9 月。

的农户那里砍树。耿店村干部认为，他们这样做的理由明确而且正当：这些土地是集体调整出来让愿意种棚的农户种大棚的，而且其余村民为大棚地承担了农业税费，是无偿支援这些建棚户种大棚菜的，所以这些调出的地就必须种棚菜，不能不种，也不能栽树。

我们往往将农村集体土地所有制视为一种静态的制度，狭隘地将其认为仅仅是“土地村集体所有，农户承包经营”这样简单的一项制度安排，而忽略了集体土地所有制所支撑和孕育的丰富的权力关系。集体土地所有制既孕育了这些内生于村庄的权力，又在这些权力的运作下变得动态和立体。村集体和农户不是一种简单而静态的发包和承包的一次性契约关系。如果仅从合同和契约的关系理解“土地村集体所有，农户承包经营”，就会看不到土地承包在实践中是依靠对干部的权力进行的。集体土地所有制和家庭承包的基本经营制度，一方面约束着村干部必须为每个村民提供一份承包地，这是村民作为村庄共同体的成员所不可剥夺的权利，而且这种权利有法律的保障。另一方面，集体土地所制也保留了村支书管理集体土地的权力，调配集体土地的权力，以及运用集体土地发展村庄经济的权力。在中央出台新的文件，明确要求严格限制在30年承包期之内调整土地之前，村干部调整土地的权力更是相当大。当然这种权力如果运用不当，很可能会损害村民的权益——因为在人均土地稀缺的中国，如果再打村民那少量土地的主意，无异于雪上加霜。但是如果运用得当，通过合理调配集体土地，也可以有效地促进村庄经济发展，逐步使全体村民都从中获益，耿店村就是这样一个典型。

所以我们要以一种全新的观点考察集体土地所有制，它既是村庄内生权力的主要来源——村干部是这种权力的主要运用者，也是制约村干部行为的主要约束条件。当集体土地所有制在细节上发生变化时，村干部的行为——他们运用村庄内生权力的方式也会随之改变。

近年来，中央对集体土地所有制在细节上最大的调整是，坚决制止在承包期（自1999年开始的30年）内调整土地，要求村集体必须把全部耕地发包给农民，不允许留机动地。

在这种变化下，耿店村的干部不再采取统一调地的方法——这已经被中央禁止，而是协调村民进行土地流转——这是中央允许和提倡的。建大棚需要的土地必须有一定的规则形状和一定的面积，而农民一家一户拥有的承包地的形状和面积不一定恰好符合建棚的要求。如果没有村干部的统一协调，在缺乏土地要素市场的情况下，农户不容易获得建棚需要的土地。为了解决这个问题，耿店村的干部积极介入土地流转过程，协调不同农户之间土地的互换或是转包，克服了村民自己不能解决的土地问题。

目前，协调土地流转已经成为除了架电、修路等基础设施建设外，耿店村干部所要进行的一个基本工作。这就说明了，在集体土地制度发生调整之后，村干部运用它所赋予的权力的方式也跟着发生了转变。

村干部的行为也受到市场经济这个日益无法忽略的大环境的制约。市场经济有其自身配置物质和人力资源的机制，这种机制与依靠权力配置资源的方式是不同的。市场经济这种独特机制的存在，强烈影响着村干部介入村庄经济事务时权力的运用。这一点，从耿店村干部对绿冠蔬菜合作社的管理细节中可以清楚地看出。

绿冠合作社的管理全部由村干部负责。耿店村支书亲任合作社理事长，他的几个“班子成员”也担任了合作社副理事长、合作社会计、监事长等管理职务。绿冠合作社对社员的服务很全面，包括统一技术服务、统一种苗供应、统一大棚生产资料供应、统一蔬菜生产标准。

与此同时，一个非常值得注意的现象是，虽然合作社能够实现这么多统一的服务，但它却基本上不统一销售社员生产出来的蔬菜。平时，社员的蔬菜都是在耿店村自建的蔬菜交易市场上进行交易。价格随行就市，依市场供需关系和蔬菜自身的成色而定。

只有在春节前后——蔬菜需求最旺盛、价格行情最好的时候，绿冠合作社对一小部分成色最好的蔬菜进行精包装，统一销售。销售蔬菜2000箱，每箱13～14斤，2009年为合作社创收2万元。同期生产的大宗蔬菜仍然靠本村的蔬菜市场进行销售。

大部分蔬菜不统一销售的原因是，蔬菜的成色质量参差不齐，以圆椒为例，有些个大饱满、色泽鲜亮，有些在品相上则差很多。如果合作社统一销售，势必要为蔬菜分级，为每一种成色的蔬菜分别定价，并且寻找愿意购买各个档次蔬菜的收购者，这样一来，如果合作社内部化蔬菜交易市场，内部组织成本将会迅速增加（亦即，运用权力实现这种组织的成本将迅速上升）。而如果把这一部分功能交给蔬菜交易市场承担，农户和商贩可以利用市场机制相当迅速地完成交易，合作社则免去了组织这部分交易的成本。而且，如果合作社内部化市场，完成蔬菜销售所需的时间也将增加，对于蔬菜这种不耐存放的食品，随着储存时间的延长质量也会下降，进而影响销售价格。这种因销售延迟而造成的蔬菜质量下降，可以看作由市场所节约的交易成本的一个具体组成部分。

耿店村干部在运用其权力组织合作社运营时，这种权力的运用是有成本的。这种成本可以分解为两部分。一部分是机会成本。一个村干部如果运用他的权力组织蔬菜的统一销售，那么他就相当于放弃了运用这种权力介入其它经济事务的机会。另一部分是，运用权力带来的直接的物质和人力成本。如果村干部选择进行蔬菜的统一销售，他必然需要指挥村民进行蔬菜的分级、包装等等工作。他还必须为每一层级的蔬菜寻找适合的买家。这个过程本身存在大量成本。当存在市场机制时，市场可以代替村干部的权力为蔬菜迅速分级并且找到合适的买家。这样，就节省了村干部运用权力的成本。另一方面，统一销售质量最高的蔬菜是有利可图的，可以带来高收益。村干部则在这种收益与他们运用权力的成本之间进行权衡，如果收益大于运用权力组织这一部分蔬菜销售所需耗费的成本，那么他们就积极地将权力介入，组织蔬菜统一销售。但是，这种介入仅限于组织最有利可图、即是成色最好的蔬菜的销售。如果继续组织成色更次的蔬菜的销售，那么权力运用的成本将迅速上升，而收益下降。所以权力的介入程度，将停留在运用权力的边际成本与运用权力的边际收益相等的那一点上，此时，运用权力获得的总收益最大。这种抽象的边际分析理论，在实践中，就体现在耿店村的干部仅在最有利可图的时间段（春节时期）组织成色最好的蔬菜的统一销售。

因此，耿店村的实践可以促使我们进一步反思科斯的企业理论①。在科斯理论中，企业的本质，是用另一种配置资源的机制，代替市场机制。科斯认为，在企业内部，资源配置是通过组织的行政命令进行的；而在市场上，资源配置则是通过自由竞争和契约实现的。传统的理论忽略了利用市场这种机制来配置资源所需要耗费的成本，而科斯则明确指出，这部分成本是存在的，并且在某种程度上，这种成本可能会相当之高。所以，作为一种替代市场配置资源的机制，企业内部用行政命令配置资源，有可能成本比市场机制要小。企业可以节约市场机制的交易成本，这就是企业存在的原因和企业的本质。

科斯所说的企业内部配置资源的机制，其实就是利用权力配置资源。耿店村干部运用权力管理合作社，其实与科斯的企业观类似。村民单独购大棚物料、引进技术、购买种苗，其总成本，当然不如由合作社统一组织所需的成本低。这就是科斯的企业替代市场的观点的体现。同时，当通过市场销售蔬菜更节约交易成本时，合作社则将销售交给市场实现。

在科斯企业理论的基础上，受到耿店村干部在春节时统一组织销售蔬菜的实践的进一步启发，本文提出这样一种观点，企业（或者合作社）的特点，一方面体现在它通过内部权力的运用来替代市场机制，另一方面，它可以通过运用权力获得收益。它不仅衡量运用权力的成本与利用市场机制的成本的大小，而且它要把这种权力的运用扩展到某一点，在那一点上，运用权力耗费的成本与运用这种权力获得的收益在边

① R. H. Coase, 1937, "The nature of the firm", Economica, Vol. 4, No. 16 386 -405.

际上相等。而且在本质上，运用权力获得收益与运用市场机制获得收益是不同的。

总而言之，村干部的权力的运用，是和市场经济紧密联系的。他们运用权力的行为受到市场经济环境的规制。

耿店村干部介入本村经济事务的程度是非常强的。这一点，我们已经从前文的叙述中有了印象。当2000年之后，全乡大棚因为芸豆重茬而导致大滑坡时，耿店村依靠严格的管理制止了本村建棚户废弃大棚的行为。2003年大棚已经到了不改茬不行的时候，村支书更是直接向乡里要求给耿店村找技术员，帮助改茬。在此之后，原本在建大棚初期由乡里负责过的那些事务，包括统一购买物料、种苗、技术服务、建蔬菜交易市场，还有那些乡里没有尝试过的行动，包括组织合作社、办育苗工厂，都由耿店村干部开展。就发展村庄经济方面，耿店村和贾寨乡的关系现在成了这样一种态势：村里有要求（比如要乡里帮忙与电力部门进行协调给耿店村装变压器）时就向乡里提出，然后乡里帮助解决。

基于耿店村的经验，本文认为，和乡镇干部一样，村干部的政治文化同样深具全能主义色彩。在工作原则上，村干部对经济事务的介入是没有限制的，一切能够促进本村经济发展的手段都可以尝试，而在实践中，他们介入经济事务的行为则受到农村基本土地制度的制约，并且受到上级组织的影响。

同时我们也要注意到，村干部尤其是村支书的个人禀赋——他的性格、能力、成长经历、知识程度、工作手段，都不可避免地影响了全能主义政治文化在实践中的展现。一个村支书可以把他的权力膨胀到可以触及全村经济事务的大大小小，就像耿店村那样；同时，一个村支书也可能将这种潜在的权力收缩到最小，对本村的经济发展袖手旁观。普通农民将前一种村干部叫做“能治成事”，后一种叫“治不成事”。与耿店村形成强烈对比的是，在2000年开始的大棚滑坡过程中，其他村庄都缺乏有组织的改茬和技术更新。这就是在实践中，全能主义的政治权力在介入经济事务时强弱不同的鲜明体现。

四、农民的抉择

在考察乡镇干部和村干部的行为的同时，我们不应忽略普通村民的抉择，以及他们的抉择和乡、村干部的行为之间的相互影响。乡村政治经济实践，正是在干部和村民的不断互动中展现出来的。

当乡、村干部介入经济活动时，他们的这种介入的形式和内容，首先会对村民的行为构成一个影响。贾寨乡要求下辖各村发展大棚，村干部则继续向村民施加压力。

村民首先就是在这种压力下行动的。但是乡镇干部和村干部并不仅仅是以其握有的权力压制村民，强迫种棚，而是在向村民施加压力的同时，通过一系列行动，来影响村民的抉择。这些行动包括，调出集体的土地，统一建棚，解决生产资料的购买和传授技术，为种棚农户免除税费和提供奖励等等。乡镇干部和村干部的这些行为，改变了村民在进行抉择时面临的约束——种大棚从一个具有高不可攀准入门槛和极大风险的行业变得不是那么有风险而且有利可图。当最初种植大棚蔬菜的农民取得了数倍于大田农业的收入之后，大棚产业对农民的吸引力加大了。种大棚成了农民主动的选择。贾寨乡能够在短短三年之内推广数千个大棚，最初自上而下的行政压力固然是促因，但是随后大棚的高收益引起的农民的主动选择也同样不可忽略。

普通农民在进行经济活动时，他们的抉择的可能集合不是一成不变的。如前述，干部的行为可以改变这一集合。另一方面，更重要的，日益扩大的市场经济则根本性地扩展了农民可选择的范围和自由。2000 年之后，外出打工成了一个准入门槛很低而且机会很多的增收方式。不再像集体化时代被束缚在土地上，新世纪的农民现在随时可以放下手中的农活前往大城市打工挣钱。一个农民工一年的收入约在 7000 ~ 8000 元，相比大田作物高出数倍。而且，和贾寨乡农民种一个芸豆大棚的最高收入持平。当大棚因为芸豆重茬而效益下滑时，种大棚就不如外出打工有利可图。而相比之下，如要继续靠大棚增收，则必须改茬。但大棚改茬是一个复杂的过程，还需要学习新品种的栽培和管理技术，如果没有统一的技术推广，农民很难靠自己的能力引进新的品种和技术，而现在有了外出打工的机会，放下农活就可以去，去了就可以挣钱。而且，当时发动农民种大棚时，各村都是由全体村民分担建棚土地——建棚户除了大棚以外还有口粮地，而且建棚土地不需要承担任何税费，还有优惠。这样农民即便不种大棚，既不影响全家的口粮和基本收入，也没有其它损失。在这种情况下，农民放弃种植大棚是一个最具倾向性的选择。

所以，一方面我们要看到，贾寨乡党委政府在 2000 年之后工作重点的转移是造成全乡大棚滑坡的一个因素，另一方面也要注意到，贾寨乡工作重点的转移并不代表乡镇干部期望大棚滑坡，大量建棚农民的集体放弃大棚行为是这一大滑坡发生的根本原因。实际上，根据贾寨乡和耿店村干部的回忆，在 2000 年之后，乡里为了扭转大棚滑坡的局面，也试图说服各村保住大棚。但是农民放弃大棚的势头委实不可阻挡，也就听之任之了。①

耿店村没有出现放弃大棚的情况，是因为村支书依靠集体土地赋予他的管理权

① 来源于对贾寨乡人大主席的访谈，和对耿店村现任村支书的访谈，2010 年 9 月。

力，制定了对放弃大棚的农户的惩罚措施。在2000—2003年，这约束了耿店村建棚户的行为。不可忽略的是，即便有惩罚措施，还是有农户想放弃效益越来越差的大棚。耿店村在2000年处罚了10个建棚户就是例证。所以，强制性的约束只能起一时的作用，为了保住大棚，根本的办法是更新技术、提高大棚效益。这就是2003年耿店村强烈要求乡里给找技术员的原因。因为大棚效益如果再下滑，强制性不准放弃大棚的措施也无济于事。

贾寨乡在耿店村的要求下找来了技术员。因为全乡其他村的大棚基本上都已废弃，这个技术员实际上成了耿店村的专用技术人员。他从寿光带来了黄瓜种子和嫁接黄瓜用的小夹子，当年改茬当年见效，一个大棚的收入跳到了15000元，几乎是打工收入的两倍。这样，从第二年起，种大棚又成了农民的自发选择。耿店村的大棚不依靠强制性的要求就持续地发展。此后，耿店村干部着力组织村民学习大棚技术。不仅又从寿光引进了圆椒、尖椒、西红柿等新的棚菜品种，而且在2006年之后，从寿光学来了高标准大棚的建造技术。

在耿店村的示范作用下，2006年后，邻近几个村庄的村民又把原本废弃的大棚修复起来了。而且这些村也从耿店学到了高标准大棚的建造方法。在耿店村成功发展大棚的基础上，贾寨乡又开始推动全乡大棚发展。只不过这次没有利用行政命令采取强制性措施，而是引导下辖各村学习耿店的经验，同时提供技术服务。现在贾寨乡的大棚数量已经恢复了历史上的最高水平，而且相当一部分是高标准大棚。

贾寨乡和耿店村从最初强制性推广大棚，到后来开始以服务的方式引导村民种植大棚，体现的是农民不断扩大的抉择可能性对乡村干部行为的影响。乡村干部并不是孤立地行动，他们将自己的影响施加于村民时，村民的反应是必须考虑的。当农民除了大田农业没有其他选择的情况下，强制性地推广大棚是可以实现的，而且只要大棚的收益比大田农业高，在优惠措施的诱导下，农民也会主动选择种大棚。而当市场经济日益发展，外出打工的机会变得普遍时，强制性的手段则受到了制约。除了农业，农民现在可以相当容易地获得非农就业的机会，从而增加收入。因此如果大棚的收益低于打工收入，他们将选择后者。但是反过来，如果大棚收益远比打工的收入要高，前者又将成为他们的选择。乡村干部已经无法限制农民在农业和非农业间的自由选择。因此，如果要继续发展大棚产业，他们只有通过提供技术服务、降低准入门槛的方式，让大棚对于农民而言，比打工更加有利可图。在实践中，他们正是这样做的。

同时，我们看到，普通农民对于乡村干部介入经济事务，抱持一种实用主义的态度。如果这种介入的效果好，他们就积极地肯定，如果效果不好，则加以否定。对于“能治成事”的干部的赞扬和对“治不成事”的干部的揶揄，同样出现在村民的话语中。后者并不代表他们在原则上对政治权力介入经济事务的抗拒和反感，因为前者已经表示，只要这种介入能够为村庄带来发展，那么就是值得赞扬的。正因如此，乡村经济发展的过程中才会处处缠绕着政治权力的运用，农民和乡村干部的互动才会以各种丰富多变的形式展现出来。

总 结

如果要理解中国乡村经济发展中政治和经济的相互缠绕，就必须要在根本的层面澄清政治和经济的相互关系。因此本文的探索从一个最基本的问题开始：农村改革之后，在乡镇和行政村，政治权力对经济事务的介入是否已经受到了原则性的限制？结合经验研究，本文给出了否定的答案——中国乡村政治经济系统的基本属性仍是全能主义。

一方面，乡镇干部和村干部的政治文化是，在原则上，为了乡村经济的发展，他们可以使自己拥有的政治权力不受限制地介入经济事务，虽然在实践中，这种介入的程度表现得有强有弱。另一方面，普通农民对待乡村政治的态度是，他们认可乡镇干部和村干部对经济事务的介入，不对这种介入的程度设置心理上的限制——他们对干部介入经济事务的肯定与否，以这种介入在实践中的效果好坏为根本判断。这就是本文所使用的全能主义概念的内涵。

在全能主义的政治经济系统里，乡镇干部、村干部和农民，他们受到一些共同的约束和不同的约束，同时，他们各自的行为抉择也会相互影响。乡镇干部的权力主要地来源于上级，他们的行为深受行政体系政治过程的影响。村干部的权力决定性地来源于集体土地所有制，在实践中，他们正是依托这一农村的根本制度运用其权力的。即便是土地制度的细节调整，也将影响村干部对其权力的运用。同时，无论乡镇干部还是村干部在运用权力介入经济事务时，都不得不考虑市场经济环境这个影响日益扩大的约束。在乡镇干部和村干部采取行动的同时，农民并不是处于简单地被支配的地位。农民的抉择，以及因市场经济扩大而日益多元化的抉择集合，深刻影响着乡镇干部和村干部的行为。现在强制性的措施日见衰微，引导和服务成为干部的主要工作方式，这就是农民的抉择集合的扩大对干部行为的突出影响。

乡镇干部、村干部和农民在采取行动时所受的来源于组织纪律、土地制度和市场经济体系的约束，以及他们这三方政治经济活动参与者的互动和相互影响，决定了在原则上可以不受限制地介入经济事务的政治权力，在实践中的膨胀与收缩。乡村经济，就在与它缠绕在一起的政治权力的收缩与膨胀中变迁着。不可否认的是，在全能主义政治文化下，干部个人特点之间存在巨大差异，不同村庄村民生活和生产习性之间也存在显著不同。也正是这些差异和不同，使改革之后中国乡村经济的变迁，在不同的区域和不同的时点呈现为多种多样的面相，既有曲折也有成绩。

至此，我们已经对本文做了简短的回顾和总结。进一步要问的是，贾寨乡和耿店村的经验和依据这些经验所做的微观分析，如何放置在中国历史尤其是社会主义革命兴起以来的宏大历史中去理解？

当下乡镇干部和村干部的全能主义政治文化起源于中国的社会主义革命。在帝制中国，皇权以及皇权所支配的政治权力，仅触及到县的层面。在这之下，则依靠民间力量自行治理。国家政权仅通过与民间力量在国家和社会之间的第三领域进行互动，来保持对民间事务的笼统影响[①]。国家控制民间的主要途径，是通过科举制度源源不断地吸收民间精英进入政治体系，这种控制更像操纵提线木偶，而不是像大脑指挥躯体。绝大多数的经济活动，更是纯然的民间事务。而到19世纪，这一运作了几百年的体系已经无法维系。一方面，农业经济日益内卷化造成的结构性危机，动摇了这个国家赖以构筑于其上的经济基础。另一方面，帝国主义的入侵，造成了统治者的政治危机。因此，救亡成了时代最迫切的需要。[②] 而为了实现救亡，既要彻底改造社会—— 在经济上实现工业化并且以一种更有组织的形态把社会凝聚为一个整体，也要再造国家——形成一台强有力的政治机器，这台机器既要恢复民间日益崩塌的经济、文化秩序，也要具有足够的能力与帝国主义抗争。再造社会和再造国家的同时，社会和国家之间的联系也将会以一种全新的姿态呈现。这就是摆在所有政治力量面前的任务。

只有共产党实现了这个任务。也只有它实现了对社会的改造，以一种全新的形式重建了社会和国家之间的联系，并在此基础上再造了国家。不同于俄国十月革命，中国共产党并未那么幸运地通过某个戏剧性的事件夺取政权。它在诞生之后不久即走向穷乡僻壤，走上了22年漫长的斗争历程。所以，从一开始它就不是一个国家政权赋予的强制性权力的运用者，而是一个几乎和普通农民平起平坐的社会活动参与者。为了得到民众的支持，就必须顺应他们最基本的要求。共产党所带来的社会革命，其首要目的就是使普通农民获得最基本的社会权利——土地以及附着于土地之上的生存

---

① 关于第三领域概念的提出，以及对第三领域所孕育的权力关系的研究，参见《中国的“公共领域”与“市民社会”？——国家与社会间的第三领域》，载黄宗智：《经验与理论：中国社会、经济与法律的实践历史研究》，中国人民大学出版社2007年，第159～176页。

② 对20世纪中国的全面危机及其对中国共产党政治文化的影响，参见邹谠：《论中共政党国家的形成与基础》，载邹谠：《中国革命再阐释》，香港：牛津大学出版社2002年。

权。没有任何权利比生存权更基本的了。因此，中国革命在其最根本的起源上，是一场解决农民生存权的革命。生存问题本身就是经济问题。因此，共产党的政治斗争在其最初的形态上就是围绕经济事务的斗争。因此，在共产党的政治文化里，政治对经济的介入从一开始就是存在的而且是当然的——非此不足以解决绝大多数农民的生存权问题。

所以，从这个意义上说，中国革命一开始就不是一场争取抽象的政治权利的革命，而是一场争取具体的经济权利的革命。① 革命所具有的这种性质，根源于中国社会的结构性危机——农业内卷化对普通农民带来的巨大生存压力。

中国革命既是一场政治革命也是一场社会革命，这一根本性质决定了中国共产党的全能主义政治文化，这种政治文化随后在新中国成立之后的经济建设过程中继续展现。1978 年的改革开放，并没有为这种政治文化画上句号。单就政治权力对经济事务的介入来说，全能主义甚至更加突出的成为党和国家干部、尤其是地方干部政治文化的首要特点。

不可忽略的是，全能主义这个概念并不仅局限于描述党政干部的政治文化，它也刻画了普通农民是如何看待政治权力和经济事务之间的关系的。在当下的中国乡村，全能主义政治文化的另一面是，农民对政治权力介入经济事务抱持一种实用主义的态度，他们不否定政治权力介入经济事务的正当性，但同时这种正当性必须在实践中加以验证。

除了全能主义政治文化，中国革命遗留给当下乡村人民的，是集体土地所有制。从这个意义上，中国革命并非终止于 1949 年，此后在社会经济领域继续发生着广泛的变革，这些变革是中国革命不可分割的一部分。这也正说明了，政治变革仅是这场革命的一部分，在共产党取得政权、政治变革结束之后，社会经济层面的变革仍在继续，土地由私有变为集体所有就是这些变革中的一环。

集体土地所有制彻底改变了中国农村的社会经济结构。在本文经验研究的对象—— 耿店村，村干部介入经济事务时所运用的权力，包括规划未发包集体土地的权力、调整土地的权力、继续管理统一调出的土地的权力、对建棚农户采取强制性惩罚措施的权力，都是由集体土地所有制派生的。如果没有集体土地所有制，这些权力立刻消失。在当下的中国乡村，村干部的权力决定性地来源于集体土地所有制。

① 邹谠认为，从寻求具体的、依情况而定的社会、经济权利如土地权利出发，中国革命建构了“群众”与“群众路线”概念。形成对照的是，西方文明从追求抽象的、普适的政治权力出发而建构了“公民”和“公民社会”概念。参见《二十世纪中国政治——从宏观历史与微观行动的角度看》，（香港）牛津大学出版社 1994 年版，第 4 ~ 7 页。

同时我们看到，集体土地所有制使技术革新的收益，能够更平均地在整个村庄共同体内扩散。通过集体调配出土地建造大棚，降低了大棚产业的准入门槛，使更多的村民可以享受大棚的高收益。耿店村的经验说明，土地集体所有与农民的权益并不存在必然的矛盾。集体土地所有制下农民权益的保障，是通过确保其承包权来实现的。中央严厉要求确保在30年承包期内不得调整土地，进一步维护了农民在集体土地所有制下的权益。而在农民自主自愿的情况下进行土地流转，是在确保农民对于集体土地的承包权的同时，促进村庄经济发展的一个手段。在不允许动承包地的前提下，村干部调地的权力则转变为协调土地流转的权力。

如本文在经验研究中所讲述的，贾寨乡党委政府对待本乡大棚产业的态度以及工作方式，经历了一个大的转变——从行政权力强力推动转变为以推广典型和提供服务为特点的软性扶持。这个过程是乡镇干部运用权力的具体形式发生变化的过程。上级工作要求重点从调整农村产业结构转向招商引资，固然可以部分地解释强制性的行政权力从大棚产业中的退却，但却无法解释，为什么乡镇干部的权力会以另一种新型的软性的形式再次介入到大棚产业中去。

这就涉及农民的行为选择对乡村干部工作方式的影响。上个世纪90年代中后期开始加速扩大的市场经济环境，不仅是乡村干部在运用权力时必须考虑的一个约束条件，而且，市场经济的发展，根本性地拓展了农民的选择集合。农民选择集合的拓展，带来了农民行为的多样性。这种多样性，使乡镇干部和村干部强制性地将权力运用于农民至上的社会经济基础日益遭到削弱。一个可以随时前往大城市打工的农民，已不受乡村干部的强制约束，而且打工收入也成了一个标杆，乡村干部任何推动农民增收的方案，必须要优于外出打工。在这种情况下，贾寨乡采取的推广典型、适当扶持、提供服务的工作方式，促进了本乡原本凋零的大棚产业的复苏。不同的是，在上个世纪90年代中期，农民是在种大棚蔬菜和种大田作物之间进行选择，这一次，农民是在种大棚蔬菜和外出打工之间进行选择。乡、村的服务和种种优惠措施，使农民依靠一个最新式大棚能够得到比打工还要好的回报，2006年之后贾寨乡的大棚发展就建立在农民对前者的选择之上。

乡村干部在约束下的行为，以及他们的行为选择与普通农民的抉择之间的相互影响，使我们想起一个曾经深入人心但现在却在一定程度上被遗忘的名词——群众路线。自然，这个名词首先是一种价值观。它和其他一切价值观念一样，也天然地涂着一层动人的玫瑰色。当我们作为一种价值观念使用这一名词时，不可避免地隐含着价值判断——把群众路线作为对党政干部的要求和规范，作为一种理想的政治氛围和社会风气来加以追寻。

然而一种价值观念，并不一定就是实践中的人的行为。在描述这一种具有感召力的价值观念的同时，群众路线也是刻画着一种具体的实践：它指的是干部和群众在面临各自的约束条件采取行动时，他们在持续的相互影响中调整自己行为的动态过程，其中尤其强调的是群众的行为抉择对干部的影响，以及这种影响在干部接下来的行为中的体现。和群众路线的价值观念不同，群众路线的实践则可能是鼓舞人心的或是失败的。也可能是在一连串的曲折起伏中逐渐接近它所蕴含的价值观。贾寨乡和耿店村的实践展现的就是后者。本文重提这一名词，并且与经验研究进行连接的原因就基于此。

干部在介入经济事务时的全能主义政治文化、农民对这种介入的实用主义态度、来源于集体土地所有制的村庄治理权力这种种因素共同构成了在当下中国乡村经济的变迁中，干部和群众互动的基础。这一基础的各个组成部分，如前所述，就来源于中国的社会主义革命。或许未来改革的方向既不应该是简单地将政治权力从经济事务中彻底清除出去，也不应该是冲动式地运用这种权力。全能主义政治文化既可能带来经济发展的挫折，也可能带来经济腾飞的奇迹。关键的是，通过改革进一步扩大普通民众在参与经济事务时的抉择的可能性集合，并且确实地保证其基本的权益。普通民众自由抉择可能性的扩大和经济权益的不容侵犯，将会对全能主义的政治权力做出有效的规制，促使这种权力的运用者更加合理地处理他所掌握的权力与经济事务的关系。

中国近代金融同业组织参与金融立法之考察

——以上海银行公会为例

王红曼*

摘　要　在中国近代社会转型时期，伴随着民族金融业的发展，金融同业组织均以不同的方式积极参与金融立法活动，对中国近代金融法制变迁产生重要影响。本文以上海银行公会为例，探索上海银行公会参与近代金融立法的途径和特征，剖析其对中国近代金融法制建设的作用和意义，从一个侧面揭示中国近代金融同业组织与金融立法变革的关系。

关键词　中国近代　金融同业组织　金融立法　上海银行公会

一、金融同业组织是金融立法活动中的重要参与者

中国近代金融组织，主要是指银行公会①、钱业公会②、保险公会③、证券业公会④

---

* 王红曼，华东政法大学科学研究院副教授。

① 1918年7月8日，中国、交通等12家银行召开上海银行公会成立大会，宣布近代第一家银行业同业组织——上海银行公会成立。此后，全国陆续出现天津银行公会、汉口银行公会等多家银行公会。据调查，1922年时，各地银行公会会员计为：上海21家、北京22家、天津19家、汉口11家、杭州7家、南京7家、蚌埠5家、济南9家。

② 上海钱业公会，1917年由南、北两市钱庄共同组织，领导上海钱业，每日早晨公议洋厘及银拆。1920年，汉口钱业成立了钱业公会。此后，全国各地许多城市相继成立了钱业公会，成为中国近代金融同业组织的重要组成部分。

③ 详细内容请参见中国保险学会、《中国保险史》编审委员会：《中国保险史》，中国金融出版社1998年版，第93~99页；杨东霞：《中国近代保险立法移植研究》，法律出版社2009年版，第70~75页。

④ 1914年上海股票同业共同发起成立“股票商业公会”，设立时有会员12家，其后增至15家，是为中国近代有“证券商”同业公会之始。由于1914年颁布的《证券交易所法》规定证券交易所以股份公司为组织形式，故上海股票商业公会未能演变成会员制交易所，最后改组为股份制证券交易所，于1920年5月20日成立上海华商证券交易所，但其股东基本为原同业会员，交易习惯亦多受原同业公会时规则的影响。参见刘逖等著：《上海证券交易所史（1910—2010）》，上海人民出版社2010年版，第67页；王志华：《中国近代证券法》，北京大学出版社2005年版，第146页。

等同业组织。这些金融同业组织和其他行业一样，均以不同的方式参与了中国近代金融立法活动，既维护了同业的合法权益，也为政府金融政策和措施的制定与调整提供了依据，同时还在一定程度上维护了国家金融立法及执法行为的可操作性。而政府亦把金融组织视为金融政策的重要咨询对象，在法规的制定或颁行过程中听取其意见。例如：

（一）保险公会。自清光绪三十三年（公元1907年）成立了华商火险公会（此即上海市保险业同业公会的前身）。公会实行会长制度，公推朱葆三为会长。该会于1917年改名为华商水火险公会。1929年8月国民政府公布《工商同业公会法》后，该公会又遵照规定进行了改组，到1931年10月改名为上海市保险业同业公会。此外，天津、营口、滨江、南京、汉口、温州等地的保险业同业公会也先后成立。1933年4月，南京国民政府聘保险法专家王效文起草《保险业法》，期间几经修改，于1937年1月11日与《保险法》同日公布。就是在《保险业法》制订伊始和制定出来后，立法院商法委员会都多次恳请上海市保险业同业公会提供建议和意见，为此，上海保险业同业公会特别召集会员大会分组讨论，提出了许多宝贵有价值的意见，并得到立法院商法委员会的采纳，采纳率达到75%。这充分说明，南京国民政府时期随着立法思想的成熟，在移植西方法律时非常重视本国同业公会的意见。①

（二）证券业公会。1914年秋上海股票商业公会成立，同年12月29日《证券交易所法》出台。上海证券物品交易所、上海华商证券交易所先后于1920年和1921年在各自内部建立起经纪人公会，作为对经纪人进行自律管理的重要组织。1929年6月上海华商证券交易所的经纪人公会，扩大组织成立了上海华商证券业同业公会，并加入上海市商会为会员，制定《上海市证券业同业公会章程》，将该公会定名为上海市证券业同业公会，简称上海市证券业公会。② 南京国民政府为制定新的《交易所法》，立法院商法起草委员会，函请金融界推举代表列席讨论，发表适当意见，以备立法院编定交易所法时采择。经过反复讨论，征求意见，国民政府工商部于1929年10月3日颁布了《交易所法》，次年6月1日正式施行。③ 1935年初，国民政府立法

---

① 杨东霞：《中国近代保险立法移植研究》，法律出版社2009年版，第75页。

② 参见刘志英：《近代上海华商证券市场研究》，学林出版社2004年版，第312～317页。

③ 1929年的《交易所法》与1914年的《证券交易所法》相比较，有几个不同之处：（一）废除了带有浓厚歧视妇女的封建色彩的条文——妇女不能作为经纪人或交易所职员，而增加了"无行为能力者"（即指未满20岁的未成年人或心神丧失或耗弱的残疾人）不得为交易所之经纪人或会员。（二）规定经纪人或会员分为自然人和法人两种；并明确规定交易所职员的任期年限为三年。（三）加大了对违法行为的打击力度。如对交易所之职员与鉴定员有收受要求或约定贿赂者，处三年以下徒刑或一万元以下罚金，并没收其非法所得。该法条例同1914年的《证券交易所法》相比较更趋完善，许多方面都是针对证券交易实际运作过程中的具体问题而提出的法律解决方案，使当时中国的证券交易立法更加适应市场管理的需要。

院根据新的情况，为防止公务员投机，对实施五年的《交易所法》提出进行重新修订。在修订前，经财政委员会与商法委员会两会议决，派委员陈剑如、史维焕、郑洪年赴上海进行实地调查，并召集上海各交易所理事长及经纪人公会负责代表召开谈话会。征求意见后，立法院提出了修改条例，在报上公布，但却引起了上海市五交易所经纪人公会的强烈反对，后经反复讨论、辩论、表决，最后经立法院会议通过《修正交易所法》。

（三）钱业公会。钱庄作为中国近代三大金融势力之一[①]，在南京国民政府1931年颁布《银行法》、1934年实施“废两改元”以及1935年法币改革等一系列立法变革中，既有站在维护同业利益与政府相互斗争的一面，也有站在国家利益大局上积极配合政府的一面。例如，钱业公会针对所谓“银行法”与国民政府当局进行了争执，并通过各种努力呈请国府另订《钱庄法》。秦润卿作为上海钱业公会会长，在接受新声社记者采访时，从钱银两业的不同特点，分析和强调了钱庄业以信用放款为主，属中国数百年来旧习惯，在内地“调剂农商者，有非此不可之势。”在调剂乡镇农工资金方面具有现代银行无法具备的优势，因为银行业当时仅分布于通都大邑。假使钱庄附庸于银行法内，“以中国幅员之大，国家在目前未能遍设农工银行之时，一旦原有钱庄受条例限制，不能维持现状，则乡镇农工资金，势必不能周转”。作为上海钱业同业公会创办的《钱业月报》也认为：“庶银钱二业之机能，各能就其优点发挥光大，斯不独二业之公望，抑亦立法者所应具之态度也。”[②] 虽然要求另立《钱庄法》并未成功，但也导致此后国民政府出于各种利益之权衡和顾虑，《银行法》也并未实施。

总之，在中国近代，金融同业组织作为一种业缘性的企业团体，旨在维护同业的经营权益，并随着近代中国政治、经济领域的新变化，不断受到冲击和挑战，出现与政府利益之间的合作与博弈，因此，各个金融同业组织在政府修订各类金融法规的过程中的确有着不同的影响力和作用力。由于中国近代金融市场以银行业占主体，加上近代半殖民地半封建社会性质的复杂性特征，导致现实运行中的银行业管理制度面临着更大的危机与挑战，如何加强管理和整合行业资源，加强银行业组织与政府金融立法的互动，继而推动立法向适应金融市场和行业特征的方向发展，自然成为了中国近

① 钱庄，是传统中国金融机构之一。在近代早期三大金融势力是钱庄、票号和在华外国银行；1911年后是钱庄、外国在华银行和华商银行。

② 中国人民银行上海市分行编：《上海钱庄史料》，上海人民出版社1960年版，第212~216页。

代最有影响力的银行公会①参与金融立法活动的原因与理由。上海银行会会②不仅为配合国民政府的“废两改元”和“法币政策”而采取合作态度，积极支持政府进行相关立法外，同时也为修订不利于银行业利益的经济法规进行过多次努力，并对银行公会章程、币制改革、票据清算制度、银行法修订等方面的金融法制演进发挥出积极作用。

二、上海银行公会参与金融立法活动的缘起

上海银行公会的产生，是与20世纪初政府积极倡导和支持全国兴办商会的政策密不可分的。早在1904年，清政府即颁布《商会简明章程》，规定凡属商务繁富之区，不论省垣或城埠，均应设立商务总会，商务发达稍次之地则设商务分会，前此所设商务公所等组织一律改为商会③。到了北洋政府时期，随着华资银行业的兴起和发展，政府倡议各地银行业创设银行公会，并于1915年8月颁布了《银行公会章程》④，对银行公会设立的条件、组织形式与社会功能均做了详细规定，为银行业同业组织订立章程提供了蓝本⑤。该章程的颁行得到了各地银行业管理者的普遍欢迎，各地银行公会基本是以此为法律依据而组建。

上海银行公会正式成立于1918年7月，是20世纪中国最活跃也最富实力的商人团体⑥组织之一。它的主要发起者是中国银行、交通银行、上海商业储蓄银行、浙江实业银行、浙江兴业银行、中孚银行等银行的负责人，如张嘉璈、宋鲁、陈辉德、钱永铭、李铭、徐新六、叶揆初、徐寄庼、盛炳纪、孙元方等人⑦。他们主要来自江浙地区，通过享用同乡关系的“地缘”资源的同时，也充分利用了上海银行界同行

① 抗战前，上海银行公会的实力和影响力最大，抗战后，随着金融中心西移重庆，重庆银行公会的影响力最大，并为战时国民政府的金融立法提供了许多制度上的建议与影响。不同城市的银行同业公会均不同程度地参与了国民政府金融立法活动，这方面的内容极丰富，有待另文再述。

② 参见吴景平：《上海银行公会改组风波（1929—1931）》，载《历史研究》2003年第2期；郑成林：《从双向桥梁到多边网络——上海银行公会与银行业（1918—1936）》，华中师范大学出版社2007年版，第13页；王晶：《上海银行公会研究（1927—1937）》，上海人民出版社2009年版；张天政：《上海银行公会研究（1937—1945）》，上海人民出版社2009年版。

③ 《商会简明章程》，载《东方杂志》第1卷第1号，1904年3月11日。

④ 1918年时政府修订了该章程。

⑤ 中国第二历史档案馆、中国人民银行江苏省分行、江苏省金融志编委会合编：《中华民国金融法规档案资料选编》（上册），档案出版社1989年版，第313～315页。

⑥ 商人团体是由具有某种共同利益关系的经济单元和个人联合组成，旨在保护和谋求成员利益的群体组织。

⑦ 姚会元：《江浙金融财团研究》，中国财政经济出版社1998年版，第120～121页。

“业缘”力量，希望共同谋求银行业的独立发展，进一步提升华资银行业的整体实力和地位。

上海银行公会的成立标志着新兴银行家阶层的崛起，他们对先前即1915年春天发起的“暂定以聚餐办法，集各行要人每日面叙一次，籍以讨论一切”[①]的同业组织提出了新的制度要求，迫切需要组建一个能体现他们群体思想意识和价值观念的同业公会，并将该公会作为一种制度系统按一定规则、有秩序地运作，以发挥其行业组织的功能。[②]

上海银行公会成立初，只有会员银行12家，1927年上升到25家。1929年至1931年改组期间，尽管中华懋业和农商等银行因故停业被迫退会，但公会会员数目却没有下降，这主要是因为中国垦业和国华等银行先后申请入会。改组后，申请入会的银行日渐增多，1931年底有会员银行26家，1934年增加到33家，1936年增至43家，几乎囊括了当时上海资力最强影响、最具实力的华商银行。至抗战前，会员银行增至45家，约占当时上海华商银行总数的50%[③]。

上海银行公会的崛起与壮大，是与上海金融中心的地位分不开的。“上海成为全国最大的和最重要的金融中心，是在1927年南京国民政府建立之后。”[④]南京国民政府成立以后，在继北洋政府时期的金融基础上，上海金融业得到更迅速的发展。由于上海实为我国最大商埠，运输便利，工业发达，为我国对外贸易的咽喉，输出输入日益繁盛，且当时国内外汇兑市价，多以上海为标准。如果从金融与商业的关系考察，上海的金融实力已超过北京，因为北京的银行有许多主要从事公债买卖与承揽政府的借款，资力并不雄厚。但是上海却由于在地理位置上靠近南京，更容易获得政府对金融业的关注与扶持，许多家银行都将总行或重要分行设立于上海。特别是1928年11月1日中央银行宣告于上海成立后，中国、交通两行总行亦迁入上海，其他银行的经理们明白金融中枢机构不相应南迁，就可能失去与新的中央政权直接相关的那部分金融业务。之后，在中国金融界北派领袖吴鼎昌的带领下，中南、大陆、金城、盐业等银行也纷纷迁沪，密密麻麻扎堆外滩及附近区域。外滩15号（央行行址），那幢以

① 中国通商银行编：《五十年来之中国经济（1896—1947）》，沈云龙编：《近代中国史料丛刊续编》（第九辑），台湾文海出版社1947年版，第58页。

② 关于行业组织制度功能的思考和启发主要来源于彭南生：《论近代中国行业组织制度功能的转化》，载《江苏社会科学》2004年第5期。

③ 郑成林：《从双向桥梁到多边网络——上海银行公会与银行业（1918—1936）》，华中师范大学出版社2007年版，第73页。

④ 吴景平主编：《上海金融业与国民政府关系研究》，上海财经大学出版社2002年版，第1页。

天然石块堆砌起来的三层建筑，成为辐射全中国经济的磁场。[①] 上海作为全国的金融中心地位开始确立。

当时，被《民国二十三年度中国重要银行营业概况研究》列为重要商业银行的有中国通商、浙江兴业、四明商业储蓄、浙江实业、广东、中华商业储蓄、聚兴诚、新华信托储蓄、上海商业储蓄、盐业、中孚、金城、华侨、中国农工、大陆、东莱、永亨、中国实业、东亚、中兴、中南、国华、中国垦业等银行。其中广东、东亚银行总行在香港，聚兴诚银行总行在重庆（一度迁至汉口），华侨银行总行在新加坡，大陆银行总行在天津，中兴银行总行在菲律宾，其余各家总行都在上海。[②] 据统计，1935 年全国银行 164 家，总行设在上海的有 58 家，占 35%。在上海的 43 家银行公会会员银行中，有 35 家总行在上海，占 81%，加上设在上海的分支行，共有银行机构 182 个。此外，还有 12 家信托公司，48 家汇划钱庄，4 个储蓄会，1 家邮政储金汇业局。[③]

上海不但金融机构多，而且资金集中也十分突出。据统计，1936 年在沪银行、钱庄和信托公司的资力估算为 327191 万元，占当时全国金融业资力合计 683920 万元的 47.8%。上海 58 家银行总行中有 28 家在内地开设了 629 个分支机构[④]，此外还建立数千个通汇点，不但全国主要城市有它们的分支行，甚至小城镇也设有办事处和寄庄，构成了一个全国性的金融网。[⑤] 上海位于这个网络的中心，是金融决策地和指挥所，已经是名副其实的金融中心。

由于上海金融市场在全国处于中心地位，因此上海银行公会的活动范围和网络体系建构，在当时已具有相当大的吸引力、凝聚力和社会影响力。这主要是因为上海银行公会自成立时起，即以强化本行业自律管理和维护银行业合法权益，平衡协调银行间利益和维护上海金融市场秩序，扩大组织影响力和促进金融业现代化为其主要职能。为此，公会积极拓展其活动范围，除继续加强金融财政方面的活动外，还在慈善事业、商业考察、民族主义运动和外交活动等方面发挥着积极作用，不断提升其在地方和中央政府政治架构中的地位和作用。对推动上海金融中心建设起到了重要作用，

---

① 天一马：《1928 年，宋子文看中了上海滩——关于上海金融中心的传说之一》，载《浦东开发》2011 年第 1 期。

② 叶世昌、潘连贵：《中国古近代金融史》，复旦大学出版社 2001 年版，第 282 页。

③ 洪葭管：《20 世纪的上海金融》，上海人民出版社 2004 年版，第 197 页。

④ 中国银行总管理处经济研究室编：《全国银行年鉴（1937 年）》，（出版地不详）：编者 1937 年版，据 A47～48 页表统计。

⑤ 洪葭管：《20 世纪的上海金融》，上海人民出版社 2004 年版，第 198 页。

自然成为国民政府不容小觑的金融同业组织之一。

就其参与金融立法活动而言，主要是由于金融的安全性、盈利性和流动性是导致金融市场发展不平衡的重要因素，上海银行公会作为一种经济团体，其行业利益的冲突是影响它积极参与政府金融立法活动的重要原因。面对共同的金融市场，上海银行公会以相应的共同利益诉求为基础，将其政治功能、经济功能与社会功能相统一，重点围绕金融行业中的经营效率、企业利润、市场发展、公平竞争、行业规范、金融业务、金融监管等具体内容，以各种方式积极参与各层面的金融立法活动，对中国近代金融法制变迁产生了重要影响。

三、上海银行公会参与金融立法的内容

上海银行公会作为中国近代著名的同业组织之一，是伴随着中国传统社会向现代社会转型的过程而不断发展成长起来的，这一过程，也是中国传统法制向现代法制转型的一个过程，不仅中国传统的法律制度和法律体系发生了重大变化，社会成员的法律意识、法律理念、法治参与程度等等也发生了变化。因此，上海银行公会作为一种民间力量，通过参与金融立法活动，极大地推动了中国近代金融法制近代化进程。主要有以下三个方面的内容：

第一，在内部层面。在上海银行公会成立初期，即制定了公会章程作为会员行为和会务运作的规范，并参照公司实行董事制度。随着组织的发展，上海银行公会陆续增订了许多规范条例，以强化职员的权责以及有效地监督和约束会员银行的经营行为。例如，《公共准备金规则》《行市委员会组织法》《金业与银行互守规约》①、《收兑破损兑换券办法》②、《检定华商汇兑经纪员章程》《上海银行公会检查部规则》《会员银行国外汇兑业务检查规则》《会员银行钞券准备金检查规则》《会员银行储蓄处检查规则》《上海市银行业同业公会作成票据拒绝证书规则》等。此外，1931 年 12 月 5 日上海银行公会成立银行学会时，还制定了《银行学会章程》。这些章程规则几乎涵盖了上海银行公会所经办之事宜，有助于健全公会的组织制度，同时也反映公会会务的扩展，体现公会运作中“法治”成分的上升。这些行规行约在一定程度上

---

① 此规约是 1927 年上海银行会会与金业公会就两业汇兑事宜拟订的。

② 该办法共 10 条，主要是对破损兑换券的兑换比例以及不予兑换的种类做了明确规定。该办法不仅统一了各行的经营行为，对持券人也有指导作用，在一定程度上弥补了中央银行职能的不足。

维护了上海金融市场秩序，促进了银行业和社会经济的稳定与繁荣。[①]

第二，在地方层面。（1）拓展银行网络体系。1927 年 4 月 8 日，上海银行公会为应对复杂的政局，发起成立上海银行业联合会，并颁布《上海银行业联合会简章》[②]。此后，上海银行公会鉴于当时上海金融市场存在着外商银行业、钱业和华商银行业的三足鼎立局面，而自身实力仍很薄弱的情况，决定与上海钱业公会和外国银行公会合作，组建中外银钱业联合会。几经周折，1929 年 3 月 21 日，上海中外银钱业联合会正式成立，同时颁布了《上海中外银钱业联合会章程》[③]。该章程“以提倡上海中外银行合作为宗旨”，不仅有助于加强三者在上海金融市场上的联系，还由此推动了上海华商银行业进入了长期由外商银行掌握的国际汇兑业务领域。

（2）积极维护上海金融市场秩序。上海银行公会成立后，于 1920 年 7 月制订了《上海银行营业规程》共 16 条，获财政部和农商部的批准，得以正式施行。1931 年改组后，积极修正《上海银行业营业规程》，于 1932 年 8 月 23 日颁行修正后的“规程”，同时更名为《上海市银行业业规》共 9 章 31 条。次年，经财政部和上海市政府备案，《业规》正式施行。此外，还颁行了《上海市各银行保险箱租用规则》和《上海市银行仓库营业规则》，加强对上海市银行经营行为的监管，甚至还将非会员银行的经营也纳入公会的监管范围。[④] 1936 年 6 月修订了《上海市银行业业规》共 9 章 30 条，该法规在战时仍然是上海银行公会会员行营业依据之一。抗战初期，上海银行公会积极辅助政府维持上海金融市场的稳定，其中，许多意见为国民政府财政当局所采纳，成为国民政府战时金融法规的组成部分，形成《非常时期安定金融办法》补充办法。另外，上海银行公会还制定了《同业汇划拆放暂行办法》。1939 年时，为配合第二次限制提存，制定了《第二次限制提存办法》7 条，并先后公布《上海银钱业调整同业汇划办法》《上海银行业联合准备委员会同业汇划领用办法》《上海银行业同业公会联合准备委员会发行汇划证简则草案》，为上海金融业进行业务活动提供了基本准则和制度[⑤]。

（3）促进上海票据市场发展。从 1922 年开始，上海银行公会就着手组织票据交

---

① 郑成林：《从双向桥梁到多边网络——上海银行公会与银行业（1918—1936）》，华中师范大学出版社 2007 年版，第 93、159 页。

② 《上海银行业联合会简章》，载《申报》1927 年 4 月 9 日，第 15 版。

③ 徐寄庼：《最近上海金融史》，大东图书公司印行 1978 年版，第 166 ~ 167 页。

④ 郑成林：《从双向桥梁到多边网络——上海银行公会与银行业（1918—1936）》，华中师范大学出版社 2007 年版，第 77 页。

⑤ 张天政：《上海银行公会研究（1937—1945）》，上海人民出版社 2009 年版，第 47 页。

换所，当年2月票据交换所筹备委员会成立。由徐寄庼、徐沧水等人起草的《上海票据交换所章程草案》在《银行周报》上公布①。到了1933年1月，上海银行公会筹组了十余年的票据交换所终于正式成立。上海银行公会先后出台了《上海市银行业同业公会联合准备委员会票据交换章程》《上海市银行业同业公会联合准备委员会票据交换所暂行罚金规则》及施行细则、《上海市银行业同业公会联合准备委员会交换银行代理本市分行支店票据交换办法》等规则，对票据交换时间、程序、惩罚措施等内容做了明确规定，极大地促进了上海市票据交换的规范运行。随着票据交换业务的发展，1935年7月上海银行公会决议委托联合准备委员会筹建银行票据承兑所，以拓展银行票据业务。次年3月16日，上海银行票据承兑所正式成立，并颁布《上海银行票据承兑所委员会组织规程及所员银行公约》，凡是联合准备委员会的委员银行与交换银行，均得加入为所员银行。

第三，在国家层面。上海银行公会通过合作、抵制、妥协、辅助等多种方式参与了政府的金融立法活动。例如：

（1）关于“两税法”。1931年7月，南京国民政府财政部提议征收银行兑换券发行税，并于8月1日由立法院正式公布《银行兑换券发行税条例》，同时通过《银行业收益税法》八条。按照两项税法规定，就普通银行而言，均须缴纳收益税，而对发钞银行而言，还必须另行缴纳发行税。此举直接影响到具有发钞权的银行利益。由于历史原因，当时不少商业银行仍享有发钞权。上海银行公会中即有9家会员为发钞行②。上海银行公会为维护同业利益，减少损失，展开一系列活动，广泛征集同业意见，另致电北平、天津、汉口银行公会，希望通过同业努力，使两税法“最好办到免征，次则请缓征，至少也须将征收条例修改妥善，再行施行”③。财政部长宋子文获悉上海银行业意见后，明确表示征收兑换券发行税势在必行，令公会及会员一体遵照④。不久，上海银行公会改组后，仍继续努力与财政部交涉。1932年10月，经双方协商，最终达成妥协，财政部不得不将税率定为依实际保证准备额1.25%征收，对于发行准备的规定改为“银行发行兑换券应具十足准备金，至少以六成为现金准

① 何益忠：《归国留学生与上海华资银行业的进步》，载《史林》2000年第3期。

② 这9家发钞行是：中国、交通、中南、四明、中国实业、中国通商、浙江兴业、中国垦业、中国农工。其中尤以中国、交通两行的发钞量最巨，占国内发行总数的大部。

③ 《上海银行公会致平津汉银行公会函》，1931年8月3日，上海银行公会档案S173-1-54。

④ 《财政部训令上海银行公会电》，上海银行公会档案S173-1-54。

备，余为保证准备，其现金准备部分得免征发行税”①。修正法于1932年11月12日奉令颁行。

（2）关于“所得税法”。1936年9月2日，南京国民政府决定开征所得税，并颁布《所得税暂行条例》，该条例规定：将所得税分为三类，即第一类为营利事业所得税，第二类为公务人员薪给报酬所得税，第三类为公债、存款利息所得税。第二、三类所得税自1936年10月1日开征，其余自1937年元旦开征。该条例颁布后，上海工商界及市民组织各团体纷纷表示，该税法施行过于仓促，税率也有不合理之处，曾联络同业向政府提出修改意见，重点是针对第一、二类所得税；而最为上海银行公会所关注的是第三类所得税，尤其是存款利息所得税。上海银行公会认为开征存款利息所得税，不仅手续困难，而且容易引起资金逃避。又因所得税为首次创办，困难重重。以此为由，公会先后三次呈请财政部缓办，并组织“研究所得税小组委员会”，对所得税问题深入研究。上海银行公会经反复研究，初步拟定呈稿，“如果财政部按期推行所得税，则请财政部体恤缴扣机关手续繁琐，在所征收的5%存款利息所得税总额中，酌给经手银行手续费2%。而银行方面并不将此手续费归入银行实收，而是将其转还于存户，以减轻存户负担”②。随后，陈光甫、李铭等人晋谒财政当局并围绕此呈稿精神声述理由，并请给予批示。最终财政部准于所扣缴的税款中拨给1%的手续费，使之转益于存户，但对外不能公开有拨给手续费之说。③ 通过努力，上海银行公会维护了银行业自身利益。

（3）关于银行法。主要有：

其一，1924年北洋政府颁布的《银行通行法》及其施行细则，上海银行公会提供了许多建议，均被采纳，只可惜此法规当时未能得到施行。

其二，1927年国民政府公布《金融监理局组织条例》，规定金融监理局有权审核银行之章程则例、检查银行业务及财产、监察银行纸币之发行及准备，并负责审核各种金融机构的设立和注册，厘定一切金融法规和调查国内外金融状况等④。但该条例遭到上海银行公会的强烈反对。鉴于此，政府只好于1928年初将监理局的工作重点调整到主要配合政府整顿币制方面，并于同年8月31日撤销金融监理局，重设钱币

---

① 中国第二历史档案馆编：《中华民国档案资料汇编》第5辑第1编“财政经济”（四），江苏古籍出版社1995年版，第26页。

② 《上海市银行业同业公会第19次执行委员会》，1936年12月29日，上海银行公会档案S173－1－71。

③ 王晶：《上海银行公会研究（1927—1937）》，上海人民出版社2009年版，第190～191页。

④ 中国第二历史档案馆、中国人民银行江苏省分行、江苏省金融志编委会合编：《中华民国金融法规档案资料选编》（上册），档案出版社1989年版，第524～526页。

司以管理金融事宜。次年，财政部在吸取全国经济会议和上海银行公会的意见与建议的基础上，颁行了《银行注册章程》及施行细则。①

其三，1931年2月28日，立法院通过了由马寅初主持制定的《银行法》。该法出台后，上海银行公会在总体持肯定态度的同时，也认为该法的许多条款没有考虑银行营业之需要，脱离了中国银行业的经营习惯。为此，公会立即呈文财政部，希望暂缓颁布，并在《银行周报》上连续发表专家之评论和召集全市银行会议，并积极联络各地银行公会以共同呈文政府等方式来表达对《银行法》的意见。4月底，上海银行公会汇总各方意见编制了《上海、汉口、北平银行公会联合意见书》，并将此意见书分发给各地银行，同时刊载于《银行周报》。② 尽管政府最终未采纳公会意见对《银行法》进行修改，该法也因各种原因未付诸实施，但公会的上述努力表明，维护同业利益并向政府提供政策咨询是其职责之一。

其四，1933年10月，立法院商法委员会着手起草《储蓄银行法草案》，并于11月初分送财政部和上海银行公会征求意见。公会对此事很重视，随即成立“储蓄银行法审查委员会”，负责汇总各行意见，拟具出《储蓄银行法意见》21条，直接呈送立法院和财政部。1934年2月，财政部根据上海银行公会所提意见对《储蓄银行法草案》加以修订，制成《储蓄银行法修正案》20条。但后来证实此次修正案并未采纳上海银行公会所提出的意见，且与第一次草案也有较大出入。上海银行公会获悉后，请求立法院缓交大会通过。立法院在综合各方意见后，于5月再次拟定《储蓄银行法修正案》18条。此次修正案虽对上海银行公会的意见有所采纳，但双方在某些重要问题上仍存在着很大分歧，上海银行公会决定继续呈请修改。

几经交涉，6月22日立法院修正通过《储蓄银行法》17条，原草案虽采纳了公会的部分意见而进行修正，但该法在存款限度、农村放款、债券保证、储蓄查账方法等方面与公会仍有意见冲突，但国民政府仍于7月4日将该法明令公布，并训令上海银行公会，政府将对各银行储蓄部的账目进行检查，责令公会转知各银行抄送存放款明细表。并命令各银行按照该法第9条，将储金总额1/4购买政府证券，并按照市价实折数目交存中央银行保管。在财政部强硬态度下，上海银行公会只好配合执行第9条，各行陆续缴存证券及资产于中央银行，总数约达8 000余万元。鉴于双方各有妥协，该法除第九条施行外，其他条款均未实施，直到1936年，政府才决定重新修订

① 郑成林：《上海银行公会与银行法制建设述评（1927—1936）》，载《华中师范大学学报》（人文社会科学版）2004年第4期。

② 郑成林：《上海银行公会与银行法制建设述评（1927—1936）》，载《华中师范大学学报》（人文社会科学版）2004年第4期。

《储蓄银行法》。[①] 由此可见，上海银行公会在尊重政府立法的前提下，积极提出维护本业利益的意见，致使政府的法令条款不致仓促施行。从这个角度来说，上海银行公会所起的作用值得充分肯定。

（4）关于票据法。1922 年北洋政府修订法律馆成立特别委员会，由王凤瀛[②]、李炘、许藻镕、周继骈、罗鼎等五人组织成立了票据法编纂会，共同草拟票据法。[③]"该会不但调查各地的票据习惯，而且参照'志田案'"[④]。同时，该会还详细考察世界各国票据立法。该编纂会拟定的票据法草案共经历了五次草案。[⑤] 历次草案都分送各地商会、银行公会、钱业公会征求意见。上海银行公会均积极参与其中，8 月，上海银行公会决定在公会内专门组织一个票据法研究会，主要成员有徐沧水、姚仲拔、朱成章、杨介眉、孙景西等 18 人。8 月 12 日，票据法研究会即召开第一次会议，公推孙景西为主席，并决定从调查入手，制定一份表格送各埠调查其票据使用及习惯，为票据法的拟订收集相关资料。11 月时，在各地票据调查情况汇集于上海银行公会后，公会采取集体讨论，并拟具意见书送请审核。旋因修订法律馆改组而中辍。[⑥]

南京国民政府时期的票据立法是建立在上述票据法五草案基础上的。1928 年 7 月 29 日国民政府工商部工商法规讨论委员会正式成立，委员徐寄庼提议继续起草票据法草案[⑦]。自 8 月 23 日，在上海开会讨论，历时两个月开会 20 余次，会议决定采用北洋政府时期修订法律馆"第五次草案"，并参酌金融监理局之新案[⑧]及上海银行公会之意见书[⑨]而成。以此为基础，工商法规讨论委员会拟定了《票据法草案》"第

① 王晶：《上海银行公会研究（1927—1937）》，上海人民出版社 2009 年版，第 177～186 页。

② 王凤瀛，湖南湘潭人，1896 年生，美国芝加哥大学哲学博士，曾任国立劳动大学教务主任，中央政治委员会教育专门委员会委员，中央大学教育教授兼注册组主任等职。曾撰有关于票据立法方面的论文，如《起草票据法之管见》发表于《法律评论》第 33～39 期，1924 年 2 月。

③ 《工商法规辑览》第一部《商事法规·卷一·票据法》，中华书局 1930 年版，绪言第 1 页。

④ 陈井星：《中华民国票据百科全书》（法令、判例、行规、实例），哈佛企业管理顾问公司出版社 1981 年版，第 1061 页。

⑤ 王红曼：《中国近代金融法制史研究》，上海人民出版社 2013 年版，第 218～221 页。

⑥ 谢振民编著：《中华民国立法史》，中国政法大学出版社 2000 年版，第 819 页；《工商法规辑览》第一部《商事法规·卷一·票据法》，中华书局 1930 年版，绪言第 1 页。

⑦ 《徐寄庼提议继续编订票据法草案意见书》，《工商法规辑览》第一部《商事法规·卷一·票据法》，中华书局 1930 年版，无页码。

⑧ 《金融监理局拟定票据法草案》，《工商法规辑览》第一部《商事法规·卷一·票据法》，中华书局 1930 年版，附录 2。

⑨ 《上海银行公会对于票据法草案意见书》，《二商法规辑览》第一部《商事法规·卷一·票据法》，中华书局 1930 年版，无页码。

一案”，共4章124条。第一章总则，第二章汇票，第三章本票，第四章支票。[①] 工商部为慎重起见，另聘专任委员详加审查，又经两个多月，拟定新案共4章142条并附说明及票据法原则57项，由工商部呈请行政院转送立法院审议并交财政部审查，即为该会“第二案”。之后，立法院又先后起草了《票据法原则》和《票据法草案》，但终未成行。几经商讨，最终由商法起草委员会以草案“第二案”为蓝本拟定《票据法》（共5章139条）呈送中央政治会议决议通过交由国民政府于1929年10月30日正式公布施行。

《票据法》第一章第1条即明确规定：“本法所称票据，为汇票、本票及支票”[②]，正式确立了“本票合一”的模式。第二章汇票则包括有：发票、背书、承兑、参加承兑、保证、到期日、付款、参加付款、追索权、拒绝证书、复本、眷本等内容；第三章本票；第四章支票；第五章附则。[③] 该法立法技术已相当成熟，对于票据理论联系实际的情况也有很大提高，对于票据行为的规定和票据种类的确定均完全按照国际通例、国际规则来规范，已相当先进。这是中国历史上第一部票据法，也是此后六十余年里中国唯一的票据法。建国后，我国1982年、1986年以及1995年的票据立法均以此为蓝本。

结　语

综上所述，上海银行公会积极参与中国近代各层面的金融立法活动，为中国近代金融法制变革与创新提供了重要的智力支持，对提高中国近代金融立法技术做出了许多贡献，对保证金融法律制度的制定和实施质量发挥了重要作用。

第一，以上海银行公会为主的近代上海金融同业组织在推进上海金融中心地位形成过程中所起的重要作用是有目共睹的。上海银行公会作为中国近代著名的工商团体，在以保护同业利益为主要职能的基础上，注重协调与政府的关系，加强与政府的交涉，提高同业的竞争能力与应变能力，为应对近代上海金融市场风险，进一步健全金融制度和发展上海金融业做出了突出贡献。

第二，上海银行公会参与金融立法活动，体现了民间意志与国家意志之间的交流

① 《票据法第一案》（目录），《工商法规辑览》第一部《商事法规·卷一·票据法》，中华书局1930年版，无页码。

② 中国第二历史档案馆、中国人民银行江苏省分行、江苏省金融志编委会合编：《中华民国金融法规档案资料选编》（下册），档案出版社1989年版，第853页。

③ 《工商法规辑览》第一部《商事法规·卷一·票据法·票据法全文》，中华书局1930年版，第1~2页。

与对话。对于各类金融立法，北洋政府和南京国民政府的立法当局尽量广开言路，广泛听取民间团体甚至个人意见，采纳银行公会提出的具有专业性和实践性的合理建议，促使立法部门与民间团体之间的互动，这些无疑促进了中国近代金融法律制度的本土化、规范化和近代化。

第三，由于金融企业是一个利润与风险并存的行业，金融同业组织的主张与政府之间既有相互配合、合作的一面，同时也有相互斗争、竞争的一面。因此，政府在立法时或出于金融监管之目的，或出于掌控金融利润之意图，均会对金融企业的部分权益与利润产生影响。这种情况下，只要政府与金融企业的任何一方利益受损，双方的矛盾与冲突就会在所难免。上海银行公会为了自身的利益，也与政府进行过合作与较量，公会有时对政府能施加影响，而有时实际结果仍难使人满意，说明中国近代政府干预与同业公会的社会效能之间存在着复杂的关系。

第四，上海银行公会积极参与金融立法活动，不仅对中国近代金融法制变革有积极的推动作用，同时还对当代金融法制建设有历史镜鉴意义：由于现实中各类金融同业公会组织在民间的重新兴起，特别是中国入世之后，现行的金融行业管理制度面临着更大的危机与挑战，如何加强管理和整合行业资源，加强行业组织与政府金融立法部门之间的互动，继而推动立法向适应金融现状和行业特征的方向发展，这就需要政府立法时要加强与金融业的沟通，促使政府立法部门与金融同业组织之间的联系。通过有效调节双方利益，为合理立法提供依据，进而为现行金融立法提供有益之制度性资源，有利于减少立法的盲目性、提高司法的可操作性和执法的自觉性。

改革前沿

法律方法在法律改革中的重要性

——以台湾地区为例

[美] 麦克塞内尔 (James R. Maxeiner) 著
吕玉赞 译*

编者按 尽管两岸之间法律文化的交流与沟通十分频繁，但台湾地区的“司法”改革长期以来并未得到充分重视，本文作者提出，尽管台湾的学者拥有相当多的关于西方法治模式的知识，但台湾学者应该意识到，通往法治的实践道路可以有不同的选择。在对德国法律体系、美国法律体系和日本法律体系的法治经验进行系统梳理后，本文作者提醒我们应该思考如何在不同的法治道路之间进行选择，并思考这些选择如何影响法律改革。作者从法律方法角度出发，证明并不存在实施法治唯一正确的道路，并提醒台湾的改革者不应确认哪一种外国法治是最佳的选择，而应根据台湾自身的情况发展出一套最适合台湾的方案。本书编者认为，这一问题的分析不仅可以使我们对台湾地区的“法律”改革情况有所了解，而且本文从法律方法角度着手进行分析的方式十分独特，可以为我们分析当下的法律与改革提供重要的启示。

一、引言

关于法律改革的讨论在整个东亚中如火如荼。不论在北京、东京还是在台湾地区，法律改革对“法治”的强化作用一直被论述。来自北京的学者询问他们能否在民主缺位的前提下实现法治。[①] 在东京，司法体制改革委员会把改革的目标确定为

---

* 山东大学法学院2012级博士研究生。

① 参见 Wei Pan,《走向一种咨询性的法治政体》(*Toward a Consultative Rule of Law Regime in China*), 12 Journal of Contemporary China 3 (2003)。据 Randall Peerenboom 讲，“今天，中国几乎所有的报纸都会提及法治”，《中国朝向法治的长征》(China's Long March Toward Rule of Law), 1 (2002)。

“将法律的精神和法治转换成这个国家的血肉，以便它们变成‘我们国家的形式’。”[①]台湾地区的学者则认为，在目前法治是通过政治与法治变革成为自由民主国家的一项措施。[②]

但是，什么是法治呢？法治被看成是“人权特有的基础”。[③] 它赋予所有的人在法律上的平等，防止专断行为，确保在面对残暴的压迫时人类的自由和尊严。[④]在最广泛的意义上，法治包含构建社会的各种基本方法，即经济形式（如自由市场）与政治体系（如自由民主）。[⑤] 这也解释了为何法治的概念广受争议。在狭义上，法治仅强调其形式方面。在这种意义上，法治仅涉及技术层面上对法律提出的要求，而不理会法治的实际内容。法律若要在一个社会中作为秩序机制令人满意地运作，就必须在整体上满足这些要求，即使常常无法满足个别的要求。这里已经存在关于法治的基本要素的国际共识。[⑥] 法律应该是清晰的，被公开发布，并且是可预期的和稳定的，即在个案中法律的适用机制应该能够提供预期的结果。所有这些要素都有助于法律发挥其定序作用（an ordering role）。它们使自愿服从法律成为可能。富勒（Lon Fuller）将这些要素称为“法律的内在道德”。[⑦] 拉德布鲁赫（Gustav Radbruch）从法律的法治国概念（法律理念）中推断出了法的安定性原则。[⑧]

这些要求意味着法律能够指引服从它的人，并保护服从它的人免受权力在制定和适用法律上的任意行使。当法治得到保障时，国民便能信赖法律，预测国家权力的行使。法治的保护是资产阶级从绝对国家获取的一种重要让步，它使经济发展成为可

---

① 司法体制改革委员会，司法体制改革委员会关于支持21世纪日本司法体制的建议，2001年6月12日，第一章，参见链接：http：//www.kantei.go.jp/foreign/judiciary/2001/0612report.html（第一章还包括：此次司法体制改革的目标在于，在法治的框架下——它是宪法所依附的基本概念之一——将各种改革有机地结合起来。司法体制改革应被定位为各种重塑“我国结构形式”的改革之“至关重要”的环节）。

② Tsung-fu Chen，“台湾地区的法治”（*The Rule of Law in Taiwan*），载于《法治：环太平洋地区的视角》（The Rule of Law：Perspectives from the Pacific Rim），Mansfield Dialogues in Asia 107（2000）。参见链接：http：//www.mcpa.org/rol/09chen.pdf.

③ Tsung-fu Chen，前引书，援引 Franz Michael，《法律：权力之工具》（*Law：A Tool of Power*），Human Rights in the People's Republic of China 33（1988）.

④ 同上。

⑤ Randall Peerenboom 将这些称为法治的“强”理论。《法律的治理：民主、法治和中国的行政法律改革》（*A Government of Laws：democracy，rule of law and administrative law reform in the PRC*），12 Journal of Contemporary China 45，51－52（2003）.

⑥ Peerenboom，Government，前引书，页51。他称之为法治的“弱”理论。他似乎对作为法律的体系性有效运作的法律体系是否实际上必然存在持一种怀疑态度。

⑦ Lon Fuller，《法律的道德性》（The Morality of Law），Chap.2（2nd ed.1969）。

⑧ Gustav Radbruch，《法哲学》（Rechtsphilosophie）§ 9（8th ed.1973），该书可在《拉斯克、拉德布鲁赫和达班的法哲学》（The Legal Philosophies of Lask，Radbruch，and Dabin）［1950］中找到。

能。出于同样的理由，生活在东亚和在东亚地区经商的人都在提升法治。然而，法治的目标是有限的。在形式意义上，法治的保护仅能确保法律规则本身适用的完整性和一致性；却无法确保这些法律规则服务于正义或功利（utility）。一个国家或许能实现法治的统治，但在道德上可能是一团糟。①

即便对于那些在道德上能够作为典范的国家——也许特别在这些国家——来说，法治也不应是绝对的价值。法治的要求会很快与规则的一般化能力相冲突。有时法治也会向其他利益如正义或功利（如公共福利）让步。还有关于运用一般性条款与具有回溯效力的立法的很多例子。②

不同的法律体系拥有实现法治的不同道路。这些不同的道路在不同的要点上构成了不同的体系，在任何法治国家的实现上，它们都强调规则和实施规则的机构这两种关键要素，后者即法院和行政机关。法治对法律规则自身以及负责实施法律的机构都会提出要求。法治的实现同时需要规则和机构。但在这些实现法治的国家中，它们的规则和机构在如何促进法治的实现上是显然不同的。

尽管东亚对西方的法治模式进行了充分研究，但在我看来，它们却没有意识到不同的法治国家在如何实施法治方面的差异。这不足为奇。甚至，国际法律关系活跃的参与者也经常忽略这些差异。③ 在我的职业实践中，我经常发现，美国律师会假定美国法律体系与欧洲法律体系存在本质上的相似性，但其实这些相似并不存在，同样的，欧洲律师也做这样的假定。在实践中，此种误解可能造成客户的失望或终止交易。在法律改革的世界里，这无异于一场社会灾难。

我目前所持的观点是，亚洲学者在考察国外的法治时，应该意识到被视为模范的法治国家在如何实践法治方面存在差异性。每个国家通往法治的道路都是不同的。

一个美国的法学教授在亚洲的法学家面前，就如何探究外国法律体系指指点点，也许有点狂妄。但最能让这位美国法学教授动容的是，亚洲法学教授对外国法律及其

---

① Lie Junning，《从法治国到法治》（*From Rechtsstaat to rule of law*），载于 Dong Yuyu and Shi Binhai（eds.），《政治中国》（Zhengzhi Zhongguo [Political China]） at 233（1988），as cited by Peerenboom，Government，前引书，第 52 页。

② 参见 James R. Maxeiner，《美国反垄断法中的政策和方法：一种比较研究》（Policy and Methods in German and American Antitrust Law：A Comparative Study），12 ~ 13（1986）；James Maxeiner，《德国和美国卡特尔法中的法律政策和方法：一种比较观察》（Rechtspolitik und Methoden im deutschen und amerikanischen Kartellrecht：eine vergleichende Betrachtung）Kap. 2（1986）。

③ 参见 James R. Maxeiner，《德国法学家的美国"方法意识"》（U. S. "methods awareness" for German Jurists），载于 Bernhard Grossfeld et al.（eds.），《费肯舍尔纪念文集》（Festschrift für Wolfgang Fikentscher）114（1998）；《法律方法意识和全球化电子商务时代的日本》（Legal Methods Awareness and Japan in an Era of Global Electronic Commerce），An Address to the Faculty of Law of the Ritsumeikan University，Kyoto，Japan，June 19，2003.

法律体系具有浓厚的兴趣。您与您的同事们通常都沉浸在外国法律体系的研究中。然而在美国几乎没有法学教授这样做。我的一个同事告诉我，在台湾学者中，获得德国法学博士学位的教授要远多在美国获得法学博士学位的教授。您与您的同事们都熟知一国或多国的语言与文化，但美国法学教授除了他们的母语英语之外，甚至不懂任何其他语言。您与您的同事们试图借鉴外国的法律体系，但美国法学教授们甚至不会认为，他们能从外国的法律体系中得到教益。① 由于你们对外国法的浓厚兴趣，你们明白外国的法律体系是多么具有虚假的相似性和显著的差异性。那么我还能说点什么呢？

我对东亚的法律体系知之甚少，也不懂东亚的语言。但我却对在台湾得到主要研究的两大外国法律体系，即德国的法律体系和美国的法律体系相当了解。② 所以我希望，我对这两种体系的比较将加深你们对两者的理解。

如果我有足够勇气的话，还应该论述日本的法律体系。它似乎是——美国与德国的法律法系之外——在台湾得到重点研究的另一种外国法体系。虽然我没有日本法律方法的第一手资料，但去年夏天我有幸以访问学者的身份被日本 Osaka 的 Kansai 大学邀请，在那里我有机会与同行们讨论法治在日本是如何实施的。

在接下来的几分钟里，我打算讨论德国法律体系与美国法律体系为实现法治采取的不同道路。然后，我想要指出，法治的不足如何必然引发你们在法治的不同道路之间进行选择，并向你们展示这些选择如何影响法律改革。我想强调的是，法律方法之间的差异证实了，并不存在实现法治的唯一正确道路。你们的目标应该是——我确信大家都意识到了——不要去选择大家推崇的外国方案，而应发展出一条最适合自己的道路。你们的外国研究可以为你们的研究提供信息，但不应主宰你们的工作。

二、通往法治之路的法律方法

当我们在形式意义上论述法治的实施时，谈论的就是法律方法。法律方法关涉到

① 在美国恰恰相反，这里本土主义极为流行。大约 65 年前，卢埃林出于对认同其他法律体系将会造成美国法律体系被扼杀的担忧，告诫我们不要承认一种司法理念的外国法渊源。Stefen A. Riesenfeld，“回忆卢埃林”（Reminiscences of Karl Llewellyn），载《法律现实主义、多元文化社会和商法：卢埃林及其当今的意义》（Rechtsrealismus, Multikulturelle Gesellschaft und Handelsrecht: Karl N. Llewellyn und Seine Bedeutung Heute）11，14（Ulrich Drobnig & Manfred Rehbinder eds.，1994）。

② Cf. Joseph L. Pratt, The Two Gates of National Taiwan University School of Law, 19 UCLA Pac. Basin L. J. 131, 145（2001）（备注：在该法律系 53 人中，19 人拥有德国学位，11 人拥有美国学位，10 人拥有日本学位，2 人拥有法国学位，还有一人拥有英国与瑞士大学的学位。）

如何为裁决具体个案而将一个抽象的法律观点与事实情景勾连起来。[①] 它们包含如何陈述法律以及如何适用法律。我希望大家能够更加深刻地意识到，美国的法治国与德国的法治国之间在法律方法方面存在的差异。虽然事实上两个体系都坚决地致力于法治,[②] 但其选取通往法治的道路却明显不同。它们的法律方法并不一样。但奇怪的是，这些法律方法很少得到比较研究。[③]这可能解释了，为何外国的法律方法会被如此轻易地忽视。

法学家使用法律方法而很少去思考它们。卢埃林（Karl Llewellyn）观察到，美国的法学家会学习先例的处理技术，即一项主要的普通法法律方法，像“间谍情报技术一样，须从经验中获得。……人们从学习、法律实践中，总的来说从律师生涯中才能获得这项技术。但很少有人去反思，我们正在学习什么”[④]。当一位经验丰富的法学家出国去学习其他法律体系时，缺乏对法律方法的认知将非常危险。本国法律体系的知识极易导致人们无视其对外国法律体系认知的不足。[⑤] 但不同的法律方法可能导致迥异的结果，即使其拥有极其相似的实体法。[⑥]

学习外国法的法学家应该首先学习法律方法。外国的法学家应该知道，像外国法律体系中的法学家一样思考意味着什么。[⑦] 但学习外国法的法学家却往往急于学习某一特定领域的法律。很少会有法学家有时间与兴趣将外国的法律体系作为一个体系进行系统研究。更糟糕的是，在研究外国法的过程中专注于法律方法的法学家很容易遭受挫折。法律方法往往会以穿插的方式在实体法课程或大学额外的专业课中，而不是在命名为法律方法的课程上讲授。

---

① 参见 Wolfgang Fiketscher,《法律方法的比较描述》（Die Methoden des Rechts in vergleichender Darrstellung）［1975］页 13 及以下部分。

② 参见 Neil MacCormick,《法治国和法治》（Der Rechtsstaat und die rule of law），载《法律杂志》（Juristenzeitung），1984，65（在这篇文章中并未发现法治［Rule of Law］与法治国［Rechtsstaat］本质上的不同）。

③ 主要的例外是 Professor Fikentscher 撰写的《法律方法的比较研究》（Methoden des Rechts in vergleichender Darstellung）（5 vols.，1977—1999）。

④ Karl N. Llewellyn,《美国的判例法和判例》（Präjudizienrecht und Rechtsprechung in Amerika）2（1933），translatedas The Case Law System in America 2（Michael Ansaldi，transl.，1989）.

⑤ 参见 James Maxeiner,《德国法律思维在美国民事诉讼法中应用的危险》（Die Gefahr der übertragung deutschen Rechtsdenkens auf den US-amerikanischen Zivilprozeβrecht），载于《国际经济法》（Recht der Internationalen Wirtschaft）（RIW）1990，440.

⑥ 例如参见 James Maxeiner,《德国和美国反托拉斯法中的政策与方法：一项比较研究》（Policy and Methods in German and American Antitrust Law：A Comparative Study），1986。

⑦ 参见 William Ewald,《比较法学》（Comparative Jurisprudence），I，143 U. Pa. L. Rev. 1889，1896（1995）.

三、不同的法律方法

德国法律体系与美国法律体系为实现法治所使用的方法是不同的。相对而言，德国法律体系比较强调规则的作用，而美国体系则更重视法院的角色。

（一）德国的法律方法

对于德国法学家而言，存在一种可以调整所有行为的抽象的法律秩序。“这种法律秩序具有一种应然规范的结构，其目的不是描述事实，而是规范行为。”① 这种客观秩序与个人主体的主观权利相对。② 这种法律秩序可以形成一个统一体。③ 规范之间是相互关联的。它们放置在一起可以形成一个体系。④ 尽管这一理想可能无法实现，但无论如何它的目标是形成仿若一个单一管理计划的体系。不同的法律应该彼此融合：任何法律都不应该有背离的行迹。⑤

经典的涵摄模式是德国法律方法的核心。⑥ 法律的规则采取的是陈述的形式。因此在德语中，它被称为法律规范（Rechtssatz），即法律语句（law sentence）。一个完整的法律规范包括两个部分：构成要件和法律结果（Rechtsfolge）。构成要件是对特定情形的抽象描述。法律规范采取这种形式：一旦构成要件在具体的事实情景中得到实现，特定的法律结果就会适用。这是一个大前提。小前提是这一特定的事实情形满足构成要件的要求，即它属于构成要件的涵摄范围。然后，结论会合乎逻辑地得出，即法律结果适用于这一事实情景。

在德国，法官负责将法律适用到事实上。他们学习起草判决的技术，即所谓的“关系技术”或“判决技术”（Relationstechnik or Urteilstechnik）。学习德国法的外国法学家被建议：“德国的裁判应该呈现为公正的、非个人的公共权威的行为，其建立在正式、客观解释的基础上，而非裁判官的个人观点。……典型的德国判决追求的是

---

① Reinhold Zippellius，《法学方法导论》（Einführung in die juristische Methodenlehre）12（3rd ed.，1980）（“法律秩序具有一种应然规范的结构。它的目的是指引行为，而不是描述事实。”）

② Fikentscher，op. cit.，vol. 1，at 1. Compare Karl Engisch，《法律思维导论》（Einführung in das juristische Denken）24（7th ed.，1977）. 24（“在法律用法上会对主观权利和客观权利做出区分。客观权利是法律秩序，法律规则的聚合体，即我们此前称之为命令的规范。主观权利是一种应得的资格。”）

③ 参见 Karl Engisch，《法律秩序的一致性》（Die Einheit der Rechtsordnung）（1935，reprint 1987）。

④ 参见 Claus-Wilhelm Canaris，《法学中的体系思维和体系概念》（Systemdenken und Systembegriff in der Jurisprudenz）（1969）。

⑤ 参见 Peter Raisch，《从罗马到当代的法学方法》（Juristische Methoden vom antiken Rom bis zur Gegenwart）148～49（1995）。

⑥ Karl Larenz，《法学方法论》（Methodenlehre der Rechtswissenschaft）150（5th ed.，1983）.

演绎推理的理念。"① 两个主要的裁判实体构成是构成要件和裁判理由(Entscheidungsgründe)。出现在裁判中的构成要件是当事人双方有关法律请求和事实主张的简短陈述。② 通过构成要件能快速确定，谁在寻求什么，从何处、基于何种理由寻求，以及哪些问题存在争议，哪些没有争议。③ 判决理由是对裁判考虑因素的总结。④ 它们将会在可适用的规范的抽象元素下评价和涵摄构成要件的具体事实。⑤

德国判决高度的程式化目的在于确保当事人双方理解法院裁判的理由。⑥ 在理想情形下，判决将说服败诉方接受败诉是正确的结果。⑦ 在最低限度上，判决也应该说服败诉方认为裁判的程序是合理的。受判决影响的当事人应该被赋予理性地重构判决理由的机会。他应该认识到，理性论证而非任意性才能决定判决结果。⑧ 通过这种方式，双方法律面前平等对待的宪法权利（Article 3）以及请求公平审判的宪法权利（rechtliches Gehör，Article 103（1））就能够得到确保。⑨ 判决也是对法官们的控制。⑩ 如果法官无法把案件事实适当地涵摄到所适用的法律之下，他们的判决在上诉中就将被改判。判决展示了，无论法官是否理解败诉方的立场，通过它的公正性和透明性，都会证实法官的中立性。⑪

德国法律体系的适用到个案的抽象秩序的方法，力图排除几乎所有对阐明的法律规则的预先偏离。它不允许法官或行政人员特别地偏离法律规则，德国的理想以这样的方式书写法律规范，以至于它可以为法官或行政人员在个案中的价值判断做准备。换言之，这样的规范赋予法官在裁判过程中以有限的自由裁量权。裁判可以建立在正义诉求或特殊个案中公共政策的需要基础上。当判决出于公共政策的利益被达成时，裁判应该受到相应的政治控制。⑫

---

① Reinhard Zimmermann，《德国法律文化导论》（An Introduction to German Legal Culture），载 Werner Ebke & Matthew Finkin（eds.）《德国法导论》（Introduction to German Law），1，21（1996）。

② ZPO［Zivilprozessordnung］§ 313 II；Egon Schneider，《考试和实践中的民事案件》（Der Zivilrechtsfall in Pruefung und Praxis）186（6th ed.，1974）.

③ Schneider，前引书，页 185。

④ ZPO § 313 III.

⑤ Guenther Schmitz et al.（eds.），《民法案件的发展阶段》（Die Station in Zivilsachen）90（1986）。

⑥ Baumbach/Lauterbach/Albers/Hartmann，《民事诉讼法》（Zivilprozeßordnung）§ 313，margin no. 33（53d ed.，1995）。

⑦ Kurt Schellhammer，《民事法官的作业方法》（Die Arbeitsmethode des Zivilichters）241（7th ed.，1984）。

⑧ Peter Raisch，《从罗马到当代的法律方法》（Juristische Methoden vom antiken Rom bis zur Gegenwart）121（1995）

⑨ Baumbach/Lauterbach/Albers/Hartmann ZPO § 313，margin no. 33

⑩ Schellhammer，op. cit. at 242；Schmitz 等，前引书，页 83。

⑪ Schneider，前引书，第 178～79 页。

⑫ 参见 James R. Maxeiner，《美国反垄断法中的政策和方法》（Policy and Methods in German and American Antitrust Law），前引书，各处。

（二）美国的法律方法

美国的法律体系更强调司法程序而非法律规则。美国法律体系旨在为主观权利的争论提供解决程序。因此，美国法律方法的重点是争议解决。

规则怀疑主义支配着美国的法律思维与法律规定。半个世纪以前，美国前司法部长列维（Edward Levi）教授在其有关美国法律方法的经典著作中，认为涵摄模式并不适用于美国："不能认为法律过程是既定规则对多样化事实的适用。"① 我的博士生导师费肯舍尔（Fikentscher）说，"在美国从来不会教授规范对事实的涵摄，因为没有发展出相应的备忘录（Gutachten）和判断技术"②。法律针对事实的涵摄理论在英美民事诉讼法完全没有发展出来，即法律本来必然适用于事实的法律体系领域关注的却是法律与事实的分离。这一分离的目的是允许不同的裁判者决定不同的问题，即法官决定法律问题和陪审团决定事实问题。

在美国现代诉讼中，法官裁定法律规则，而陪审团发现事实，并将法律规则适用于事实。③因此，法官是法律制定者，陪审团是法律适用者。美国法官们似乎比较喜欢这样，因为允许他们制定政策。④ 这种法律制定中的创造性功能吸引着来自全世界的法律学者们。

在双方当事人陈述完他们的案件，并且法官对陪审团如何适用法律进行指导后，陪审团便会发现事实，并把法律适用于案件。陪审团评价双方当事人的证据，并判定寻求救济的当事人每一举证及其每一元素是否成立，是否提出了相应的诉讼理由。然而，实际情况通常并非如此。陪审团经常无法理解诉讼理由的各种元素，而且往往根据他们的喜好进行裁定。⑤

在任何案例中，我们并不清楚一个既定的陪审团如何实际上将法律适用到既定案件中。陪审团的裁定是"一般性的"，仅是结论的陈述。在德国，裁决仅由判决的正式陈述构成（Urteilsformel）。陪审团的裁定，如弗兰克（Jerome Frank）所言，"正如

① Edward Levi，《法律推理导论》（An Introduction to Legal Reasoning）3（1949）。

② Fikentscher, op. cit. , vol. 2, at 262. 他把这归结为可同时涵盖包含判例法与成文法理论的缺失。判例法源于针对当事人之间具体争议的裁判。从本质上讲，判例法关注个案的实质诉求。另一方面，成文法更多地呈现为指令的形式，因此具有更强的形式化。

③ 参见 Skidmore v. Baltimore & Ohio Railroad Co. , 167 F. 2d 54, 60 - 61, 64 n. 25b. （2d Cir. 1948）（Jerome Frank, J. ）。

④ 参见 Posner，前引书，p. 34 - 35 and Charles Wyzanski，《鉴于——裁判的前提》（Whereas—A Judge's Premises）6（1965）。

⑤ 参见 Skidmore v. Baltimore & Ohio Railroad Co. ，前引书；C. May，《有关司法言辞的诸种视角："我们正在做什么？帮助陪审团适用指令吗？"》（Perspectives on Judicial Speech："What Do We Do Now?：Helping Juries Apply the Instructions），28 Loy. L. A. L. Rev. 869（1995）（with copious further references）。

德尔斐的古老神谕产生的判决那样无法预测，在本质上也是神秘的”。[①] 由于判决的一般性，事实裁定、法律解释和法律相对于事实的适用中的种种错误是无法被确定的，[②] 而且通常不可能在上诉中被纠正。美国的上诉并不考虑下级法院的决定是否正确，而仅仅关注其是否遵循了合理的司法程序以及法律是否被正确地陈述。“如果美国陪审团体系承诺了什么的话，他们承诺的不是公正的结果，而是公平的程序。”[③]

因此，美国的法律体系非常重视程序公正的价值。它尤其关心如下事项：当事人双方注意到所有程序；法官与陪审团是完全中立的、毫无偏见的；所有当事人都有机会参与诉讼；并且最重要的是，每一方都有完全的、公平的和充分的机会出现在“自己的诉讼”，即整个事件的版本中。这些要素使程序具有了合法性。

对程序的强调还相伴这一重点，即决策者应该做出公平的决定。这意味着他们的决定会经常与规则不一致。美国的很多法学理论都涉及到对脱离规则的支持。据称，美国法律体系的一个突出特征是“公开修正规则，允许考虑目的或决策”。[④] 费肯舍尔指出了这种对待规则的方法的积极性方面：“这种程序不反对规则，只是规则的灵活性与体系的适应性需要满足……当时的需要。”[⑤] 在美国法律中有许多允许“合法脱离规则”的领域，例如“陪审团否弃权”（陪审团被允许在法律之外另行裁决）与“起诉裁量权”（原告被允许决定何时执法）。[⑥] 美国法律学者将这些对规则的偏离看做是允许裁判者考虑未被法定政策（rule-bound decisions）充分重视的个别情况的优点。[⑦]

---

① Skidmore v. Baltimore & Ohio Railroad Co.，167 F. 2d 54，60。

② Id. 61.

③ Schlesinger/Bradley，《哥伦比亚广播公司报道：进入陪审团房间》（CBS Reports：Enter the Jury Room），1997 年 4 月 16 日首次播报（留有文本与录像带）。

④ P. S. Attiyah & Robert S. Summers，《英美法中的形式和实质》（Form and Substance in AngloAmerican Law）91（1987）。Roscoe Pound 主张“公平地运用法律”，把法律规则想象为“对法官的一般性指引，引导其走向公正的结果，但坚持在宽泛的限制内，法官可以自由地处理个案，以确保当事人之间的正义得以满足，并同普通人的一般理由相吻合”，《社会法学的范围和目的》（The Scope and Purpose of Sociological Jurisprudence）III，25 Harv. L. Rev. 489，515（1912）.

⑤ Fikentscher，前引书，卷二，第 465 页。

⑥ Cass R. Sunstein，《法律推理和政治冲突》（ Legal Reasoning and Political Conflict）148，153（1996）。

⑦ 例如参见 Mortimer R. Kadish & Sanford H. Kadish，《不服从的自由裁量：对法律规则合法违反的研究》（Discretion to Disobey：A Study of Lawful Departures from Legal Rules ）（1973）；Sunstein，前引书，在内容上主要吸纳了 Cass R. Sunstein 的“规则的问题”（Problems with Rules）一文，83 Cal. L. Rev. 953（1995）（“这篇文章主要的目的之一是对一种普遍的社会现象做出反应：对规则过度的热情以及对法治过于中规中矩的理解。” Frederick Schauer，Giving Reasons，47 Stan. L. Rev. 633，634（1995）（“有时不解释理由要比解释更好”）；Guido Calabresi，《制定法时代的普通法》（A Common Law for the Age of Statutes ）180（1982）（“人们应该公开承认，法院有权指定立法惯性（allocate legislative inertia），决定制定法是否值得保留，还是应该加以修订（whether statutes deserve a retentionist or a revisionist bias）。

美国法律体系对程序的重视使法律很难考量那些数不尽的生活琐事。司法过程的成本是昂贵的。司法过程的模型是形式程序：理想状态下，相对人在陪审团面前作陈述。只有最重要的事情才能指望获此待遇。然而，无论一个人多么欣赏相对人陈述和陪审团审判，都必须承认，相对人陈述与陪审团审判只是一小部分诉讼案件案件的特征。绝大多数正式诉讼体系中的案件——大大超过90%——都是在没有陪审团参与或法官取证的情况下被判决的。而且，很多法律决定根本不会进入诉讼。服从规则的人会将规则适用到自身，或者适用于在没有正式听证的情况下负责执行规则的人身上。如果真会这样的话，美国法律体系对大部分法律裁判的处理并不完美。[①] 如果可能，大部分这些裁判都会受这种可能性控制，即它们中的一些要遵守正式程序。

（三）日本的法律方法

当我转向讨论日本的法律方法时，我是作为旁观者观察的。我依赖的是他人的观察。在外在形式上，日本的法律方法非常近似于德国的法律方法。当阅读日本学者关于日本民事诉讼程序与法律方法的著作时，可以确定，德日法律方法之间存在非常紧密的一致性。[②] 正像在德国一样，法官被训练书写判决书的技术，以将法律适用到事实上。

然而，德国学者莱恩（Gutram Rahn）对这种观点提出了质疑。莱恩认为，日本法学家反对德国法律涵摄的方法。[③] 在这种立场上他认为，日本存在一种特有的方法。莱恩的基本论点是，日本法律解释中的法律判断包含两个分开的独立行为。一种是决定行为（Entscheidungsakt）；它包含所有利益冲突的价值判断。只有当决定达成后，法院才能在单独的论证行为（Entscheidungsbegründung）中证成其判断中的决定。但根据莱恩，不清楚的是，法院在证立其决定的过程中，在何种程度上可以解释和支

① 参见 Kenneth Culp Davis，《自由裁量的正义：初步考察》（DiscretionaryJustice：A Preliminary Inquiry）(1969)。

② 参见例如 Muneo Nakamura，《我的裁判理论》（My Theory about Judgment），1965 年第一版，《司法过程的比较研究》（A Comparative Study of Judicial Process），1958 年，第一版，都载于 Hideo Nakamura（ed.），Muneo Nakamura，《民事诉讼法论文集》（Collected Works on Civil Procedure），1994 年再版；Hideo Nakamura，《德语版的带有日本民事诉讼法导言的日本民事诉讼法》（Die japanische ZPO in deutscher Sprache Mit einer Einführung in das japanische Zivilprozeβrecht）(1978)。

③ Gutram Rahm，《日本民法教义学的发展中展示的日本法律思维和法律观点》（Rechtsdenken und Rechtsauffasung in Japan Dargestellt an der Entwicklung der modernen japanischen Zivilrechtsmethodik）2 (1990).

持其最初的价值判断，谁应获胜也是不清楚的。[①] 法院的价值判断在莱恩看来[②]不应是任意的决定。法官会权衡诉讼当事人以及其他希望达成正确结论的当事人的利益。在这种决定中，书面上的法律只是谋求和谐的一方面。结论不得抵触人们的一般理解（gesunden Menschenverstand des Laien—shiroto no joshiki—素人　常识）。[③] 法院是否应明确公开其价值判断仍存在争论。[④]

其他熟悉日本的德国学者会认同莱恩的观点。[⑤] 作为一个可能不那么熟悉德国法律方法的美国人，我也支持他的命题。古德曼（Carl F. Goodman）在其新书《日本的法治：一种比较分析》（The Rule of Law in Japan：A Comparative Analysis）中注意到，在日本法中经常会遇到“你所见到的并非你所得到的”情况。根据他的观点，日本的法官会以“令日本公众满意的方式裁判案件，即以一种符合文化价值、神话（如果需要的话）以及可能与美国存在的规范不同的社会规范的方式裁判。……为了与这些价值保持一致，判决结果可能无法体现为抽象逻辑的三段论分析。判决结果必须考虑当事人目前可以自己发现的情况，法律规则必须弹性地反映当事人与规则所处的语境”[⑥]。

去年夏天在日本我没有发现太多可以支持莱恩命题的理论或实践。大多数与我对

---

① Id. at 327。（日本现代的民法方法论包括两个彼此独立的程序过程：判决行为和判决论证。判决行为自身以价值判断以及所有由法律争议触动的利益衡量为前提。制定法只是另一种无约束力的标准。判决取决于它的价值判断是否符合日本民众合理的看法。在第二种程序过程中，已经提及过的判决被构造为以制定法为基础的说服手段。但并不清楚，在什么样的范围内‘实质性的’判决理由——利益衡量和价值判断被公开。公开性的要求尽管得到了重视，但仍次于论证的说服目的。”）

② Id. at 366。

③ Id. at 327。

④ Id. at 345。

⑤ 参见例如 Axel Schwarz，《论生活的价值和规范》（Vom Wert des Lebens und der Normen），载于 Heinrich Menkhaus（ed.），《日本法中的日本性》（Das Japanische im japanischen Recht），63，76－77（1994）（关于民法的研究：总论和债法证实了莱恩关于日本法律实践的方法论的诊断：“法律适用不是通过法律文义界限的评价，而是通过法官的价值判断决定的。判决发现和判决的法律论证必须分离。在法律上通过援引规定在某种程度上去证成判决似乎不是法官的需求。”）

⑥ Carl S. Goodman，《日本的法治：一种比较分析》（The Rule of Law in Japan：A Comparative Analysis）2，4（2003）（“但对其经验与美国法官根本不同的日本法官而言，自由裁量权通过满足日本公众而被运用——在某种意义上是否满足文化价值、神话（如果需要的话）以及可能与美国存在的规范不同的社会规范。……为了与这些价值保持一致，判决结果可能无法反应抽象逻辑的演绎分析。判决结果必须考虑当事人双方目前所处的环境，法律规则必须灵活地反映当事人与规则所处的语境。”此外，“……当下法官并不被要求解释其他社会制定的、带有其他价值的法律、法典和宪法。当这些法律、法典和宪法被认为与日本的基本价值、历史规范或日本接受的神话相冲突时，法官们很自然地会从这些规范、价值与神话的角度解释它们。这里包含的不止是牵强附会的文字解释。如果需要，法官会被要求进行一系列的法律改写（a wholesale re-writing of the law），一些成文的法律条款就会因为‘大日本帝国’的利益而被牺牲掉。”）

话的日本法学家都坚持，日本法官仍受法律的约束，不觉得有必要首先进行法律外的价值判断。他们告诉我，国家法律培训与研究机构不会教导法官，首先在法律之外评价案件整体的是非曲直，而会教授他们类似于德国的判断技术。[①] 日本的法学教授告诉我，他们在课堂上不会讲授规则怀疑论，而是告诉我规则是有拘束力的，并且法官应该按照这些规则裁判案件。

然而，几个日本同行认为，莱恩的理论可能仅部分适用于民事诉讼。他们立即补充说，这一理论并不适用于刑事程序，刑事程序需要遵守法无明文不为罪的严格规则。虽然我尚未找到以英语或德语公开发表的对莱恩的意见直接反馈的日本学者。[②] 但我还是发现了日本学者使用欧洲语言发表的一些倾向于支持莱恩结论的著作。东京大学的 Takeyoshi Kawashima 在美国的一次讲座中直接支持莱恩对日本法律方法的分析。他告诉美国人："在日本，从法律制定开始就认识到，法律的意义是变化的、不确定的。这似乎是日本法律思维的特征。"[③] 他还补充了一个极其有趣的评论："事实上，日本的语义学传统与现代民主社会的基本价值要求是相违背的。早晚我们不得不改变我们对待词语意义的态度，尤其是在我们的法律中。"

四、为何法律方法如此重要

实现法治可以选择不同的道路，认识到这一点可以帮助台湾地区找到一条最适合自己的道路，并有助于我们认识国外模式的优劣，鉴别国外模式是否适用于台湾地区。另外，它也可以帮助我们根据地域的不同设置相应的课程。

法治道路的选择，也就是这里强调的法律方法，对法律体系的基本要素具有显著

---

① Cf. Akira Ishikawa，《法官的培训、任命和数量》（Training，Appointment and Number of Judges），载于 Gottfried Baumgaertel，《民法诉讼法的基本问题》（Grundprobleme des Zivilprozessrechts）Band 2（Japanisches Recht Band 19）3 -5（1985）（描述法官受到的训练）；Jun' ichi Murakami，"论证和衡量"（Argumentation und Abwaegung），载于 Heinrich Menkhaus（ed.），前引书，页 89，页 90（对莱恩的这一论题进行了批评："结构性法律理论的意图在于，将法律规范的生产理解为受法治国约束的过程，所以在日本的法律实践中它并不容易实现，按照施瓦茨（Schwarz）的观点'人类的合理看法和法律的外部论证在日本的法律实践中发挥着重要作用。根据日本法官的立场，从'结构性法律理论'的意义出发发现'法律修改者'无疑是不可能的。法官其实可能总是在'结构性法律理论'尽可能限制的规范空白的领域中进行活动。"）

② 在这个方向我发现的最相近的评论是 Jur' ichi Murakami，前引书。

③ Takeyoshi Kawashima，《日本法律思维的方式》（Japanese Way of Legal Thinking，International Journal of Law Libraries）127，131（1979）. Cf. Rahn，前引书，页 18，页 352；Yamanaka，前引书，页 235（"在日本这种观念总是处于支配地位，即制定法只能构成解释的门面，就其本身而言，制定法只是一种无用的装饰，它首先要经受人类的操控。）

而直接的影响。在起草法律与程序的过程中，强调司法的个性化还是一致性？在适用法律的过程中，强调程序的公平性还是结果的正确性？在培训法律专业人士实施法律体系时，重点关注律师的角色还是法官的角色？

每个主题都是支撑谈论自我的素材。然而，在剩下的几分钟里，我不想考虑这些主题，而只想指出因为法治的局限性，这些选择是无法避免的。我将要建议在什么的环境中一种道路或其他道路可能是最优的。

法治的总体要求——无论选择哪条道路——不可能是绝对的。它们很快会与规则的一般化能力相冲突。拉德布鲁赫注意到了这一张力："法律的安定性需要实在法，而实在法的适用需要不能考虑正义或功利。"[①] 即使当前的知识是完美的，法律问题仍不可能实现及时、完全的可预测性。"法律必须是稳定的，但不能僵化。"[②] "法律越是精确地以制定法的形式制定出来，就越会很快过时。"[③] 对于法治的盲从会使注意力集中在法律的秩序功能方面，而不考虑法治在实现正义和推动公共福利上的其他功能。

法治有时必须做出让步。或者从另一方面看，法治必须提供一种超时间的处理法律问题的机制，法律规则的缺点也是不可避免的。法治必须允许法律有时不那么清晰，不容易预测或不那么可靠，以确保它能顾及到公平和政策问题以及适时的变化。因此，即使在一个完全以法治为导向的国家，也需要为法律漏洞之下的裁判提供一种合法化机制。[④]

美国法律方法一个主要优点是，可以快速处理全新的和无法预测的案件。个人可以在争议解决的背景下提出问题，迫使达成结论。程序可以替代规则。当合法化需求出现时，规则可能遭到曲解。一般情况下，一个完整的针对双方的听证程序和严格中立的裁判者可以很好地解决个别决定的合法化问题。裁判者会在各种权益被讨论之前对之进行取舍。

同时，美国法律方法在面对新案件上的灵活性也构成其一大软肋。即使基本问题尚未获得完全解决；在每次新的适用中它们仍可以再次被拿出来讨论。而且，相对人

---

① Radbruch，前引书，页166。

② Roscoe Pound，《法律史的解释》（Interpretations of Legal History）1（1923）。

③ Oskar Adolf Germann，《法律的安全性》（Rechtssicherheit），载于《瑞士刑法学杂志》（Schweizerische Zeitschrift für Strafrecht），49，257（1935），重印于 Oskar Adolf Germann，《方法论的基本问题》（Methodische Grundfragen），54，55（1946）。

④ Wei Pan，前引书，页9，论辩说："民主强调立法，认为只有经过相对多数人的同意制定的法律才是公平的。而法治强调法律实施的合宪性，也就是说，与基本法保持一致。"但是法治国家自身无法撇开立法，即便在法律实施过程中也不能。当规则不能被事先制定时，必须要有一个合法化机制。

陈述高昂的费用也确保了，只有一小部分法律问题可以真正享受这种模式的运用。进入相对人陈述的问题可能会发现自己被程序以及庞德所谓的“司法的运动理论”淹没，“它探究的不是实体法和司法要求的是什么，而是如何严格执行游戏规则。”[①]

德国法律方法一个主要优点是，它能够在整体法律体系内使各种各样的事实情况协调一致。它可以很好地确定裁判者，并为他们提供裁判标准。它也能使建立在客观决定基础上的法律裁判与要求政治责任的政策决定区别开来。如此，德国成为体系化法典的故乡也就不足为奇。法典可以告知公民如何行为，也可引导法官和行政人员如何决定案件。因此，它能为具体法律规定的实施提供一个机制。但这会产生一种对规则依赖的缺陷。当没有规则可以利用时，判决的过程就更加困难。如果法律规则可以利用，即使有平等和政策上的需要也很难脱离规则的约束。

在其他地方[②]我已经指出——跟随拉德布鲁赫——在两种不同类型的情况下，法治可能不得不向其他利益做出让步，也就是向正义（即个案公正）与政策（即社会公共福利）做出让步。美国相对人陈述的方法能很好地解决纯粹的私人问题以及双方之间的平等问题。但并不能有效地解决政策问题。大约一个世纪以前，庞德就对美国方法进行了批判，因为它“试图将具有最高社会意义的问题作为纯粹的私人争议……”。[③] 在这种情况下，裁判者不必在考虑双方利益之前做出政策决议。所要求的答案可能会屈从于非客观的标准，并且只能作为政策选择来辩护。因此，法官不会选择做政策决议。

德国的法律方法——当政策体系运行良好时——可能更适于解决政策问题。它们能够在裁判者之前考虑各种利益，没有被当事人考虑的利益也可以被考虑。它们可以引导裁判者，也可以使裁判者负有一定的政策责任。

当然，美国法院经常进行政治决策的一个原因是，立法机构无法履行这些职责。这也默许了在找到最优解决方案之前美国立法机构可以进行立法。因此，美国在达成解决方案方面似乎要更迅速一些——立法的或法官造法的——都无法完全正确的达成。德国相对要慢一点，但一旦有了解决方案，它可以使其连贯地和顺利地实施。

当法律改革者制定法律时，他们应该确认他们是否需要在制定法中为负责适用法律、制定政策或平等决议的人预留了足够的空间。当实在法无法提供可以证成的裁判

① Roscoe Pound，“对司法行政普遍不满的原因”（The Causes of Popular Dissatisfaction with the Administration of Justice），初版于1906，重印于35 Federal Rules Decisions 273，291（1964）。

② James Maxeiner，《政策》（Policy），前引书。

③ Roscoe Pound，《我们需要法哲学吗?》（Do We Need a Philosophy of Law?），载于Columbia Law Review，1905.5，页339，页346。

时，改革者应记得，不负政策责任的独立的法官能够更好地被正义而非政策引导。建立在对事实彻底调查基础上的个案公正是合理的法官造法最好的基础。另一方面，如果意识到政策决定可以由制定政策决定的机构做出，也可以由诉诸政治责任的裁判者作为其裁判的基础，那么就可以更好地做出政治决议。

司法改革背景下执行权社会化研究

——基于上海法院的经验

唐荣刚 康邓承*

摘 要 “案多人少”一直是大多数法院执行机构所面临的一大难题，尤其是在实施司法体制改革后，该矛盾可能将进一步加剧。本文从执行权的性质入手，结合现实需求与司法改革、自贸区建设的背景等，分析了执行权授权行使的必要性以及可行性，进而通过围绕参与主体、介入事项、参与主体与执行机构的权责界定以及赋权路径、报酬计付等问题进行制度设计，以期在制度建设层面对缓解执行难题有所裨益。

关键词 执行权 分权 授权行使 社会力量

引 言

近年来，人民法院不断加大执行工作的改革与创新力度，但由于受司法体制机制等因素的制约，一些深层次的问题仍难以触及。2011 年 11 月 19 日发布的《最高人民法院关于执行权合理配置和科学运行的若干意见》（以下简称《意见》）将执行权划分为执行实施权和执行审查权，前者的范围主要包括财产调查、控制、处分、交付和分配以及罚款、拘留措施等实施事项，后者的范围主要包括审查和处理执行异议、复议、申诉以及决定执行管辖权的移转等审查事项。这标志着执行权行使分权制衡模式的初步建立，对于防止执行中的乱作为、不作为等问题有较大的作用，然而，对于当前民事执行所面临的主要直接困难——案多人少的矛盾并无根本解决之道。因此，在当前司法改革的大幕开启之时，如何在推进执行权更好的分权运行的同时，解决执

* 唐荣刚，上海市第一中级人民法院执行局审判长；康邓承，上海市第一中级人民法院执行局助理审判员。

行实践中直接面临的难题，需要我们从制度的层面予以考虑，并提出解决之道，本文即是基于这一目的的探索。

本文所称的执行权授权行使，指的是执行法院通过特别授权的方式，将部分执行权范围内的权限，授权给满足一定条件的院外机构，由受托机构根据授权，按照相关法律对受托执行事项独立执法、自行承担责任的制度。

一、理论实践与改革大潮的契合：执行权授权行使的理论可行性与现实必要性

（一）执行权性质的双重属性，为执行权授权行使提供了理论可行性。

关于执行权性质，主要有司法权、行政权以及司法行政权三种观点，通说是司法行政权说，即民事执行权具有司法权和行政权的双重属性，[①] 前述《意见》对于执行权的划分，基本是该说在司法实践中的体现。具体而言，执行裁决权基本属于司法权的范围，强调被动、中立、公正等司法权特性，执行实施权应更多属于行政权性质，更强调主动性、倾向性，效率等价值。依据我国宪法的规定，“人民法院依照法律规定独立行使审判权，不受行政机关、社会团体和个人的干涉。”因此，在现行的执行体制下，执行裁决权因其司法权的性质，专属于法院，应当没有多大的异议。

然而，执行实施权因其浓厚的行政权性质，应当说并非法院执行机构的当然职权，而实践中将部分行政职能委托给社会机构，也是普遍的做法，如政府购买公共服务，实际上就是将部分政府职能委托给社会机构行使。部分执行事项能否由执行机构以外的主体来行使，主要应当考虑以下几个方面：

一是效率。执行实施权的内容，多与查封、扣押、处分被执行人财产等相关，此类事项的特点便是时效性要求高，稍有迟延即可能造成被执行人的财产脱离控制，因此，需要对被执行人的财产线索做出即时反应，但是考虑到当前执行中案多人少的现状（具体情形将在下文叙述），如果将执行实施权全部交由执行机构实施，往往很难做到。

二是合法。毫无疑问，执行实施权属于公权力范围，按照公权力法无明文规定即禁止的基本原则，其归属于哪一主体实施应当有法律或者相关规定的授权，当前，除了评估拍卖等一些特定的执行事项依照司法解释等规定可以委托给执行机构以外的主

---

① 参见谭秋桂：《民事执行权的配置方式与民事执行体制的构建》，载《法律适用》2006 年 1 ~ 2 期；侍东波：《论民事执行权性质及执行机构设置》，载《法律适用》2008 年第 10 期，等。

体外，很少有法律法规或者司法解释规定执行机构以外可以实施执行权的主体或机构，因此，在没有法律法规规定的前提下，将部分执行权能委托给其他机构，存在法律障碍，但这正是本文试图努力改变的地方，相信这也是解决执行所面临困境的正确途径。

综上，从执行权的性质来说，将其中的具有行政权性质的部分权能委托给执行机构以外的主体，从性质上讲是可行的。

（二）当前执行机构人少案多矛盾空前突出，为法院执行授权行使提供了现实需求空间

当前，中级法院和基层法院执行机构中，案多人少的矛盾已成为一个普遍现象，而正在如火如荼推进中的司法体制改革，重点之一即是控制法官员额，如在上海的改革方案中，即将法官的员额控制在总人数的33%，因此，在可以预见的将来，法官的整体数量必将减少，并且执行机构较其他审判部门减少的员额可能更多，所以，势必加剧案多人少的矛盾。

据上海法院2011年至2013年司法统计数据显示，三年中，全市法院执行案件收案量分别为98246件、105311件和111190件，年均增长约6.38%。而在此期间，全市法院执行法官数量基本维持在450人至480人之间，执行法官人数并未随案件数量逐年增长的趋势而增长。2013年，上海全市执行法官的人数为479人，平均每人办理执行案件232件。基于执行案件基本归由基层法院管辖的实际，基层法院执行法官的年办案数量则远超上述平均数。如闵行法院在2013年受理执行案件9247件，而该院执行法官仅有18名，人均办案514件。按照当前的法律规定，每一起执行案件，被执行人的房产、股权、车辆、银行存款、工资收入等财产均属于必查项目。因此，每起案件至少得实施5项财产查控行为，且许多被执行人拥有多个银行账号、多处房产，就必查财产项目而言，该院执行法官该年至少得实施2570起财产查控行为，即使除去依照集中的点对点查询等方式，部分本市的银行存款、工商、房产等信息可以无需承办法官实地查询之外，工作量依然十分巨大。若再将银行账号3个月就得续封一次等计入其中，其工作量还得大幅增加。而当前，随着余额宝、具有财产价值的网络虚拟财产等新财产类型的不断涌现，实际查控行为远超上述统计。而当前，法定的年实际工作日约为250天，该院执行法官每天至少需实施10起左右财产查控行为。在当前被执行财产分散各处，且车多路堵的情况下，上述繁重的任务越发成为一项可望而不可即的梦想。

加之当前国家紧缩编制、严控公职人员，特别是在当前司法改革控制法官员额，且很有可能进一步缩减执行机构法官人数的情况下，传统的增编加人的扬汤止沸型解

难办法已步入尽头，必须创新思维，将社会力量引入到法院执行中，将部分执行权能委托给执行机构以外的主体，以期另辟蹊径解决好这一亟待破解的难题。

（三）执行权过度集中所呈弊端及域外司法实践，为法院执行权授权行使提供了动力和样本

当前，我国执行案件普遍实行的是“独任制”的执行模式，即由一名执行法官自始至终负责整个案件的执行（不排除部分执行事项，如案件的执行异议、案外人异议由其他法官处理）。此种承办模式，虽然具有效率高的优势，但由于缺乏有效的监督制约，滋生不少司法不廉等问题，当前社会中存在的对法院执行机构、执行人员的一些负面看法，与这一点不无关系。一些法院虽然也在尝试分权制约，如将案件按照一定的节点，由不同的承办人分段执行，但因依然是在执行机构内部的分权，相互制约的效果还不明显。

随着对执行权性质的认识逐步深入，以及为了防范执行中廉政等风险的必要，构建执行权分权制约机制成为一种现实需要，前述《意见》出台的初衷亦可能基于这一点。而将社会力量引入到法院执行中，通过适当的方式将部分执行权能授予法院以外的机构，可以彰显内外分权行使过程中所应有的分权制约效能。

另外，从域外相关情况来看，无论是大陆法系的法、德，还是英美法系的英、美等国，都建有职能类似的执达员制度，即技术含量较低、重复性的事务性工作由执达员实施，执行法官则主要负责执行裁决、监督等事项。如德国的司法执达官本质上并非法官，一般只在执行法院的监督下办理较为简单的执行法律事务，并且执行标的仅限于有形动产，而执行法院主要负责比较复杂或含有高难度法律问题判断的执行案件，等。①

虽然目前国内有关将执行案件或者部分执行事务委托给独立第三方行使的研究还比较少，但在民事诉讼中诸如委托社会力量评估拍卖，委托社会力量进行鉴定评审等事务则比较成熟，可为法院执行引入社会力量提供有力的借鉴。实际上，在一些法院中，已经大量存在社会力量介入法院执行的案件，如协助执行网络中的协助执行单位，有的法院还参照人民陪审员的模式，聘用陪执员参与实际执行等。只是现行的陪执员等尝试，存在着人员素质不高、不独立担责等问题，因此这些做法只是变相地帮助法院增加了人手，而运行机制和执行效率等方面，与先前无异。

但从总体上看，尤其是在当前国家治理方式改革的大背景下，考虑到“政府购

① 参见严军兴、管晓峰主编：《中外民事强制执行制度比较研究》，人民出版社2006年版，第52～61页。

买公共服务已经成为当前我国改革和发展的主要内容和重要目标”，[①] 因此，法院借鉴政府购买公共服务的方式，将社会力量引入到法院执行之中，是解决当前法院案多人少的有效途径。

（四）社会专业法律服务机构的蓬勃发展，为法院执行权授权行使奠定了必备的人力基础

近年来，随着法学高等教育的飞速发展，法学高等院校毕业生源源不断进入劳动力市场。据统计，截止 2014 年初，中国拥有 634 所法学院系；法学专业在校生人数已达 30 多万人，比改革开放之初增加了 200 多倍，且在校生规模还在不断扩大。[②] 而据麦可思研究院与《麦可思研究》编辑部，在中国社会科学院举行“2013 中国大学生就业报告发布暨研讨会”上公布的信息，2012 届法学本科毕业生的就业率排名居于倒数第三名（见下表）。

2012 届就业率较低的主要本科专业（前 10 位）

主要本科专业名称	毕业半年后就业率（%）
生物科学与工程	85.4
音乐表演	85.9
法学	86.0
数学与应用数学	86.0
……	……
全国本科生平均	91.5

另据上海市律师协会对外公布的数据统计，截至 2013 年底，上海市共有律师事务所 1222 家，同比增长 5.3%，全市共有律师 16692 人，同比增长 6.1%。而根据上海市律师协会 2007 年发起的，对全市 49 名 35 岁以下的青年律师执业调查显示，受访律师一半以上年收入在 1 至 5 万元，34.9% 的律师收入在 5 至 10 万元，只有 13.9% 的律师收入在 10 万元以上，[③] 而决定收入的最根本因素就是收案数量与质量，新入行的律师因为案源缺乏，导致收入不高。由于没有最新的统计数据可印证，但根据我们了解，最近几年来，虽然上述状况有所改观，但其基本形态仍未得到根本扭

① 赵玉宏、郭万超：《我国政府购买公共服务模式分析》，载《城市管理与科技》2013 年第 1 期。

② 马海燕：《中国法学专业在校生超 30 万，亟需涉外法律人才》，载 2012 年 09 月 21 日“中国新闻网”，2014.4.19 日 9：40 访问：http：//www.chinanews.com/edu/2012/09－21/4202591.shtml。

③ 王凤梅：《青年律师生存状态调查报告出炉》，2007－03－18 载于上海市律师协会网站，2014 年 4 月 19 日访问：http：//www.lawyers.org.cn/info/80f78af9dca142d8845e05992ae037b2。

转，即当前法学专业毕业生的数量很大，就业艰难，律师行业又有大量新进入的律师案源不足，收入较低。因此，在当前法学毕业生供大于求，法律市场尚未完全激活的情况下，上述亟待就业和拓展业务的大批专业法律人才及法律服务机构，为法院执行引入社会力量提供了庞大的法律专业人才储备。

（五）司法改革试点与自贸区建设的大幕开启，为执行权授权执行提供了契机与平台

十八届三中全会通过的《中共中央关于全面深化改革若干重大问题的决定》决定推进法治中国建设，深化司法体制改革，加快建设公正高效权威的社会主义司法制度，维护人民权益，让人民群众在每一个司法案件中都感受到公平正义。随即，上海等六省市的司法改革大幕据此徐徐开启。当前，社会舆论以及相关主体的关注点大多集中在司法人员分类管理的改革上，实际上，十八届三中全会决定的重点与核心就是要健全司法权力运行机制，优化司法职权配置，健全司法权力分工负责、互相配合、互相制约机制，加强和规范对司法活动的法律监督和社会监督。最高法院亦相应地部署了司法权运行机制改革。刚刚闭幕的十八届四中全会，更是直接指出要试点审判权与执行权分离。虽然在四中全会的公报以及随后的《中共中央关于全面推进依法治国若干重大问题的决定》中并无更加细致的说明，当前法院系统内部对于如何操作也没有定论，但是这对于执行权运行本身的影响是显而易见的，执行权的行使势必有所改变，方能适应改革的要求。

前面已经提到，将执行权授权给执行机构以外的主体行使，存在一个主要障碍就是没有法律的明确规定。因此，结合上海同时试点司法改革与推进自贸区建设的巨大优势，在自贸区范围内先行试点，不仅可以检验执行权授权行使是否具有可操作性，也可以为执行权运行机制的整体改革积累经验。同时，根据上海自贸区建设的整体构想和部署，其被赋予先行先试的任务，在相关法律的适用上，拥有暂时调整适用的权力。所以，在上海自贸区率先试行社会力量参与法院执行工作，不仅可以解决与当前法律架构相冲突的尴尬，而且还可以为社会主体参与法院执行试点提供绝好机会：

其一，自贸区的目标之一就是要实现法治环境规范，要形成可复制、可推广的经验，以期发挥示范带动、服务全国的积极作用，促进各地区共同发展，为全面深化改革和扩大开放探索新途径、积累新经验，而这其中当然也包括执行法制环境的建设和完善。

其二，自贸区拥有先行先试的政策红利，为法院执行引入社会主体创建了难得的试验平台，进而有效避开法律依据不足的尴尬。

第三，自贸区本身范围较小，在自贸区进行相关试验改革可控性比较高，不至于

产生大的不利影响。

第四，自贸区的经济、社会环境更为复杂，在其境内获得的经验，具有更高的可推广性和可复制性。在当前环境下，立即整体推进执行权授权执行基本很难行得通，而通过小范围试点，总结改进后再推广的方式，不仅可以享有政策红利，也符合改革规律。

二、参与门槛的从高设定：确保参与主体不敢滥为且有所作为

执行权授权行使，不仅是缓解当前执行机构案多人少矛盾的权宜之计，更是逐步推行执行实施权与执行审查权内外相分离的根本举措。故，在执行权授权行使的进入门槛设置上，当坚持从高设定的原则，确保将优秀的、诚信的、综合能力强的社会主体吸纳进来。

参照人民法院选定委托、评估拍卖等机构的标准，以及出于试点的谨慎考虑，可从参与机构的资格限定与参与人员的资格限定两方面设定必要的准入门槛。

对于参与机构，可设置以下两项准入指标：

一是主体资格的限定，即参与法院执行的机构应当依据相关的法律法规依法设立，具有独立的民事主体资格，如律师事务所应当依据《律师法》《律师事务所管理办法》等法律法规的规定依法登记设立。

二是一定资产数额的限定，如需拥有固定的经营场所以及拥有一定的资本等。要求参与执行的社会机构具备一定的资产，主要是考虑到其错误执法后的责任承担，若其在执行过程中出现违法行权或工作失误，给相关主体造成损失的，能够具有承担责任的能力，否则将会引发次生纠纷。基于执行案件的类型不一以及执行实施行为的要求不同，当设定统一的综合标准，即参与机构年度资产总额不得低于人民币 500 万元，且年度交纳企业所得税不得低于人民币 100 万元，以确保违法行权后有足够的财力自负其责。

三是机构类型的限定，参与执行需涉及大量的法律理解与适用，故，参与执行的机构当以律师事务所或者专业的法律服务机构为主。

四是规模条件的限定，承接一般案件财产调查与查控任务的，律师事务所应有执业律师 20 人以上，以及具有法律专业学科背景的人员若干，以确保具备独立担当相应任务的人力基础。

此外，还需设立必要的禁止性准入门槛：

一是信誉门槛，即不能或者在一定时期内不能有违反行业道德或者违法违规的记

录，如律师事务所及所内律师因违反行业规范，受到行业处分或受到行政处罚的；不能存在有偷税漏税行为等；

二是回避门槛，即参与法院执行的社会机构或其成员，系执行案件当事人、代理人或利害关系人的，则不得参与该执行案件的执行。

三、介入事项的有限赋予：明晰社会主体参与法院执行的从属地位

根据民事执行理论，民事执行权主要分为执行裁决权和执行实施权两大子权力。从各国民事执行的具体实践来看，执行裁决权往往配置于法院，即便是执达员制度历史十分悠久的法国亦如此。[①] 故对于社会主体参与法院执行的介入权能而言，对于执行裁决权而言，当排除于其所能介入的内容之外。对于执行实施权，根据其内涵之所盖，其包括调查权、实施强制措施权、执行财产处分权以及其它执行行为实施权等分支权能。根据我国素来以法院为单一执行主体的司法实践，以及念及当前法律等因素的制约，在试点初期，社会主体不能全部介入分享所有的执行实施权，而应持谨慎态度，有限受托行使部分执行实施权。基于稳妥起见、逐步深入的考虑，当前，社会主体可介入和分享下述执行实施权。

（一）被执行财产的调查实施权

调查权是实施强制执行的一项重要权力，是保障案件得以兑现的重要条件。根据执行实务中所常见的调查类型来分，可划分为：一种为与被执行人不相接触的背对背式调查，如到财产登记或管理机构诸如银行、工商、证券等部门调查被执行人名下财产状况等，此类调查数量很大；另一种则为与被执行人相接触的面对面式调查，如搜身、入户搜查等，此类调查数量相对较少。对于第一种类型的调查，可赋权给社会主体予以调查，一方面可以大大减轻执行机构的调查压力，另一方面可以给参与主体提供足够的案件来源，维持其参与的动力。而对于第二种类型的调查，因其可能会涉及到对被执行人人身等使用强制执行力，进而可能涉及到对当事人的人身自由的限制，法律对其实施的主体及适用条件等要求都非常高，故对这一类财产调查内容，仍应当归由法院执行人员依法行使。

（二）被执行财产的控制措施采取权

本文所谓的控制权，即在上述的财产调查中，发现被执行人有可供执行的财产时，即可根据金钱、动产、不动产和财产权利等不同执行对象，分别采取查封、扣

---

① 参见谭兵主编：《外国民事诉讼制度研究》，法律出版社2003年版，第412页。

押、冻结、划拨等方式，将被执行财产交由执行法院所掌控的行为。承上节所述，此中的控制权，仅限于被执行财产，而不包含对被执行人及相关责任人的人身控制。此中，社会主体在对被执行财产的控制上，其控制权的最终指向只能由执行法院所掌控，如被执行资金的划拨流向等，只能是执行法院的代管账户，而不能划转到社会主体自身的账号，即便是申请执行人的账户，也不得由其直接转入，而只能由执行法院依法予以发还给申请执行人。此即社会主体仅拥有对被执行财产的控制措施采取权，而绝不得拥有被执行财产的实际控制权和处分权，以防范其在行权过程中发生不可预测的道德风险，确保案件当事人的利益。

（三）被执行人资产状况核查及其它违法行为调查实施权

《民事诉讼法》第241条规定，被执行人未按执行通知履行法律文书确定的义务，应当报告当前以及收到执行通知之日前一年的财产情况。该项规定，在找寻到被执行人的情况下，被执行人一般均会提交财产申报表，但按图索骥、逐项查验财产的工作却是一项十分琐碎的任务。许多法院因执行人员人手紧张等问题，致使申报财产的查验工作出现走过场的现象，使得被执行人财产申报制度未能发挥其应有的威慑效能。故，此项工作交由社会主体实施后，不仅能够有效解决法院因人手紧张而产生的问题，而且还能有效彰显该项制度的打击与威慑效应。

另外，最高法院还出台了《关于限制被执行人高消费的若干规定》及《关于公布被执行人失信名单信息的若干规定》等法律文件，对不诚信被执行人形成了有效威慑。但由于法院人手不足等因素，致使对被执行人违反上述规定的调查取证等方面存在严重不足，使一些违反上述规定的被执行人未能及时得到应有惩罚。故，参与法院执行的社会主体在不干涉被执行人人身自由的情况下，可通过调取被执行人高消费走账记录、高档酒店住宿监控等形式，获取被执行人违法高消费的初步证据，为执行法院依法对其实施惩罚奠定必要的证据基础。

四、相互关系的清晰界定：严格区分相关各方的权责边界

清晰界定执行法院与受托参与法院执行的社会主体之间的关系，是维系社会主体参与法院执行制度建设的一项基础性工程。此前，一些执法机构所招募的诸如协管员之类的辅助执法人员，因受其与所在执法单位之间存在关系界定模糊、职责区分不清等问题，致使执法过程中产生问题后，曾出现执法单位将责任推诿给协管员，而被社会戏谑为“临时工”的现象，严重影响到了国家机关的公信力。故，法院执行中引入社会主体时，应当引以为戒，严格界定执行法院与参与执行的社会主体之间的关

系，按照规范授权、独立行权、各负其责的原则，设定好各自的权力边界。

(一) 执行法院对社会主体介入执行拥有程序决定权和全程监督权

在当前法律语境下，人民法院仍需当仁不让地成为强制执行的主体，将社会主体引入法院参与强制执行，并非意味着执行法院充当“甩手掌柜”，就可理直气壮地将自身的职责转嫁给社会主体，就可颐指气使地指挥社会主体去履行本应由执行法院所担负的法定职责。而是基于当前执行事务空前膨胀、提升执行效率以及实现分权制约目标等因素的综合考虑，将强制执行中的部分事务性事项交由社会主体去完成，所介入的社会主体仍只起着补充和辅助作用，执行法院仍是强制执行的第一责任人。

执行法院第一责任人主体地位的确立，即昭示着执行法院在社会主体的介入和监督上占据着主导地位，其主导性主要体现在以下两个方面：

第一，执行法院对社会主体的介入拥有程序决定权。此项权力包括两方面的内容，一是程序的启动权，即表明社会主体介入法院执行的权力非与生俱来，而是需得执行法院的明确授权，即需执行法院一事一授权或多事一授权，且社会主体的行权范围只能严格限定在执行法院所授权范围之内；二是程序的终止权，这一权力是与其后的监督权结合的，即执行机构在监督实施的过程中，发现相关主体违法行权的，可以终止其实施执行措施的权利。

第二，执行法院对社会主体的行权拥有全程监督权。执行法院一旦授权与社会主体，即刻褪去相应事务的执行实施权，但同时即刻拥有对授权事项之全程监督权。执行法院对社会主体实施监督权，可遵循两种模式予以提起，一种为依职权提起；另一种则为依案件当事人的申请予以提起。监督的范围当严格限定在所授权之范围内，主要监督是否存在渎职、滥权和越权等行为，与前述程序决定权相结合，以确保社会主体在行使法院部分执行权中不敢滥为。

(二) 社会主体在执行法院授权范围内拥有独立执法实施权

权责分明、独立行权、责任自担，是检验社会主体参与法院执行试点建设能否取得成功的关键性因素之一。故在社会主体参与法院执行试点建设中，首当其冲的，便是要防范社会主体与执行法院之间存在人身依附关系和职责混同等问题。

当前，可从以下三个方面加强各自独立性建设：

一是社会主体的行权边界当严格限定在授权范围之内。参与法院执行的社会主体只能在所授权的范围内行权，法院授权书是其行权的权源，是其行权的红线和边界，逾越即违规，相关当事人即可要求其赔偿。

二是独立行权的范围涵盖授权事项全部内容。执行法院一旦将某项执行事务授权于社会组织，其即对该授权事项具有排它性的独享权，非其存有违法行权之事实，执行法院不得将该授权予以变更或撤销。

三是执行法院只具监督权。执行法院一旦授权出去，便对授权事项只具有监督权和成果归享权，而不能具有任何干扰或替代行权行为。而此种监督一般也只能是事后的监督，而不能以事前防范为由干预社会主体的行权，亦即不看（干预）过程只看结果（即成果）。

（三）执行法院和社会主体在各自职责范围内独立承担责任

从上述“参与门槛的从高设定”一节即可得知，所介入的社会主体均系具有独立法人资格的民事主体。根据《民法通则》第36条之定义，法人是具有民事权利能力和民事行为能力，依法独立享有民事权利和承担民事义务的组织。而根据第37条法人所应具备的条件，即需有必要的财产或经费和能够独立承担民事责任中可看出，法人具有承担责任的能力。故，社会主体参与法院的强制执行后，在授权范围内行权时，一旦出现违法或渎职等行为，当独立承担损害赔偿责任。

对于社会主体错误执法造成的损害，受害人的索赔对象当指向谁？基于申请执行人是直接向法院申请强制执行，而其并未与社会主体发生过任何授权与委托关系，仅系执行法院与社会主体之间的直接授权。故，从便于当事人索赔等需要出发考虑，一旦社会主体在行权时造成执法损害的，受害人可直接向执行法院索赔。事后，执行法院可再向社会主体追偿。对于将来该项制度发展到申请执行人可自主选定社会主体参与执行时，该社会主体造成执法损害的，相关当事人则可向该社会主体索赔。

五、赋权路径及报酬计付：激发社会主体参与执行后劲

在现代商品经济社会里，正当的逐利行为非但不具贬义性，反而是创造社会财富、推进社会发展的根本动力。尤其是作为具有商事主体资格的律师事务所等商事主体而言，获取必要的利润不仅是其设立的前提，更是维系其生存和发展的必要物质基础。故，给予参与法院执行的社会主体以相应的服务报酬，是激发社会主体参与法院执行的根本措施。

根据国务院《诉讼费用交纳办法》第38条及第12条等法条的规定，强制执行费用均由被执行人承担。这一费用承担原则，不但加大了不诚信被执行人的失信成本，迫使被执行人主动且尽快履行法定义务，而且也不经意中为社会主体参与法院执行获取报酬预留了制度窗口。但此种制度性窗口，如果一旦被肆无忌惮地加以滥用，就将变为对被执行人权益无以复加的制度性戕害。故，当针对执行法院必查必控财产项目和当事人自选查控财产项目，有区分地确定付费主体及报酬标准，从而在确保社会主

体获得必要报酬的同时，既能兼顾到执行法院的支付能力，又不至于损害到被执行人的合法权益，实现各方权益的相得益彰。

（一）法院依职权必查必控事项的赋予路径及报酬计付

根据当前的法院强制执行实践，除非执行依据所判明直接给付特定标的物，以金钱为给付内容的强制执行，执行法院一般需对被执行人名下的下述财产状况进行详尽查控：银行存款、机动车辆、房地产、工资收入（个人）、股权投资以及申请执行人提供的有形财产线索等，上述财产查控内容，应当说是当前每个执行法院实施财产查控必做的规定动作。

对于上述规定内容的财产查控项目，其实施义务主体应当归属于执行法院，执行法院可将上述事务授权于社会主体实施。由于执行法院将本应归由自己所担负的任务授权给社会主体去完成，执行法院必定由此节余了相应的执法成本，法院应将该节余部分支付给实际承担劳务付出的社会主体。否则，不仅执行法院有以此谋利之嫌，而且被执行人还存在有为此重复付费之虞，进而损害到被执行人的权益。对于该部分必查财产事务的报酬计付问题，基于其查控方法较为简便，查控路径简单明了，所投入的人力成本普遍较小，以及鉴于当前法院办案保障经费标准普遍偏低的现状，对该部分劳务报酬计付，可参照机动车强制险与商业险的做法，即上述必查必控财产项目的报酬计付标准，以满足社会主体必要查控成本支出兼顾微薄盈利为原则，由执行法院支付，待有执行到位财产时，再从执行到位财产中予以扣除。

（二）申请执行人自选执行事项的赋予路径及报酬计付

对于上述规定查控项目之外的财产查控，诸如具有财产价值的网络虚拟财产、现今种类繁多但权属登记形式不一的大额团购券以及如今发展劲头正猛的互联网理财产品（如余额宝、微信的财富通）等，由于此类新型财产，许多并不一定是采取实名登记的方式直接记载于被执行人名下，而是通过被执行人手机号码或其它与其身份具有连接关系的方式登记拥有，如有的被执行人以其微信账号在网上认购和囤积有大量的代币券或团购券。

对此类必查财产范围之外的财产有查控需求的，申请执行人可采取列举的方式申请法院予以调查和控制，执行法院可将其申请授权相应的社会主体予以调查和控制。对此部分的报酬，则可采满足实际支出成本的基础上，允许其获取合理利润的报酬计付原则，由申请执行人向调查机构预付可能实际支出的成本，若该申请查控的财产实际执行到位的，则从中优先扣付给预付查控费用的申请执行人，若未实际查控到财产的，则由该申请执行人自担。对于采取该部分财产查控措施的合理利润部分，则视该项查控有否实际查控到财产，实际查控到位的，则依实际被查控到位的财产数额为基本计付标准，按下述比例从最终执行到位的财产中优先支付给调查机构作为其合理利润：

实际查控并最终执行到位财产数额（人民币）	支付合理利润报酬的计付比例
1万元至10万元	按照2.5%交纳
10万元至20万元	按照2%交纳
20万元至50万元	按照1.5%交纳
50万元至100万元	按照1%交纳
100万元至200万元	按照0.9%交纳
200万元至500万元	按照0.8%交纳
500万元至1000万元	按照0.7%交纳
1000万元至2000万元	按照0.6%交纳
超过2000万元以上部分的	按照0.5%交纳

上述报酬计付模式，既可防止在当前完全免费申请法院查控模式下，申请执行人因其无需产生任何查询成本，便时常出现一些求偿心切的申请执行人，频繁向执行法院提交一些道听途说的所谓财产信息，要求执行法院予以查控的情况。此类子虚乌有的所谓财产线索，不仅浪费了大量的司法资源，而且还常反遭致申请执行人的投诉和不满。上述报酬计付模式，为申请执行人在规定财产查控项目之外的财产查控需求，设置了一定的成本支出风险，不仅可促使申请执行谨慎提供财产线索，而且还能有效激发社会主体查控更多财产线索的积极性，进而有效提升执行工作效率和案件执行到位率。

建国后农村土地制度的变迁及其影响

王大鹏*

摘　要　建国后的农村土地制度变迁可以分为四个阶段，从土地改革开始，历经生产合作社时期和人民公社时期，最终到目前的家庭承包经营阶段。在这一系列的变革过程中，人民公社时期的土地制度承上启下，在改变了数千年土地私有的同时，也奠定了农村土地集体所有的雏形，这也成为我国土地制度迥异于世界他国的最主要特征。土地公有是特殊历史时期的产物，它的背后汇聚着政治、社会、经济等多方面的原因。这场制度变迁产生的影响余波犹在，它也成为我们当今土地制度变革的起点。

关键词　土地制度　制度变迁　人民公社　城乡二元结构

引　言

时下，关于土地改革的争论沸沸扬扬，问题由来已久，解决之道却依旧扑朔迷离。历史是一种资源，回顾和检验建国后农村土地制度的变迁或许会为我国土地制度的变革提供有益的借鉴和启示。中国自古以来缺乏严格界定清晰产权的法律理念，建国后的一系列改革更是延续了这种传统。从土地改革到合作社的发展，再到人民公社的建立，无不彰显着国家权力的渗透和国家意志的贯彻。这场“强制性的制度变迁”不仅破除了传统的农地权利结构体系，而且缔造了现行城乡二元土地制度的基本格局。这场制度变迁有哪些经验教训，又有哪些制度遗产，值得我们仔细回味。

* 王大鹏，农业部管理干部学院农业法律研究中心助理研究员。

一、农村土地制度的变迁

新中国成立之后，共产党根据自己的土地改革经验和国内的经济社会形式，决定进行土地改革。1950年6月，中央人民政府委员会通过的《中华人民共和国土地改革法》，成为了土改运动的主要法律文件。在此基础上，土地改革将农村与大城市郊区区别开来，前者主要依据《政务院关于农村阶级成分的决定》（1950年8月）开展，后者则按照《城市郊区土地改革条例》（1950年11月）进行。《土地改革法》第一条规定："废除地主阶级封建剥削的土地所有制，实行农民的土地所有制，借以解放农村生产力，发展农业生产，为新中国的工业化开辟道路。"按照阶级成分的划分，这次土地革命主要以暴力革命和强制没收完成了土地资源的再次分配，并确定了农民土地私有的产权结构形态。

土地改革赋予了农民主体资格，极大地激发了农民的劳动积极性，但是短期内无法改变的是农村生产力极其落后的现实。根据中共中央西北局1952年对陕西省长安县的调查，土改之后农民的牲口、水车、大车等生产资料严重短缺，土地改革"并未解决了农民所有的生产问题"①。甚至在土地改革之后，农村出现了出卖土地、放高利贷等现象。② 为此，1951年12月，中共中央颁布了《关于农业生产互助合作的决议（草案）》，号召农民"组织起来"，按照自愿和互利的原则，开展农业生产互助合作运动。互助合作社的模式并未改变土地私有的所有权属性。全国各地的互助形式多种多样，但大同小异，这种类似"合伙"的生产模式解决了技术、蓄力不足等问题，"对当时的农业生产起到了积极的促进作用。"③

在多种生产互助模式中，由政府主导的合作社形式脱颖而出。1953年，中共中央通过了《关于发展农业生产合作社的决议》，该决议总结了初级社的优点，提出"必须采取说服、示范和国家援助的方法使农民自愿联合起来。"④ 根据杜润生先生的记载，"1955年搞的10万个初级合作社，办得很好。当时定下了一个标准，非把这

---

① 习仲勋：《关于西北地区农业互助合作运动》，史敬棠编：《中国农业合作化运动史料》（下册），三联出版社1959年版，第340页。

② 《当代中国典型农业合作社史选编》（下），当代中国的农业合作制编辑室编，中国农业出版社2002年版，第639页，

③ 高富平：《土地使用权与用益物权——我国不动产物权体系研究》，法律出版社2001年版，第368页。

④ 王琢、许滨：《中共农村土地产权制度论》，经济管理出版社1996年版，第62～63页。

10 万个合作社办得超过当地富裕中农的水平不可。”[①] 在此基础上，高级社也如火如荼的开展起来。1955 年 11 月，全国人大常委会通过了《农业生产合作社示范章程（草案）》，它要求原来数量众多的生产互助组，必须转为初级社或者高级社，并由后者统一使用土地。随后在 1956 年 6 月，通过了《高级农业生产合作社示范章程》，其中第 13 条规定：“入社的农民必须把私有的土地和耕畜、大型农具等主要生产资料转为合作社集体所有。”1956 年，全国参加农业生产互助合作的农户比例已达 92%，一年净增 27 个百分点，[②] 基本完成了社会主义改造。

从法律形式而言，农民仍具有土地私有的法理依据。根据 1954 年宪法第 8 条规定：“国家依照法律保护农民的土地所有权和其他生产资料所有权。”从示范章程的规定来看，农民必须申请才可以加入合作社，这可以看做是入社的门槛，也可以当做是农民入社自由的权利。同时，入社的农民有自由退社的权利，社员退出合作社时，可以带走他入社的土地或者相当于同等数量和质量的土地。所以从理论上而言，初级合作社和高级合作社的生产形态并未完全否定农民的私有土地所有权。但是对于入社的农民而言，其丧失了土地私有的权利，法律确定了高级合作社的集体土地所有权。在合作社集体所有的形式之下，农民按照社员的身份享有“共同劳动、共同分配”的权利，而合作社整体则被当做一种类似于“法人”的主体。比如在 1955 年 10 月的《民法总则草稿》（第二稿）第 19 条中就规定：“国家机关、合作社、企业、群众团体、社会组织、学校、医院等以自己的组织名称取得民事权利和负担民事义务，并且在法庭起诉、应诉的，都可以作为法人。”[③]

虽然法律设计并无不当，但是在大步迈向社会主义的热情中，一些地方不同程度地出现了过分追求合作社发展速度和规模的现象，并导致在许多地方引发了退社潮。中央政府内部对此也产生了分歧，但是最终主张快速发展的占据上风。1955 年中共中央召开省、市、自治区党委书记会议，毛泽东做了名为《关于农业合作化问题》的报告，明确反对邓子恢等人的“收缩行动”，对农业合作化运动的形势做出了判断，认为全国农业合作化的社会主义高潮即将到来。在国家意志的贯彻和意识形态的裹挟下，农民的私人土地所有权仅仅停留在很快就被束之高阁的宪法和法律层面。

从高级社到人民公社的跨越，进一步彰显了领袖的气质和威望。

---

① 杜润生：《中国农村制度变迁》，四川人民出版社 2002 年版，第 3 页。

② 廖洪乐：《中国农村土地制度六十年——回顾与展望》，中国财政经济出版社 2008 年版，第 47 页。

③ 何勤华、李秀清、陈颐：《新中国民法典草案总览》（上卷），法律出版社 2003 年版，第 5 页。

在1955年底至1956年初农业合作化高潮中，不恰当地强调大社的优越性，导致一些高级社的规模过大，带来了生产管理上的诸多不便，以及分配上的平均主义和社干部在工作上的行政独断等问题，针对这些问题，中共八大通过的《关于发展国民经济的第二个五年计划（1958—1962）的建议》专门强调："在农业生产合作社的发展中，应该防止盲目并成大社，以免造成经营管理和生产组织工作上的困难，影响农业生产。"在此基础上，"既反对保守，也反对冒进"的方针在农业领域取得一定成效。然而，在1957年的中共八届三中全会上，毛泽东对"反冒进"进行了公开批评，并揭开了农业"大跃进"的序幕。根据毛泽东并大社的思想，1958年3月成都会议通过了《关于把小型的农业合作社适当地并为大社的意见》，同年8月，中共中央通过了《关于在农村建立人民公社问题的决议》。决议认为，"人民公社是形势发展的必然产物"，"建立农林牧副渔全面发展、工农商学兵相结合的人民公社，是指导农民加速社会主义建设，提前建成社会主义并逐步过渡到共产主义所必须采取的方针。"《决议》规定公社实行"政社合一"，并认为目前公社仍然是社会主义集体所有制，但其中已经包括若干全民所有制的成分了。"一大二公"的人民公社在中央的大力推动下在全国积极开展起来，到1958年9月底，全国参加人民公社的农户已达1.2亿户，占农村总户数的90.4%。① 在农村公社的数量和规模不断扩大的同时，"共产风"的思潮也随之蔓延开来，"一平二调三收款"的公社行政干预严重损害了农民的积极性。

这时毛泽东开始不断反思人民公社运动的利弊得失，他亲自主持制定了《农村人民公社条例（草案）》，明确了人民公社实行土地等生产资料"三级所有，队为基础"的制度。1962年，中共中央八届十次会议正式通过了《农村人民公社工作条例（修正草案）》，条例全文共有60条，故又简称"六十条"。"六十条"规定，"生产队是人民公社的基本核算单位。它实行独立核算，自负盈亏，直接组织生产，组织收益分配。"按照中央当时的估计，这种制度至少30年不变，即一直到1992年。"六十条"成为之后农业的基本大法，其所规定的"政社合一"和"三级所有，队为基础"的体制规定也一直沿用至1982年宪法修订。

由并社活动演变而来的人民公社化运动，改变了原来的所有制关系和社会组织结构，并对当今农村土地制度影响颇大。

首先，人民公社运动破坏原有私人产权的清晰边界。这种对产权明晰缺乏足够认识的举动充分体现在地方制定的人民公社条例中。被毛泽东称赞为人民公社创建样板

① 陈大斌：《从合作化到公社化——中国农村的集体化时代》，新华出版社2011年版，第205页。

的河南省嵖岈山卫星人民公社的简章中规定：

> 根据共产主义大协作的精神，应将包括土地在内的一切公有财产交给公社，多者不退，少者不补，在已经基本上实现了生产资料公有化的基础上，社员转入公社，应该交出自留地，并且将私有的房基、牲畜、林木等生产资料转为全社会公有，但可以留下小量的家畜，家畜仍归个人所有。①

土地改革之后，农民分获的土地被强制收归公有，乃至“房基”都被当做生产资料公有化。例如当时河南省第一书记吴芝圃在专题报告中强调，为了强化公有制的特征，不仅土地归公，粮食、住房乃至家庭都要公有化，真正变成以社为家，以国为荣。②

从当时的实践和认识不难看出，人民公社的建立极大地损害了农民以及农民之间的经济合作组织。如果说高级社类似一种“按份共有”的股份合作公司，那么农民在“一大二公”的人民公社中只享有抽象意义上的共有权。“一大二公”，一曰“大”，二曰“公”。前者意味着人民公社由原来数个或者十几上百个高级社组成，一乡一社成为主流乃至有些地方出现一县一社的情况。然而资金集中，物资集中，却增加了管理成本，生产经营的主体和集体所有权的支配主体存在严重错位。也正因为如此，加上各地情况不同，在“公”的特质下，人民公社普遍实行“一平二调三收款”。这种狭隘的“平均主义”政策，导致农民以及高级社的产权难以得到保障，随时可能被平均。

“六十条”的颁布确立了“三级所有，队为基础”的生产结构模式，一定程度上缓解了这种“平均主义”的趋势，对恢复生产和经济发展起到促进作用，但却加剧了土地产权的混乱。农村集体所有权的边界再次发生变化，原本抽象的人民公社所有变成了农村生产队、农村生产大队以及人民公社三级所有。从现代物权法的角度而言，“三级所有，队为基础”的表述本身就带来了极大的解释难题。“六十条”第20条规定：“生产队是人民公社中的基本核算单位。他实行独立核算，自负盈亏，直接组织生产，组织收益的分配。”一方面，从生产角度而言，生产队一级作为农村集体所有权的主体，对其所有的包括土地在内的集体所有财产具有完整的占有、使用、收益、处分的权利。人民公社没有权利抽调或者征用，除非给予补偿。然而在另一方面，这种集体所有权却又要服从于人民公社所有权。“政社合一”的制度安排决定了

① 参见《嵖岈山卫星人民公社简章（草案）》第5条。1958年，毛泽东亲自修改该简章并刊登于《人民日报》作为全国的样板。

② 罗平汉：《天堂实验——人民公社化运动始末》，中共中央党校出版社2006年版，第82页。

这种经济组织实际上又成为国家行政机构的附属，按照计划指令生产的基本核算单位在产权关系中基本上属于无权地位。周其仁教授因此指出人民公社的“集体所有制既不是一种‘公有的、合作的私有产权’，也不是一种纯粹的国家所有权，它是由国家控制但由集体来承受其控制结果的一种农村社会主义制度安排”①。

其次，人民公社运动导致了土地产权进一步混乱。人民公社的成立强迫村民的私有土地公有化，“一平二调”的共产风又随意征调土地，使得原本模糊的土地产权变得更加混乱。张乐天在讨论浙江海宁县人民公社时谈到：

> 人民公社随时可以根据自己的需要占用管辖范围内的任何一块土地。土地的占用没有规定的手续，甚至没有正式备案的文件。土地征用尽管经过了大队干部的同意，但这实际上是做做‘表面文章’，公社用地是‘事业的需要’，大队干部不仅必须统一将世代属于他们的土地划出，而且必须马上同意。同意不同意是一个政治问题，谁也不会为保护已经不属于自己的东西而去犯政治错误。②

“六十条”出台之后，生产队为基础的基本经济形式确立下来，农村土地产权关系趋于稳定，但并不意味着集体土地所有权关系就此明确。中共中央于 1962 年 2 月作出的《关于改变农村人民公社基本核算单位问题的指示》中，针对土地问题指出：原来“四固定”的土地，如果是合理的或者大体上合理的，可以基本不动，个别调整。有些地方的土地，由于各种原因，几年来变动很大，各队之间过于悬殊，群众要求调整的，应当进行调整，但是不要打乱重分。土地的所有权归谁，可以斟酌情况决定。在有利于改良土壤、培养地力、保持水土和增加水利建设等前提下，可以确定归生产队所有，也可以仍旧归大队所有，固定给生产队长期使用。这种具体问题具体分析的实用主义与中国传统法律文明中缺乏严格产权界定的传统③一脉相承，如果说这种传统的智慧在应对熟人社会定纷止争时游刃有余的话，那么在崇尚自由交易平等保护的商业社会则难免有些无所适从。

值得关注的是，“六十条”第 21 条规定：“生产队范围内的土地，都归生产队所有。生产队所有的土地，包括社员的自留地、自留山、宅基地等等，一律不准出租和买卖。”它明确了土地的集体所有的属性，包括自留地、宅基地等一切归属于集体。与高级社不同，“政社合一”的人民公社是自上而下构建的，农民并不存在退出权。

① 周其仁：《产权与制度变迁：中国改革的经验研究》，北京大学出版社 2009 年版，第 35 页。

② 张乐天：《告别理想——人民公社制度研究》，东方中心出版社 2005 年版，第 58 页。

③ 邓建鹏：《私有制与所有权？——古代中国土地权利状态的法理分析》，载《中外法学》2005 年第 2 期，第 181 ~ 202 页。

这就完全否定了农民具有任何意义上的私有土地。有恒产者有恒心，土地归公与退出权的丧失为中国农村集体经济组织的发展埋下了隐患。① 另外，包括宅基地在内的土地不得买卖。第45条规定，“社员的房屋，永远归社员所有。社员有买卖或者租赁房屋的权利”，这构成了当今农村宅基地的制度起源模型。土地和土地上的房屋分离，农民仅具有土地的使用权。

最后，人民公社运动使人们的法律意识进一步淡化。这时期一个最显著的特点是法律的缺失，党的文件和指令成为发动和指挥这场运动的最高纲领。1954年宪法几乎被人遗忘，取而代之的是党中央的政策指示和领袖的个人讲话，也正是在这种意识形态的鼓动之下，农民公社化伴随着“大跃进”而发展成为一场轰轰烈烈的运动。在政策和舆论的引导下，许多干部积极甚至强迫并社，加之行政权力与经济组织相混合，法律意义的土地产权逐渐被人淡忘。

人民公社这一词语的最初起源，已经无从考证，从目前存留的资料显示，毛泽东对人民公社这种表述表示了极高的兴趣和评价，并将它在全国推广开来。但是对于人民公社的性质和组织结构以及社员的基本权利义务等内容，均未有统一的规定。往往是各地在实践过程中按照中央文件的精神，自由发挥。乃至人民公社成立之初，就是实践走在前面而后被中央积极推广的。在“大跃进”的氛围和鼓动之下，仿佛并社越积极，公有化越彻底，就越能符合“跑步进入共产主义”的标准而具有典型意义。在这个过程中，不仅农民个体的权利无法得到保护，由农民组建成的合作社的权益也无法得到保障。整个权利体系处于一种混乱并且随时可能被剥夺的状态，没有统一的法律乃至政策，人们没有稳定的预期，他们的权利状态随着运动的高潮低谷而跌宕起伏。有学者认为“在人民公社制度下，从农民的土地所有制变革为土地集体所有制，其实质是建立了一种土地国家所有制，土地集体经营只是这种土地国家所有制的实现形式。”② 这种说法不尽准确，虽然从事后结果来看，国家基于行政命令可以对人民公社行使一定的权利，但是人民公社在组建之初和其发展过程中，并未明确展示出一种集体所有权或国家所有权的性质，而更多的是群众运动的实践。这种实践不仅情况各异，而且在全国也并未形成一种明确的认识，而更多的是摸着石头过河。

这种情况随着“六十条”的颁布得到了改善。“六十条”虽然依旧是党的文件指

① 林毅夫：《再论制度、技术与中国农业发展》，北京大学出版社2000年版，第214~215页。

② 汪军民：《对我国三次土地制度改革的再认识——以土地利用制度为线索》，载《华中师范大学学报》2007春：http：//www2. zzu. edu. cn/cllrc/web/newsview. asp？id＝656.

示，但是不可否认的是，在它颁布之后的20年里，文件的精神和内容一直得到了贯彻，从而具有了一种“法律”的效力。它的第1条开宗明义对人民公社做了如下规定：“农村人民公社是政社合一的组织，是我国社会主义社会在农村中的基层单位，又是我国社会主义政权在农村中的基层单位。”“农村人民公社是适应生产发展的需要，在高级农业生产合作社的基础上联合组成的。”“人民公社的集体所有制经济，同全民所有制经济，是社会主义经济的两种形式。”至此，人民公社具有了统一性的认识和“合法性”的地位。随着1975年修宪，人民公社也正式写进宪法，并继续在1978年宪法中保留了下来。

1978年的十一届三中全会揭开了中国改革的新篇章。这次会议将农业列为首要议题，并强调要稳定“三级所有，队为基础”的体制。不过各地的积极探索和试验在这次会后悄然兴起，中央的文件也开始对此逐渐松动。1980年，中共中央发布了《中共中央印发〈关于进一步加强和完善农业生产责任制的几个问题〉的通知》，该文件充分肯定了各类形式的生产责任制，为包产到户提供了政策上的突破口，加快了农村土地承包经营的步伐。这些改革措施最终得到了1982年宪法的承认。82宪法第8条第一款规定：“农村人民公社、农业生产合作社和其他生产、供销、信用、消费等各种形式的合作经济，是社会主义劳动群众集体所有制经济。参加农村集体经济组织的劳动者，有权在法律规定的范围内经营自留地、自留山、家庭副业和饲养自留畜。”并且这部宪法开始“改变农村人民公社的政社合一的体制，设立乡政权”①。这部宪法已经承认集体所有制的多种形式，虽然人民公社依旧是农村集体所有制经济的形式之一，但是已经不具有行政职能。1983年，中共中央、国务院办法了《关于实行行政社分开建立乡政府的通知》。到1984年，各地政社分立的改革基本完成，“一大二公”、“政社合一”的公社土地制度宣告结束。1986年，《中华人民共和国民法通则》颁布，确立了农户的民事主体地位，并提一次提出“土地承包经营权”的概念。1993年的宪法修正案将“人民公社”替代为“农村中的家庭联产承包为主的责任制”，“人民公社”的概念正式离开农村改革的舞台，并逐步消失在历史的尘埃中。② 随后，经过一系列法律的制定和宪法的修改，我国农村土地制度法律化进程不断完善，最终形成了目前农村土地集体所有的权利结构形态。

---

① 彭真：《关于中华人民共和国宪法修改草案的报告》，中华人民共和国第五届全国人民代表大会第五次会议，1982年。

② 目前我国仍有几处硕果仅存的“人民公社”，相关报道参见陈新焱：《最后的“人民公社”即将终结》，《南方周末》2011年9月2日；中国最后的人民公社［DB/OL］。http：//www.takefoto.cn/viewnews－11238，2012－10－1。

二、农村土地制度变迁的原因

马克思曾指出："在历史时代中所有权是以各种不同的方式、在完全不同的社会关系下面发展起来的。"[①] 中国农村土地制度从私有到快速集体化，有着特殊的历史背景与政治原因。只有将这种政策和法律视为一种"社会产品"，并在特定的历史和社会语境中了解它的意义，[②] 才能准确分析制度变迁的原因以及把握它的制度遗产对当今的意义。

（一）农村土地公有制度的构建是共产党的政治目标

中国共产党的无产阶级属性决定了土地公有的必然。农民和土地问题，很早就被这个年轻政党所关注，并将之与中国革命的未来紧密联系在了一起。在共产党的意识形态中，消灭剥削、消除私有制是全党努力奋斗的最终目标。1872 年马克思和恩格斯在《共产党宣言》中做了最好的总结："共产党人可以把自己的理论概括为一句话：消灭私有制。"在中国共产党成立初期，土地公有制蓝图就随之而生，并一直持续到今天。虽然相关的土地政策和法律法规不断修正和完善，但是未来的奋斗理想，从未改变。

不过，"中国革命斗争的胜利要靠中国同志了解中国情况"[③]，理想的实现要靠具体的实践。中国共产党经过长期的革命斗争，在农村阶级划分以及土地政策上几经反复，但最终还是成功找到了解决方法，并最终完成了革命战争的胜利。农民土地私有成了基本的土地政策。建国之后，在《共同纲领》指导之下的土地改革继续推行农地私有的政治承诺，并且得到 1954 年宪法的承认。从共产党对社会形势的判断来看，土地革命把地主的土地分配给农民，是新民主主义革命的应有之义，也是共产党之所以能号召千千万万农民投身革命的动力所在。所以在政权建立之后，共产党的头等大事就是通过土地法把土地分给农民。[④] 中国共产党不仅通过土地政策的调整取得了国家政权，而且还以之推进国家政权建设。[⑤]

而当共产党决定由新民主主义社会向社会主义社会过渡时，土地政策的导向必然

---

① 《马克思恩格斯选集》（第 1 卷），人民出版社 1995 年版，第 177 页。

② 叶士朋：《欧洲法学史导论》，吕平义、苏健译，中国政法大学出版社 1998 年版，梁治平序言.

③ 《毛泽东选集》（第 1 卷），人民出版社 1991 年版，第 115 页。

④ 蔡定剑：《历史与变革——新中国法制建设的历程》，中国政法大学出版社 1999 年版，第 22 页。

⑤ 叶国文.：《土地政策的政治逻辑——农民、政权与中国现代化》，天津人民出版社 2008 年版，第 16 页。

会再次发生转变。对农业的社会主义改造要求消灭土地私有，也是共产党无产阶级专政理念的体现。

土地公有还是中国大同世界的理想。“大道之行也，天下为公”，这种理想的太平盛世是中国传统文化与儒家思想的基本精神和追求。历数中国历史上的农民起义，无不冠以“均田”“均贫富”等朴素的大同思想口号，这种思想一直贯穿到近代，无论是孙中山的“平均地权”思想还是共产党人的土地实践。康有为的《大同书》中所描绘的大同世界，几乎成为人民公社运动时期人们所畅想的模板。杜润生先生在其《自述》中概括地评论了共产党人的土地公有化实践。他认为，人民公社是：

> 毛打算领导中国数亿农民做个大试验。这个试验不是民粹派式的，避开工业化问题；也不同于以私有经济为基础的西方合作模式；更有别于第二国际先资本主义、再社会化的主张；不是严格的先社会主义、后共产主义的模式，不走一般工业化、城市化道路，而是想试验一下中国大同世界的理想。①

“在法律命题之中，必须或多或少地体现着一定的政治理想。在斗争中获得了胜利的社会力量，会通过创造法律命题的方式来强制保护自己利益的规范实现。因此，法律命题通常总是带有政治色彩的。”② 这在中国建国之后土地法律政策的演变中表现得非常明显。

（二）农村土地公有制度的发展是实现国家工业化目标的途径

在可预见的时间里赶上并超过发达的资本主义国家，一直是中国共产党执政之后的重要目标。这是共产党人改变过去一百多年落后的状况，建设一个伟大社会主义国家的使命。与当时建设社会主义政治任务密不可分的就是国家的工业化目标。“1949年革命对19世纪以来中国积贫积弱的主要总结，第一是没有强有力的国家机器，第二是没有发达的本国大工业。因此，强化国家对经济资源的集中动员和利用，加快推进工业化特别是优先发展重工业，就成为革命后新政权合法性的最主要基础。国家工业化，这个在50年代中国官方文件中出现频率颇高的词汇，不但是指把工业化作为整个国家经济发展的迫切目标，而且是指，国家要在工业化进程中扮演决定性的主导作用。”③

在第一个五年计划大范围展开，工业逐渐繁荣，城市人口膨胀，政权亦迅速扩充

① 杜润生：《杜润生自述——中国农村体制变革重大决策纪实》，人民出版社2007年版，第78页。
② ［日］川岛武宜：《现代化与法》，申政武等译，中国政法大学出版社1994年版，第232页。
③ 周其仁：《产权与制度变迁：中国改革的经验研究》，北京大学出版社2004年版，第7页。

起来的同时，一个不容忽视的问题就是粮食的匮乏。“粮食定，天下安”，时任中财委主任的陈云对粮食增产格外重视，他说“粮食问题也就是农业问题，是一个最大的问题”[①]。他反复思考农业增产的途径，合作化成为最佳的农业发展道路的选择。“许多材料证明，合作化后可以增产粮食20% ~30%”，在经历一个“养猪积肥——水利——开荒——合作化”[②] 道路选择后，通力合作发展农业生产成为当时中央的基本思路。合作化可以提高粮食产量而成为恢复农业生产的捷径，农业的迅速集体化却是国家工业化政策目标的使然。当粮食等生产资料的增产已经不能应对快速工业化发展的需求和急剧增长的人口数量的时候，国家关闭了粮食等农产品自由交易的市场，开始垄断其供应和配售，实行统销统购的政策。薄一波对此深刻地评价道：

> 如果说尖锐的粮食产需矛盾又是促进大规模开展农业合作化的动因之一，那么，1953 年实行的粮食统销统购，则是当时粮食供求矛盾发展的产物。[③]

实施统销统购，技术上存在诸多困难，如果政府面对数量庞大而又居住分散的农民群体，高昂的交易成本很有可能让这项政策缺乏效率而付诸东流。中国共产党既以组织见长，毛泽东也具有足够的勇气和自信来完成这一切，他将“互助合作的粮食征购”并提为改造农村的一翼。把散乱的自耕农户收拢为若干规模较大的合作社，并且强调由党的意志来控制合作社的建立和运转。1953 年，在几乎发出统销统购政策的同时，共产党制定了发展农业合作社的决议，合作化的进程自此大大提前。按照胡绳先生后来的说法，当时改变中国农村时间进程的直接原因，并不是共同富裕的共产主义理想，“问题是从工业化引起的。”[④]

（三）农村土地公有制度的规范深受苏联的影响

对于缺乏建设经验的新中国而言，全面学习苏联成为一种必要的选择。列宁关于小生产者每日每时自发产生资本主义的论断和斯大林关于社会主义工业化与小农经济矛盾的阐述提供了农业合作化的理论依据。苏联的成功经验，为我国农业集体化提供了重要的借鉴。

法律制度的构建，自然也深受影响。我国的农村集体所有制无疑有苏联集体农庄的影子。[⑤] 也正因为苏联法学与新中国建设和发展的需求相契合，在 20 世纪 60 年代

① 《陈云文集》（第 3 卷），中央文献出版社 2005 年版，第 274 页。
② 《陈云文集》（第 3 卷），中央文献出版社 2005 年版，第 163 页。
③ 薄一波：《若干重大决策与事件的回顾》，中共中央党校出版社 191 年版，第 255 页。
④ 凌志军：《历史不再徘徊——人民公社在中国的兴起和失败》，人民日报出版社 2011 年版，第 41 页。
⑤ 沈志华：《新经济政策与苏联农业社会化道路》，中国社会科学出版社 1994 年版，第 61 ~89 页。

之后，尽管苏联法在形式上不再对中国法发生直接影响，甚至苏联后来也抛弃了它自己20世纪50年代以前的法律理论，但中国却依旧停留在当时的理论形态。在某种程度上甚至可以说中国法学直到现在都仍然是苏联法学最正统的继承者。① 中国农村土地法律制度的构建，不仅在规范准则上深受苏联的影响，并且在法制理念上，那种强调社会主义法的虚无的理念也在中国土地法律发展的进程中留下了重要的一笔。苏联法学家巴舒坎尼斯就认为，“不仅在共产主义社会中没有法律，而且在无产阶级专政的过渡时期中，也不可能有无产阶级的社会主义法律”，法律是与资本主义经济相等同的。②

“重政策，轻法律，以政策代替法律的价值观，是党领导革命在长期战争环境中养成的习惯。”③ 在农村集体化的道路上，从1958年中共中央做出《关于在农村建立人民公社问题的决议》开始，到1962年中共中央通过《农村人民公社工作条例修正草案》，仅仅用了不到四年的时间，人民公社体制就在全国基本建立起来，并在人民公社体制下进行了20年的土地制度实践。这一方面证明了中国人民的伟大力量，并在一定程度上促进了经济社会的发展。但另一方面也意味着这场制度变迁的剧烈性。在法律缺失的背景下，那些被撕裂的传统、喑哑的控诉同样值得我们去反思。如果说计划经济时代，政府直接对经济实行操纵管理，因此需要决策者应对不断变化的形势改变政策，因而果断性、灵活性、适应党的领导的政策具有一种时代合理性的话，那么在当今现代化发展的时代，市场经济同时也意味着法治经济，④ 构建完整的土地法律体系已成为当务之急。尽管自1982年宪法颁布后，我国农村土地法律制度开始走向正轨，但是进一步完善的空间依旧很大。

三、农村土地制度变迁的影响

从建国初期土地改革赋予农民私有土地所有权，到1953年合作化运动开始，再

① 蔡定剑：《历史与变革——新中国法制建设的历程》，中国政法大学出版社1999年版，第258～259页。

② ［奥］凯尔森：《共产主义的法律理论》，王名扬译，中国法制出版社2004年版，第134页。

③ 蔡定剑：《历史与变革——新中国法制建设的历程》，中国政法大学出版社1999年版，第261页。

④ 所谓法治经济并不是一味的强调用法律规范、约束、促成和发展市场，而是更侧重一种法律与市场内在的，深层次的联系。市场意味着自由交易，法律正是保障这种自由的基础。另外，前文提到的“卡梅框架”也提示了我们，并不是所有的立法都有效率，法律运行本身是有成本的，并不是在所有的领域都适合制定法律。在界权成本高昂的适合，无为规则却是一个最佳的选择。参见苏力：《市场经济对立法的启示》，载《中国法学》1996年第4期，第24～25页；林喆：《对“市场经济是法制经济”的一点质疑》，载《中国法学》1994年第1期，第68页。

到人民公社制度确立以及后来农村改革推倒重建，这段波折起伏的农村土地改革史为我们留下了极为丰富而又深刻的经验和教训。1981 年，中共中央通过了《关于建国以来党的若干历史问题的决议》，对新中国成立 32 年来的这段历史做了如下评述：

> 中国共产党在中华人民共和国成立以后的历史，总的说来，是我们党在马克思列宁主义、毛泽东思想指导下，领导全国各族人民进行社会主义革命和社会主义建设并取得巨大成就的历史。社会主义制度的建立，是我国历史上最深刻最伟大的社会变革，是我国今后一切进步和发展的基础。建国三十二年来，我们取得的主要成就是：
>
> 四、建立和发展了社会主义经济，基本上完成了对生产资料私有制的社会主义改造，基本上实现了生产资料公有制和按劳分配。剥削制度消灭了，剥削阶级作为阶级已经不再存在，他们中的绝大多数人已经改造成为自食其力的劳动者。

取得的成绩举世瞩目，然而与此同时，也犯了一些“左”的错误，“总的来说，就是对外封闭，对内以阶级斗争为纲，忽视发展生产力，制定的政策超越了社会主义的初级阶段”①。对建国后跌宕起伏的土地制度变迁史深有体会的薄一波总结道：

> 土改摧毁了几千年的封建土地制度，是我国农业生产力的一次巨大的解放。如果土改后不急于立即向社会主义过渡，不立即动摇私有制，而是继续实行新民主主义政策，在充分发挥土改带来的农民个体所有制的积极性之后，才去动摇私有制，同时根据我国国情对我国农业社会主义改造道路究竟应当怎样走作广泛深入的探索，那样，不仅对生产力的发展可能更有利些，而且也可能不致于搞成后来那样千篇一律的农业集体化模式。②

土地制度的对错得失为我们留下了深刻的制度遗产，并构成为我们当今土地制度变革中的路径依赖③。

（一）确立了农村集体土地所有权

我国宪法第 6 条第一款规定：“中华人民共和国的社会主义经济制度的基础是生

---

① 《邓小平文选》（第 3 卷），人民出版社 1993 年版，第 269 页。

② 薄一波：《若干重大决策与事件的回顾》（修订本）（上卷），人民出版社 1997 年版，第 213 页。

③ “路径依赖”最初出现在技术演变的过程中，新技术的发明拥有先占的优势，往往具有报酬递增的特性，另外，如同物理学里的惯性，随着不断学习而流行起来的一种解决问题的方法，具有自我强化的机制。诺斯成功地将路径依赖理论引入到制度变迁当中，“人们过去做出的选择决定了他们现在可能的选择”。参见［美］诺斯：《理解经济变迁过程》，钟正生，刑华等译，中国人民大学出版社 2008 年版，第 14～21 页。

产资料的社会主义公有制，即全民所有制和劳动群众集体所有制。”作为集体所有制形式下的农村集体土地制度，必须符合这种所有制的实质要求。也就意味着体现为法律形式的所有权必须服从于表现为政治形态的所有制。

消灭私有制，在公有制的基础上组织生产，是社会主义与资本主义具有决定意义的差别。集体所有制“是社会主义公有制的低级形式，它的生产资料还不是全社会的公有财产，而只是各个集体经济单位劳动者的公有财产”①。新中国成立后，农民土地私有的形态是新民主主义革命使然，随着过渡时期的到来，这种暂时的形态必然发生改变，即便是半社会主义性质的农业生产合作社，也终究会被人民公社取代。农村集体所有制意味着农业集体经营，这种经济运行方式要求包括土地在内的生产资料的集体所有。经营方式可以是总体的，政治形态也可以是抽象的，但是这种“有”却是详细具体的。当所有制落实到所有权，表现为权利形态的土地必须从作为生产资料的政治经济学范式，转化为法律中物的范畴。关于所有制与所有权的关系，在早期深受苏联法律理论影响时期，法学界多认为两者是一一对应的，即有什么样的所有制就有什么样的所有权的观点。事实上所有制与所有权在不同的所属领域是可以有多种对应关系的。在一个所有制基础上，可以有一种或者多种的所有权形式，“当然，不管所有权的表现形式如何，他们都不可能脱离所有制形式而孤立存在，更不能与所有制在内容上相背离”②。

我国的农村集体所有制决定了集体土地所有权的性质，这种决定性突出表现在两方面。第一是所有权主体的团体性，集体所有制排除了私有制也就意味着所有权的主体不可能是农民单个的自然人。我国的农村集体经济组织实行家庭承包经营为基础、统分结合的双层经营体制。国家赋予家庭一种承包经营权的主体资格，这种承包经营权作为土地使用权的一种，可以自由流通并转让，具有类物权的性质。即便如此，承包经营权的取得依然要基于农村集体与家庭之间的承包合同。所以国家赋予家庭更多的是一种获得土地使用的权利，一种经营土地的主体资格。从这种意义上讲，家庭也不能作为集体土地所有权的主体。按照我国法律的描述，这种团体性的主体是“农民集体”。第二是所有权的公法性。关于国家所有权的性质众说纷纭，集体所有权的讨论更具中国特色。但不可否认的一点是集体所有权的公法属性，它具有不同于传统民法理论中私权的特点。从我国土地制度的变迁史可以看出，从自发的合作组到合作社最后到人民公社，在农民私有的土地所有权逐渐被压缩的同时，是国家公权力的不

① 薛暮桥：《中国社会主义经济问题研究》，人民出版社1979年版，第50页。

② 王利明：《物权法论》，中国政法大学出版社1998年版，第245页。

断渗透。在计划经济时代，国家的行政命令代替了自由市场，“政社合一”的人民公社体制提供了贯彻党和国家经济意志的最佳途径。虽然市场经济已经取代了计划管控，家庭承包经营也瓦解了人民公社的存在，但是村集体这种行政化的趋势却一直留存了下来。在取消农业税之前，由于税费繁重，村集体甚至将相关费用的收取作为日常工作的首要任务。① 所以有学者指出：“集体土地所有权的社会职能，是政治运动和公权力介入下的必然产物，故其本身也具有了一定的强制力。这就决定了在一定程度上集体土地所有权的公权性。”②

农村集体所有制的性质和农村集体土地所有权的形态，决定了我们当今农村土地问题的研究起点。建国来土地所有权制度的变迁为我们留下了世界上独一无二的农村集体土地权利体系结构。

（二）改变了农村土地的社会结构与功能

早在共产党组建工农红军，发动土地革命的战争年代，我们党就非常注重深入到农民群众中去开展工作，这种有效的工作机制被称为“群众路线”，并在今天继续发挥作用。建国后的土改运动，共产党的权威更是史无前例地渗透到农村和农民中。放眼中国的历史，也未曾有一个国家的政权如此彻底。国家权力的全面出场和控制一方面瓦解了农村土地原本承载的社会价值功能，另一方面伴随着人民公社瓦解，国家权力也悄然撤退，国家撤退后遗留的真空亦成为我们当前农村土地秩序变革的背景。

杜赞奇通过“国家政权建设”和“权力的文化网络”两个概念来解读华北农村权力机制的变化。“农村基层权力的运转是通过一系列文化传统和习俗编织起来的文化网络来实现的。这种文化网络内涵丰富，包含了社会生活的各个方面，如宗族、祭祀、节庆、道德、教育等。农村旧有的权势者就是通过这种文化网络建立、巩固和强化自己的影响力。”③ 在20世纪中国的政治舞台上，国家政权深入到社会基层的扩张，基本上没有中断。无论是国民党当权，还是共产党主政，亦或是地方军阀势力一方独大，在现代化的冲击和内忧外困的压力之下，从未放弃过这种努力。现代化民族国家的政权组织结构企图在旧有的文化网络之外建立新的政治体系，然而现代化政权与乡村精英在中国并未逐渐形成融合，它没有成功地找到一种使乡村领袖和国家政权合法化的传统文化网络的可行替代物。于是，在此冲击之下，受影响最大的便是传统的乡村治理结构。传统的文化网络虽然在共产党发动土改之前就已经支零破碎，但是

① 徐勇：《乡村治理与中国政治》，中国社会科学出版社2003年版，第65页。

② 刘俊：《中国土地法理论研究》，法律出版社2006年版，第133页。

③［美］杜赞奇：《文化、权力与国家：1900—1942年的华北农村》，王福明译，江苏人民出版社2003年版，第3～4页。

共产党进行了更彻底的革命，从事后的效果来看可以被称之为“翻天覆地”：

> 革命将农村的权力结构翻了过来，将所有原来的富人统统打翻在地，形成了一个农村中心的‘贱民’阶层，原来农村的‘能人’只有最没有文化的那一部分进入了权力的中心，成为新时代的主宰，经济能力和文化资源的缺失使得乡村权力架构对国家政权和意识形态的依赖加大，而国家政权正好借此健全了一套全能式的绑在国家战车上的基层政权体系，无条件地为国家工业化提供所需的一切。而乡村的社会组织则彻底被淘汰出局，乡村也丧失了起码的自我组织、自我调节的功能，所有的活动都得依赖国家政权的推动，‘群众运动’因此成为党和国家调控农村的最有效的手段。①

共产党用阶级的概念取代了宗族，用阶级斗争的方式瓦解了传统的宗族制度。随之遭到重构的还有宗族制度最重要的载体，土地以及基于土地上的权利结构。共产党在分割公田族田的同时，再造了集体所有的概念，“并在此基础上建立了一种超家族的新的乡村政治组织，即农民协会、党团组织和崭新的乡村基层政权”。②

这种权力文化网络的重构给我们当今农村土地改革遗留了两个问题。

第一，集体土地所有权的生成逻辑是一种国家赋予。在这场“强制性制度变迁”中，土地所有权的属性经历了从私有到公有形式的转变，农民的土地权利也随着运动的开展，从打乱重分到收归集体。对于大多数农民来说，土地权利的获得是在共产党领导下的原始分配，并且这种建立在暴力与强制基础上的分配获得了国家政权的默许和认可。与这种土地权利相伴而生的是国家无孔不入的微观权力，它在摧毁原有权力文化网络的同时，缔造了农村治理的新结构。它在制度和意识形态上完成了土地权利的重构。在土改运动初期，不少农民或者说大部分“老实的”农民基于传统宗族观念或者乡间的伦理纲常，不愿去瓜分地主土地，甚至是白天分完田地，晚上又悄悄送还回去。共产党成功利用阶级划分的革命斗争意识形态取代了这种“陈旧”的观念。当国家政权全面控制乡村完成之后，将私有的土地再收归集体就易如反掌了。国家的意识形态再一次完成了对农村的重新洗牌，只不过这一次战胜的是农民固有的土地私有的权利观念。

随着人民公社的建立，国家对乡村的控制达到了顶峰。国家给农村土地权利再造为集体土地所有权设定了范围。土地所有权的权利边界是国家意志的划分，它丧失了

---

① 张鸣：《乡村社会权力和文化结构的变迁（1903—1953）》，陕西人民出版社2008年版，第5页。

② 王瑞芳：《土地制度变动与中国乡村社会变革——以新中国成立初期土改运动为中心的考察》，社会科学文献出版社2010年版，第163页。

所有权“神圣不可侵犯”的原始价值，也难以成为对抗国家权力入侵的重要堡垒。国家从土地改革以对地主富农土地所有权的否定来完成重新分配，到集体化时代更是对土地私有权利全面否定，所有权完全丧失其独立性而成为国家的附庸。在这种逻辑和惯性思维下，国家在论证其对现行农村土地权利体系的改造时，便掌握了天然的理论优势。这种意识形态也反映在国家对农民土地进行征收和征用上，由于农村集体土地所有权天生孱弱，国家在贯彻其意志时便可长驱直入，在权利对话不对等的情形下，农村对国家的服从成为必然。然而，随着国家对市场经济的承认和西学权利话语的引入，在现代化冲击和学界不遗余力的倡导下，农民的个体权利意识逐渐增强，国家对农民利益的侵犯成了千夫所指，保护农民利益也成了学界的时尚代言。于是，如何重构乡村的文化权力网络，如何令国家意识与权利观念达成完美的契合，成为理论界的当务之急。

第二，随着人民公社解体，国家权力悄然收缩，国家权力的退出赋予农村土地新的内涵。“包产到户”和家庭承包经营引发了国家撤退。计划经济时代无所不包的体制在农村生产力发展受到极大限制和经济运行出现僵局之后，发生了从唯生产关系论至唯生产力论的转变。“政社合一”的人民公社解体之后，国家在农村留下了一个权力的真空地带，也正是这个真空，在国家重新试图安排土地秩序时引发了重重矛盾。之前的政府征地可以通过人民公社落实国家的行政命令，当家庭承包经营体制开始驱逐国家权力的时候，同时被驱逐的还有国家提供一系列公共产品的对价。人民公社不仅具有安排生产的作用，还具有组织管理农村、维持农村社会秩序、为农村提供安全保护等功效。国家从农村的撤退，也意味着其放弃了对农村和农民提供保障，国家在全力发展城市的同时几乎将农村遗忘。国家在城市建立起系统完善的社会保障体系，农村却几乎没有享受到现代化的成果。所遗留的农村土地制度成为最后的保障与屏障，耕地的承包和宅基地的无偿使用成为农村土地权利体系的关键。这也是国家迟迟不肯对其完全物权化的原因，自由流通和转让必然带来失地农民，失地就意味着失去保障，失去保障的农民历来是国家治乱的重要因素。① 另外，国家既已解散传统乡村治理机构，国家的撤退又削弱了国家对农村的社会控制，权力的真空使得一些学者将村干部与杜赞奇所谓的“营利性经纪”相等。在农村集体所有制的前提下，恢复乡村自治，协调农民权利与乡村权力，同样成为土地改革的目标。

---

① 不同意见请参见秦晖：《农民地权六论》，载《社会科学论坛》2007 年第 5 期（上），第 122 ~ 146 页。

（三）缔造了城乡二元格局

城乡二元结构并非中国现在才有，自宋朝起，至少有一千多年的历史，但是城乡二元体制却是建国之后形成的，并一直持续到现在。[①] 在共产党权威如日中天的时候，迫于粮食危机和工业化战略的实施，共产党冒着使农民离心离德的危险，用近于强迫性质的制度将粮食置于政府的掌握之中。合作化进程的骤然加快肇始于粮食的匮乏，农村里新的组织在意识形态上也能与共产党的宗旨合拍，经济的目的与政治的动机能够弥合无隙的情形在新中国的历史上并不多见。[②]

新中国成立初期，一穷二白，外交政策的一边倒和敌对势力的封锁，加上苏联援助代价高昂，中国缺乏发展工业的初始资金。既然无法从外部获得原始积累，那就只能向内寻找。人民公社将农民强迫留在土地上，统销统购则强迫农民将土地上的收益交给国家。农民不仅缺乏退出机制，也没有自由交易农产品的权利。国家在20世纪50年代建立的农副产品统购、派购制度，以工农产品价格“剪刀差”的形式，从农业中提取工业化所需的资金。正如林毅夫教授指出，

> 中国在建国后采用了重工业导向的发展战略。由于重工业属于资本密集型，其项目的生产需要巨额资本投入并且周期很长，而中国当时是一个资本短缺的农业国家，国家领导人又强调以自力更生来筹集资本，所以政府的唯一出路是通过压低农民出售的农产品价格同时提高卖给农民的工业产品的价格来取得农业剩余，投入到重工业的资本积累。简言之，在这个战略下，政府自然而然会选择不利于农民的价格剪刀差来发展工业。[③]

依靠“剪刀差”的形式，国家究竟从农民手中拿走了多少资金，不同计算方式的结果差异很大。按照武力教授的估计，从1953年实行统购统销算起，到改革开放以前，“国家通过统购统销获取的市价差额为2800亿元，约占同期农业国民收入（16523亿元）的17%”[④]。温铁军认为，“据估算，1959—1984年国家征购粮食共约

---

① 按照马克思·韦伯对中国古代城市的理解认为，“中国的城市是理性管辖的产物”，它“并不是靠城市居民在经济与政治上的冒险精神，而是有赖于皇室统辖的功能，特别是治河的行政管理”，宗族的纽带从未断绝，所以中国的城乡二元结构并非如西方般强烈。参见［德］马克思·韦伯：《儒教与道教》，洪天富译，江苏人民出版社2008年版，第17~18页。颇为吊诡的是，新中国成立之后的种种土地改革措施，却将这种温和的城乡二元结构转变为激烈对立的城乡二元体制。跨度之大，不禁令人唏嘘，与此同时又不由感慨土地之于城乡的意义以及共产党在土地运动中发挥的作用和权威。

② 凌志军：《历史不再徘徊——人民公社在中国的兴起和失败》，人民日报出版社2011年版，第45页。

③ 林毅夫、余淼杰：《我国价格剪刀差的政治经济学分析：理论模型与计量实证》，载《经济研究》2009年第1期，第44页。

④ 武力：《1949—1978中国“剪刀差”差额辩证》，载《中国经济史研究》2001年第4期，第12页。

1.25亿公斤。统购与市场价格的差额约为2500亿元。”① 发展研究所的计算结果则是30年“剪刀差”总额为6000亿元，年均200亿。②

与人民公社和统销统购相伴随的是我国严格的户籍制度。就广大农民而言，身份的划分已经不是新鲜事物，土地改革中不同阶级的划分是获得土地的主要依据，而这一次，分得土地的农民同时变成了土地的附庸。乡村与城市、农业与工业、农民与居民，他们在国家计划经济的管控之下，有条不紊的完成既定的规划。最终，在户籍制度、劳动用工制度、社会保障制度和教育制度等一系列制度安排方面，人为地分割成两个相互隔绝的版块，阻断了城乡生产要素、产品及人口的流动，形成了城乡对立的二元社会结构，并最终形成城乡分离体制。③

城乡二元结构是经济发展的必然，马克思曾指出：“一切发达的、以商品交换为媒介的分工的基础，都是城乡分离。可以说，社会的全部经济史，都概括为这种对立运动。”④ 然而“中国的城乡二元结构比一般发展中国家更突出”⑤，厉以宁评价说：“城乡二元体制的建立对计划经济的存在和延续起着重要作用。限制城乡生产要素的流动，意味着把广大农民束缚在土地上，禁锢在农村中，只有这样，计划经济体制才能巩固，才能维持运转。”而“城乡二元户籍制度的背后其实是土地制度”。⑥ 而改革开放以来，在作为计划经济的另一支柱的国有企业体制改革已经取得重大进展的情况下，城乡二元体制实质上未被触动。这种二元格局构成了我们当今土地制度必须突破的障碍。

结　语

在以往土地制度变革的争论和探讨中，经济学界和社会学界的声音占据主流，并一度成为影响政策制定和法律修改的主要动力。但非常遗憾的是，法学界在相关问题上的研究明显不足。这从当下周其仁以及华生等人的论战中可见一斑。在我国建国之后60余年的土地制度变迁中，前30年主要是政治影响，后30年则是经济挂帅，我

---

① 温铁军：《中国农村基本经济制度研究》，中国经济出版社2000年版，第175～176页。

② 廖洪乐：《中国农村土地制度六十年——回顾与展望》，中国财政经济出版社2008年版，第61页。

③ 刘明慧：《城乡二元结构的财政视角研究》，中国财政经济出版社2008年版，第56页。

④ 马克思：《资本论》（第1卷），人民出版社1975年版，第390页。

⑤ 中国科学院国情分析研究小组：《城市与乡村——中国城乡矛盾与协调发展研究》，科学出版社1994年版，第17页。

⑥ 厉以宁：《论城乡二元体制改革》，载《北京大学学报》（哲学社会科学版）2008年第3期，第5页。

们过分执着于一时一地问题的解决，而忽视了法律体系完整性的建立。建国后土地制度的变迁沉沉浮浮，但法律意识的淡薄，法律体系的混乱毋庸置疑，以至于今天，奠定农村土地制度根本的“集体所有权”至今尚未有明确的法律表达。值得庆幸的是，十八届四中全会首次将依法治国列为主题，由此可以为我国法治建设指明新的方向。

海南省级政府立法25年概况

武掌华*

摘 要 海南省自1988年建省设立经济特区以来，地方政府的法制工作取得了重要进展，迄今已经形成了比较完整的地方政府的立法体系。从总体上看，海南省政府的立法工作主要经过了四个阶段，每一阶段各有特色，本文概括性地介绍了各个阶段海南省政府的立法状况，并对25年来省级政府的立法工作的基本特点进行了简要归纳和分析，有助于我们大致了解海南省政府近25年来的立法状况以及我国经济特区的基本的立法经验。

关键词 地方政府立法 经济特区 改革 国际旅游岛 生态省

政府法制工作是政府依法行政的基础，地方政府立法是地方政府法制工作的重要组成部分。从广义角度看，政府立法权是指一般地方的国家行政机关依法制定和变动效力可及于本地范围的规章、参与地方权力机关立法活动的总称。其形式不仅包括地方政府规章制定权、解释权和清理权，还包括地方性法规草案起草权和提请审议权。当前，因地方政府立法活动的迅速、灵活和高效，并在行政管理领域填补了许多空白，地方政府立法已成为政府推进改革开放，实现体制突破和创新的有利手段，在促进社会经济发展、稳定社会秩序、调整不同利益主体之间的权利义务关系等方面都起到非常重要的作用。

自1988年4月26日海南建省办经济特区25年来，海南省政府充分运用省级政府立法权和全国人大授予的海南经济特区立法权，围绕特区经济建设、生态省建设、国际旅游岛建设，根据海南省的具体情况和实际需要，起草并向省人大、人大常委会提请审议了一系列地方法规草案，制定了一大批政府规章。截止2012年12月底，在现行有效的191件地方性法规中，由省政府起草并提请审议的有153件。制定省政府

---

* 武掌华，海南省人民政府办公厅法制办公室工作人员，湘潭大学法学院2011级博士研究生。

规章137件，运用特区立法权制定规章10件。其中现行有效的117件，修改规章75件，废止规章20件。这些法规草案与规章内容涉及民主政治、经济发展、社会保障、体制机制改革、制度创新和扩大开放等各个方面，25年来，海南省政府立法经历了一个从无到有、从起步到探索至提高而全面发展的历程，对这一历程的回顾，有助于总结历史的经验和教训，有助于在重温历史中开创新的未来。

一、1988—1992年：起步探索

在1988年之前，海南作为广东省的一个行政区，本身并没有立法权，立法工作一片空白。省级建制后，海南才同时拥有地方立法权和特区立法权。从这个阶段开始，海南的立法开始了从无到有的摸爬探索阶段。

鉴于海南刚建省，百业待举，经济建设、行政管理和社会秩序急切需要地方性法规、规章来加以规范和引导，中央给予海南的许多优惠政策需要用法规来规范、固定和落实。因此，在这一阶段，立法工作主要是以《中共中央、国务院关于建立海南省及其筹建工作的通知》《国务院批转关于海南省进一步对外开放和加快经济开发建设的座谈会纪要的通知》《国务院关于鼓励投资开发海南岛的规定》等文件为立法依据，遵循国家法律法规的原则，从具体情况和实际需要出发，以经济建设、行政管理和社会秩序立法为重点，以优惠政策为立法主要内容，其目的在于以立法推进海南的开放开发，落实各项改革开放政策。

在这一阶段，省政府共制定规章18件，分别是1988年的4件，1989年的6件，1990年的2件，1991年的4件，1992年的2件。内容主要涉及行政管理、景区开发、鼓励投资和生态保护等方面，具有代表性的如《海南省人民政府关于公布海南省第一批重点风景名胜区自然保护区名单的通告》《海南省关于华侨港澳同胞投资捐赠奖励办法》等。在这一时期，起草并提请省人大、省人大常委会审议的地方性法规草案主要有：海南省禁止赌博的规定、海南省取缔卖淫嫖娼的规定、海南省环境保护条例、海南省天然橡胶保护管理暂行条例、海南省自然保护区管理条例。运用特区立法权起草的特区法规草案有3个，分别是：以优惠政策吸引投资，促进开发建设的《海南经济特区外商投资条例》。确立股份有限公司的组织规范及行为准则，保障股份有限公司、股东和债权人的合法权益，促进海南经济特区经济发展的《海南经济特区股份有限公司条例》。给予洋浦经济开发区更加优惠，更加灵活的政策措施，为加快洋浦开放开发提供法律支持的《海南省洋浦经济开发区条例》。

从总体上讲，这一阶段的立法工作为今后立法工作的开展打下了基础，积累了经

验。但应该指出的是，在建省办特区初期，由于无法可依和立法水平不高的问题比较突出，为了满足紧迫的立法需求，只能进行粗放式的、政策性的立法。加之立法力量相当薄弱，因而法规、规章的质量普遍不高，立法程序还不规范。

二、1993—1997年：快速发展

党的十四大报告提出，“要高度重视法制建设，加强立法工作，特别是抓紧制定与完善保障改革开放、加强宏观经济管理、规范微观经济行为的法律法规，这是建立社会主义市场经济体制的迫切要求。”为全面贯彻党的十四大精神，促进海南的市场经济改革，改善海南特区的法制环境，在这一时期，海南省政府的立法力度大力加强，特别是经济立法工作，随着对社会主义市场经济的理解和认识的加深，以起草和制定规范市场主体和市场经济秩序、加强宏观调控和社会保障方面的规章和法规为重点，主要体现如下几个方面：

（一）工商企业登记制度改革

为创建公平、平等、宽松和规范化的市场竞争环境，革除工商企业审批登记制的弊病，1993年4月，海南省政府以政府规章出台了《海南经济特区企业法人登记管理办法》（以下简称《办法》），并起草了《海南经济特区企业法人登记管理条例》（以下简称《条例》）草案提请审议。在《办法》和《条例》中，实行工商企业法人直接登记制，具体来说，由工商行政管理部门全权负责企业的登记工作。企业进行工商登记只需面对工商行政管理部门，不需要再去跑那么多的环节，从而大大减少了行政审批和等级的环节和程序。工商部门依照国家有关法律和海南省的有关法规，在规定时限内，为企业办理直接登记手续。除了涉及国家垄断、社会公共安全和人身健康实行专项审批，或者项目本身按国家规定需要中央有关部门审批之外，其它审批一律取消。《办法》和《条例》的出台与实施为企业在海南生存发展，营造公平，公正，平等的宽松环境迈出了最坚实，具有法治奠基作用的一步。

（二）建立特区社会保险制度

为切实维护职工的合法权益，实现企业的平等竞争和劳动力的合理流动，推动劳动力统一大市场的最终形成，在总结两年来试行的养老、工伤、失业等三项社会保险行政规章基础上，海南省政府充分运用特区立法权，起草并提请省人大审议通过了海南经济特区城镇从业人员养老、工伤、失业等三项社会保险条例。条例实行社会保险社会统筹制度，逐步采用社会保障手册，使每个人的保险管理透明化，使职工权益得到有效保障。

（三）建立具有地方特色的医疗保险制度

为保障城镇全部社会从业人员享受基本的医疗保障待遇，促进自由流动的劳动力市场最终形成，海南省政府起草并提请省人大审议通过了《海南经济特区城镇从业人员医疗保险条例》，之后又制定了《实施细则》。通过制定此《条例》及其《细则》，海南省进行了影响面最大，与人民日常生活和切身利益联系最直接、最紧密的医疗保险体制改革，实现了社会共济医疗账户与个人医疗账户合力匹配，创建了个人医疗保险智能卡（IC卡）模式。

（四）改革燃油附加费

为创造物畅其流的流通环境，杜绝公路“三乱”现象，海南省政府于1993年12月19日制定了《海南经济特区机动车辆燃油附加费征收管理办法》，于1994年1月1日施行，将养路费、过路费、过桥费、运输管理费等四费合一，征收燃油附加费。这个办法的出台，使海南省成为全国第一个燃油附加费改革的省份。该办法的实施既充分发挥了交通基础设施建设的效益，让高速公路成为名副其实的高速公路，又将原公路上分散收取的各种费用集中统一征收，确保这些钱能如数收到政府手里，统一用于公路建设、管理和维护。

（五）现代企业制度的建立和完善

为规范公司组织和行为，建立现代企业制度，1993年海南省人大和省政府将《海南经济特区有限责任公司条例》列为重点项目，由当时的省法制局具体承担起草工作。省法制局起草后，省政府提请省人大常委会审议。10月28日，省人大常委会正式发布该《条例》。在《条例》中，明文规定了公司的法律地位、公司的设立、股东的权利义务、公司组织、公司的重要变更、公司的终止和清算等制度。既借鉴了国际通行模式，又体现了海南的特点，为海南省有限责任公司的组织、活动和管理走上规范化、法制化的轨道提供了法律依据。

在这一时期，当时的海南省法制局还正式向省政府呈报了《关于〈海南经济特区社会主义法规体系框架〉的报告》，省政府办公厅于1994年11月25日正式印发。《框架》共分为基本法规、规范市场主体的立法、扶持市场要素成长和市场秩序的立法、规范政府社会经济管理职能的立法、规范自然资源开发利用和环境保护管理的立法、规范对外开放的立法十大类，共计373个项目。并且对2000年前海南的立法做了全面规划。《框架》是海南省政府对立法决策进行全面规划的综合产物，一段时期内作为政府系统法制建设的蓝图，引导政府系统立法朝着重点突出、布局合理、协调配套、逐步完备、形成体系的方向发展。

三、1998—2007年：稳步提高

这一阶段的政府立法以解决最直接、最现实的利益问题为重点，不断改进立法工作方法，创新立法机制，提高立法质量，尤其是完善发展民主政治、保障公民权利、推进社会事业、健全社会保障、规范社会组织、加强社会管理等方面的立法。期间，海南省政府向省人大常委会提交审议的地方性法规议案有106件，省政府制定或修改的规章有88件。

（一）立法制度和体制创新

在立法工作中，海南省政府注重解决海南经济和社会发展的突出问题，充分运用特区立法权，推进制度创新、体制创新。比如，在向省人大常委会报送的《海南经济特区关于加快处置海南经济特区停缓建工程的决定（草案）》中，做出了具有突破性的规定，比较妥善地解决了司法查封的停缓建工程处理问题；在修订《海南经济特区水条例》过程中，推进取水许可制度改革，从源头上解决取水方面的多头审批问题；在研究《海南经济特区促进私营个体经济发展条例（草案）》过程中，经过广泛深入的调研，在设立与经营、鼓励与扶持、服务与保障等方面拟订了许多具有创新性的规定，这些规定有较为明显的海南特色和较强的操作性；在打击旅游市场"四黑"工作期间，制定了《海南省人民政府关于建立旅游市场监督管理长效机制的若干规定》，解决了旅游市场监督管理中的许多棘手问题，为旅游市场综合整治提供了有效的法律支撑。

（二）立法工作机制改革，提高制度建设质量

海南省政府为提高立法的科学性，使立法工作贴近实际、体现民意，进一步完善了立法听证制度、定期清理评价制度以及经济立法项目成本效益分析制度，于2005年选择了一次性不可降解塑料包装袋生产使用和电动自行车登记管理两个社会涉及面广、与人民群众利益密切相关的问题，首次公开举行了立法听证会，提高了公民、法人和其他组织的立法参与度，取得了良好的社会效果；于2006年对《海南省旅游条例》进行立法后评估，通过从法规合法性、对法规中设定措施的可操作性、法规预期目标的实现及其实现的程度、法规中设定的法律责任是否适当等方面进行全面评估，及时跟踪实施效果，并分析、总结制度设计本身存在的问题，增强了立法实效，有利于准确把握修订时机。

（三）建立首席法律顾问制度，推进行政决策法治化，健全科学民主决策机制

修订了《海南省人民政府工作规则》，有力规范了决策权限、决策程序，促进了

决策评估、决策执行与决策问责的法定化。并在借鉴美国联邦政府法律顾问制度的基础上，于2005年3月出台了《海南省人民政府首席法律顾问工作规则》，在全国率先建立了政府首席法律顾问制度，成立了海南省政府首席法律顾问办公室。这项制度的实施，实现了政府首席法律顾问制度与行政首长负责制的有机结合，充分利用政府内部现有法律人才资源，保证了政府法律顾问工作的稳定性、连贯性，便于法律顾问进入决策层参与决策和管理。同时，通过附署、备案、委托、授权等相关规定，使政府首席法律顾问的职责规范化、制度化，既参与具体行政行为管理、又参与抽象行政行为审查，既提供事后协调服务、又提供事前防范和事中控制服务，实现了“关口前移、源头介入、全程参与”的决策监督目标，规范了政府处理法律事务的内部运行机制。

（四）改革备案监督体制，建立科学有效的行政监控机制，规范政府抽象行政行为

围绕对行政权力的制约和监督，海南省政府于2005年颁布了《海南省规范性文件制定与备案登记规定》（省政府令第188号），建立了规范性文件备案监督制度，全面规范抽象行政行为。该制度一方面把规范性文件法律审核职责落实到文件制定机关的法制机构，充分发挥政府法制机构的法律顾问和监督作用，从源头上保证了政府抽象行政行为的合法性。其次，将规范性文件备案审查纳入规范性文件制定程序，作为公布的前置条件，实行制定机关法制机构与备案登记机关法制机构上下结合的备案审查方式，使备案审查从“虚”到“实”，从不可操作，到具有较强的可操作性。再次是借鉴了美国联邦政府登记簿的做法，实行备案登记号制度，使备案审查公开化、制度化，推进了政府政务公开。最后是充分利用现代化信息手段，穷尽各种备案登记渠道，提高了法律审核和备案登记的工作效率。

（五）转变政府职能，强化政府的社会管理和公共服务职能

为推行政务公开，推进阳光政务建设，制定了《海南省进一步推进政务公开的实施意见》。为全面规范政府信息公开行为，增加行政活动的透明度，保障公民、法人和其他组织对行政活动的知情权、参与权和监督权，制定了《海南省政府信息公开办法》。为构建政府主导下的信用体系，提高政府公信力，制定了《海南省征信和信用评估管理暂行规定》。为建立健全责任追究制度，努力建设责任政府，出台了《海南省行政首长问责暂行规定》。为加快建立社会应急体系，提高防范和化解突发事件的能力，公布施行《海南省人民政府总体应急预案》。

（六）深化行政管理体制改革，推进政府管理创新

海南省政府将贯彻实施行政许可法、规范行政许可行为、改革行政许可方式，作

为贯彻《国务院全面推进依法行政实施纲要》的重要内容，认真清理行政审批项目，下放行政审批权限，逐步解决职能交叉问题，有效促进了政府职能转变和管理方式创新。此阶段，省政府共对112件地方性法规、154件省政府规章、3828件省政府规范性文件、901项行政许可事项进行了全面清理。经清理，决定保留560项、保留但调整主体94项、取消217项。取消、下放和划转行政审批事项411项，减幅达43%。在按要求上报国务院的同时，及时将清理结果在政府法制网站及党报政刊上公布，方便群众和投资者查询。按照国务院创新实施行政许可体制和机制的要求，海南省政府颁布了《海南省实施〈中华人民共和国行政许可法〉暂行办法》，就行政许可法的适用范围、行政许可的设定与实施程序、行政许可监督检查等进一步做了明确具体的规定，增强了行政许可法实施的可操作性。

四、2008—2013年：全面发展

这五年，无论是在立法理念，立法程序、立法技术方面，还是在立法的民主性、科学性、前瞻性等方面，海南特区的立法都处于全面发展阶段。尤其是在海南国际旅游岛建设发展的迫切需要中，海南省政府的立法者们和决策者们发现了立法工作的切入点，注重运用特区立法权的创新和变通功能，注重突出地方立法特色，结合实际，通过立法全面推动绿色崛起和美丽海南建设。截至2012年底，由省政府起草并提请省人大、人大常委会审议的地方性法规草案有76件，制定政府规章42件。这些法律包括：机动车辆通行费征收管理暂行规定、安排残疾人就业规定、海洋环境保护规定、城乡规划条例（修订）、消防条例（修改）、旅游景区景点管理规定、旅游价格管理规定、外国人免签证旅游团管理办法、道路旅游客运管理若干规定（草案）、邮政条例（草案）、无线电管理条例（草案）、农民专业合作社条例（草案）、环境保护条例（修订草案）、无规定动物疫病区管理条例修订草案）、沿海边防治安管理条例（修订草案）等。在这一时期，海南省政府立法工作的重点主要体现在以下四个方面：

（一）以立法促进国际旅游岛建设发展

主要体现在，通过立法促进民族地区经济和社会发展。组织审查少数民族文化保护与开发条例（草案），加强对少数民族文化的抢救与保护、传承与创新、开发与利用与产业扶持，努力打造独具浓郁特色少数民族文化魅力的旅游岛。

为贯彻实施建设海南国际旅游岛的国家战略，海南省政府提请省人大常委会制定了《导游人员管理规定》《旅行社管理规定》《旅游景区景点管理规定》《旅游价格

管理规定》《道路旅游客运管理若干规定》等法规，制定了《外国免签证旅游团管理办法》等规章，从而规范旅游市场管理，创新了旅游业管理体制机制和管理方式，促进旅游业健康发展。

此外，提请省人大常委会制定了《公路条例》《城乡容貌和环境卫生管理条例》等法规，制定了一批有关公共服务设施管理的规章，尤其是组织起草并完成审查电力建设与保护条例（草案），强化对电力规划与建设、电力设施保护、海底电缆保护及电能保护，维护公共安全和供用电秩序。组织起草并完成审查电信设施建设与保护条例（草案），从电信设施建设和维护、电信资源的共享、惩处破坏电信设施的行为等方面进行规定，保障通信畅通。这些法律文件对保障海南基础设施建设有着重大的意义，有效提升了国际旅游岛的服务保障能力。

（二）以立法促进生态省建设

为了加大环境和资源保护力度，推进生态省建设，省政府提请省人大常委会制定和修改了《古树名木保护管理规定》《饮用水水源保护条例》《太阳能热水系统建筑应用管理办法》《公共机构节能管理办法》等规章，推动建立生态文明建设的长效保障机制。尤其是组织起草并审查修改环境保护条例（修订草案）、海洋环境保护条例（草案）等11件生态保护方面的法规草案，增加了强化各级人民政府环境保护责任、健全和完善加强环境保护规划、建设项目环境影响评价制度、重点排污单位的排污自动监控等内容，推动建立生态文明建设的长效保障机制。

（三）以立法促进科学规划和产业发展

为了加快推进海南省经济社会全面发展，省政府提请省人大常委会制定和修改《城乡规划条例》《村镇规划建设管理条例》，加强城乡规划管理，协调城乡空间布局，除此之外，制定和修改《物业管理条例》《安全生产条例》《建设工程造价管理办法》《闲置土地认定和处置规定》《建设工程消防管理规定》等规章，对相关规划的科学编制和项目建设的顺利进行起到了积极作用。

在与产业有关的立法方面，及时组织起草并审查修改无规定动物疫病区管理条例修正案（草案），进一步明确各级政府的防疫职责，完善相关单位间协同责任，健全重大动物疫病防控工作机制，以促进畜牧业发展。及时修订农村集体土地承包办法、物业管理条例，促进农业和房地产的健康发展。

（四）改善民生，保护农民的合法权益

组织起草并审查经济特区农民专业合作社条例（草案），规定农民可以土地承包经营权出资成立农民专业合作社，明确农民专业合作社联合社的法人地位，加大政府和相关部门对农民专业合作社的服务和扶持力度，有效保护农民专业合作社及其成员的合法权益等，促进农民增收、农业增效、农村经济发展。注重保护弱势群体的合法权益。

提请省政府修改基本养老、基本医疗、失业保险、工伤保险四个保险条例实施细则并制定生育保险条例实施细则，提高参保者的待遇标准，注意下岗职工参保的问题，稳妥地解决了一些社保历史遗留问题。在审查修改劳动保障监察若干规定（草案）时，针对农民工薪酬得不到有效保障的问题，在农民工就业较多的建筑、交通、水利等行业设立工资保险金制度，充分维护劳动者合法权益。

为了保障民生，促进社会事业发展，海南省政府提请海南省人大常委会制定和修改了《法律援助规定》《实施〈就业促进法〉办法》，《实施〈残疾人保障法〉办法》《劳动保障监察若干规定》《经济特区农民专业合作社条例》以及城镇从业人员基本养老、医疗、失业、生育、工伤保险等一批涉及民生和人民群众普遍关心的热点、难点问题的法规，保障了公民在就业、受教育、社会保险等方面的基本权利，强化了对弱势群体的保护。

（五）强化立法的规划和计划工作

海南省政府配合海南省人大做好五年立法规划和国际旅游岛专项立法计划的编制工作。编制省政府的年度立法计划。在编制立法计划过程中，按照突出重点、急用先立的要求筛选和确定立法项目，加强调研论证，充分征求意见。在起草法规规章时，注重通过实地调研了解实际情况和建设发展中需要立法解决的重大问题和突出问题，增强立法的针对性。在审查修改农民专业合作社条例（草案）过程中，注重积极探索机制的创新，进行立法研讨审改，进一步修改完善该项立法的相关内容，使其更加科学合理。对立法成本效益分析和立法后评估进行了初步尝试。在起草《海南经济特区限制生产运输销售储存使用一次性塑料制品规定》时，对有关“白色污染”的问题进行了充分调研，评估该项目对生态省建设及社会发展的重大影响，从立法成本、执法成本、社会成本及立法效益等方面对该项目进行了立法效益评估，提出四套方案供决策参考。

（六）开展政府规章和规范性文件的清理工作

海南省法制办协调相关单位对省政府和省政府办公厅制发的 25000 多件文件进行了清理。共清理省政府规章 132 件，其中废止 18 件，修改 38 件，保留 76 件；清理省政府、省政府办公厅规范性文件 1189 件，其中废止 458 件，保留 729 件，修改 2 件。根据《行政强制法》规定以及全国人大、国务院关于对现行地方性法规规章中行政强制进行清理的要求，及时组织开展专项清理工作。根据省人大常委会要求，组织起草并完成审查计量管理条例修正案（草案）、产品质量监督管理条例修正案（草案）、矿产资源管理条例修正案（草案）等3个地方性法规的修正案，提请省人大常委会审议通过。同时对118件规章进行了清理，并对《海南省烟草专卖行政处罚规定》《海南经济特区标准化管理办法》《海南经济特区土地监察规定》《海南省殡葬管理办法》等4件规章涉及行政强制的有关内容进行了修改。

（七）以立法促进各项重大改革

海南省政府积极推进和完善省直管市县管理体制改革，制定了一系列相关的地方性法规文件，例如，提请省人大常委会制定和修改了《经济特区土地管理条例》《实施〈渔业法〉办法》《实施〈海域管理法〉办法》等一批法规，将几十项原由省人民政府及其所属部门行使的行政管理事权下放或者委托给市县行使。同时也以省政府令的形式下放了一批行政管理事项。又如，规范和保障农垦、洋浦等各项重大改革。提请省人大常委会制定了《关于推进海南农垦管理体制改革的决定》，从农垦国有资产管理、经营体制、政策支持等方面进行了规范。提请省人大常委会修改了《洋浦经济开发区条例》，明确了洋浦管委会对属地管理事务，行使设区的市和县级行政管理权，进一步完善洋浦开发区管理体制机制。不仅如此，还积极推进行政审批制度改革。在立法过程中严格控制新设行政许可，并通过几轮行政审批清理取消和调整了一批行政审批项目。

五、基本经验和未来一段时期的立法重点

回顾25年来海南省省级政府的立法过程，可以看到政府立法对推动地方政府经济社会发展起到了巨大的作用。但同时也要看到政府立法工作中存在的问题。就海南省省级政府立法而言，目前主要存在如下问题：一是草案质量有待提高。主要体现在设定行政许可、处罚、强制不当；调查研究不够充分，特区特点不够突出，存在照抄照搬上位法的现象，缺乏可操作性。二是立法计划执行不严。有些部门对立法工作重视不够，立法工作进展缓慢，有的立法项目不能按时提请审议，影响了整个立法计划的完成。三是立法协调力度不够。有的单位对法规规章草案征求意见不答复，或者不在规定时间内反馈意见；有的单位应付差事，对相关内容不认真研究或者根本不研究就草草回复；有的部门过分强调本部门或本行业不适当利益，给协调工作增加了难度。四是立法力量薄弱。有些部门没有配备具有一定法律素养的人员从事立法工作，有些部门法制机构不健全等等。尽管出现上述问题的原因是多方面的，但主要却是因为对立法工作的重要性认识不够充分，对立法推动改革的紧迫性缺乏足够的认知。

当前及今后一个时期，海南省政府立法工作仍然要以建设国际旅游岛为重点，促

进以旅游业为龙头的现代服务业发展，重点是抓好三沙旅游、旅游者权益保障、彩票管理、餐饮业管理、物流业促进、会展业促进等一系列法规的研究和起草工作；在推动重点领域开放改革方面，重视国际旅游岛先行试验区条例的研究起草工作，通过立法创新排除体制机制障碍；在推进城乡一体化发展方面，重点抓好城乡规划管理、土地管理、供排水管理等法规的研究和起草工作；在加强生态环境资源保护方面，重点抓好天然林保护、森林公园管理、湿地保护、中部核心生态区管理、生态补偿等法规的研究和起草工作；在保障和改善民生方面，重点抓好扶贫开发、居民医疗救助、社会保险基金监督、流动人口服务管理等法规的研究和起草工作；在推动海洋强省建设方面，重点抓好无居民海岛保护与开发、海域使用管理、促进邮轮游艇产业发展等法规的研究和起草工作等。通过实施立法规划，加强重点领域立法，形成系统完备、科学规范、运行有效的制度体系，充分发挥立法在全面深化改革中的引领、推动和保障作用。

政府立法是一项实践性、技术性很强的工作，要求有一套行之有效的工作机制作保障。加强立法工作，必须增强立法的引导性和前瞻性，从法律层面改革创新体制机制。对于海南经济特区来说，立法尤其要把更多的精力放在突出经济特区的特色上，放在有针对性地解决具体问题上，放在打造海南环境特色、产业特色和体制特色上，务使政府立法切实发挥作用。在确定立法计划时，从实际需要出发，不单纯追求立法的速度与数量，注重立法的质量与内涵。在确定立法内容时，着眼于解决经济社会发展中的实际问题，有针对性地对所需调整规范的社会关系做出具体规定，防止重复立法。在确定立法体例时，根据立法的内容决定体例，宜繁则繁，宜简则简，防止贪大求全。

具体来说，在今后一段时期的经济特区政府立法过程中，尤其要重视建立健全如下方面的工作机制：一是调查研究工作机制。系统的调查研究是立法的基础工作。立法调研工作要有针对性，充分了解经济社会发展中急需用立法手段解决的问题。把存在的问题和产生问题的原因搞清楚，把制度可能涉及的各方面利益需求和可能产生的利弊搞清楚。二是公开征求意见工作机制。采取多种形式广泛征求意见，进一步健全公布法规规章草案征求意见机制，对一些与群众切身利益密切相关、为其设定义务的法规规章草案，要畅通各方面利益诉求渠道，通过报刊、网络、听证会等方式实现与社会公众的互动，广泛听取人民群众的意见，特别是弱势群体的意见，使各方面的意见得以充分表达。三是专家咨询、论证工作机制。要进一步整合立法资源，拓宽专家学者参与政府立法的途径和渠道。政府立法草案拟确定的重要制度，要广泛征询专家学者的意见，必要时组织专家学者联合起草，以增强立法的科学性、公正性。

终审权与“高度自治”

——现代澳门司法改革目标及其本地化建制

何志辉*

摘 要 因华洋共处的特殊环境及时代背景，澳门司法制度在不同历史阶段具有不同的格局形态。1976 年《澳门组织章程》的颁布，意味着澳门现代司法体系的建构具有宪制性依据。1987 年《中葡联合声明》签署后，为使司法制度符合“高度自治”的基本精神，澳葡政府与社会各界在回归前夕积极展开司法改革。1991 年《澳门司法组织纲要法》容许澳门逐渐增加司法自主性，给予澳门法院具有完全及专属的审判权。1992 年《澳门司法组织新规则》进一步完善澳门高等法院制度的构想。1993 年正式成立的澳门高等法院，是澳门的第二审和复审法院，也是澳门在回归前法院等级中的最高机关，但仍匮乏本地区的终审权。同年《澳门基本法》正式公布，促使澳门司法制度朝本地化方向加速迈进。澳门回归祖国并成立特别行政区之后，原高等法院过渡为特区中级法院，另依据《澳门基本法》成立特区终审法院，作为特区最高级别的审判机关而享有终审权，至此得以完成司法体系的本地化建制，从而基本实现了澳门司法改革的宏大目标。

关键词 现代澳门 司法改革 终审权 本地化

绪 论

澳门自明嘉靖三十二年（1553）允准葡萄牙人入居以来，因缘华洋共处的特殊环境及时代背景，逐步形成了与之相应的司法治理格局。但直至 1993 年 4 月成立澳

* 何志辉，现供职于西南政法大学法学研究所，兼任澳门科技大学社会和文化研究所、中国人民大学法律文化研究中心研究员。

门高等法院之前，独立的审判权及终审权在制度构想层面都是遥不可及的。

依据学界的基本观点，直至鸦片战争爆发时，早期澳门的治理秩序以华洋共处分治为主要特征，在司法制度方面亦呈现出与众不同的多元化。但要指出的是，这种“分治”是中国官府长期进行主导治理，澳葡内部实行有限自治①。表现在司法层面，这一时期的中国官府和澳葡政府，都未发展出近代意义上相对独立的审判权，更不可能有所谓现代意义上的终审权。而之所以未能发育出独立的审判权和终审权，在明清时期中国官府与澳葡政府两方各有不同的制度因由。

就中方而言，被纳入明清州县地方政府体系的早期澳门，同样没有逾越此种被学界所言的“行政兼理司法”之法统。如在澳门境内发生华人之间、华人与葡人及其他居住于此的外国人之间、甚至在相当长时期还包括葡人与其他外国人之间的案件，作为直接管辖澳门的香山知县有权进行管辖和审理；如需递解转呈至省府、刑部乃至最终由皇帝亲自过问，其司法过程的性质仍可用“全能型司法”一语以蔽之②。

就澳葡而言，早期在司法领域的有限自治，是指仅限于管辖澳葡之间而无涉华人的内部性质的案件；虽然清代中期（以1783年葡国王室颁行《王室制诰》为分野）以降，通过种种华洋案件引致的司法交涉逐步进行僭越，其审判权的非独立性也是受制于澳葡内部权力架构的安排。在相当长时期，由于澳葡内部既有本地成立的自治机构议事会在分享部分司法权，也有派自葡国王室并代表其利益的王室法官在履行司法专职，甚至澳督也会基于军事职能及在澳门进行治理的特殊地位而僭取掉一部分司法权，因此在原本有限的澳葡内部，无论是司法管辖还是审判方面都存在分权不清的纠葛，有时甚至衍化或激化为更趋复杂的权力斗争③。

延至1846至1849年，竭力效忠葡国王室的澳督亚马留，以强悍的姿态全面推行殖民管治，共处分治的传统格局被破坏殆尽。虽然这种管治状态在此后的时期匮乏合法性，更不可能具有任何历史的正当性，但由于清政府在迭经鸦片战争以来的外交巨

① 关于澳门政治发展的分期及早期“华洋共处分治”格局的论断，参见吴志良：《生存之道——论澳门政治制度与政治发展》，澳门成人教育学会，1998。对于早期澳门治理格局的性质判断及相关分析，参见何志辉：《治理与秩序：全球化进程中的澳门法（1553—1999）》，社会科学文献出版社2013年版；何志辉：《华洋共处与法律多元：文化视角下的澳门法变迁》，法律出版社2014年版；何志辉：《明清时代澳门的中葡共治研究》，日本关西大学审查学位论文，2014。

② 学界对于明清时期澳门涉外案件的实证研究日趋增多，近期出版的主要著作可参阅刘景莲：《明清澳门涉外案件司法审判制度研究（1553—1848）》，广东人民出版社2007年版；何志辉：《明清澳门的司法变迁》，澳门学者同盟，2008；王巨新、王欣：《明清澳门涉外法律研究》，社会科学文献出版社2010年版。

③ 关于明清时期澳葡内部围绕司法管辖权的纠葛及斗争，详见何志辉：《明清澳门的司法变迁》，澳门学者同盟2008年版，第47～52页。

变之冲击后，随着原有的朝贡体系瓦解而转向近代西方国际话语下的条约体系[①]，葡方及时调整其外交政策、尤其是对华（澳门）政策。随后的中葡双方有过多次近代国际法意义上的双边谈判，且最终通过光绪十三年（1887）缔结《中葡和好通商条约》确立的“永居管理”条款，使葡方对澳门的殖民管治自此具有了所谓国际条约法性质的依据[②]。

在此背景之下，澳葡政府迅速排除掉中国官府对于澳门境内民刑案件的司法管辖权，并尝试构建与这个华洋共处的社会格局相适应的一元化司法体系，其难点则是如何把占人口比例绝对多数的澳门华人纳入澳葡政府之治下。澳葡政府由此进行的司法改革，自此沿着审判机构的相对独立化的方向展开，亦在客观上为审判权的独立性奠定了组织基础。经由 1852 年及 1862 年《理事官署章程》规范而成的理事官署，对当时的华人事务逐步进行司法管辖；在 1865 年改造为“华政衙门”之后，后续推进的改革措施使这个主理而非兼理司法的机构日趋成熟[③]。

直至 1894 年葡萄牙颁行《新海外省司法管理章程》并进行统一化趋势的司法改革之际，新成立的澳门法区法院将针对澳葡内部的原有审判机构和针对澳门华人的华政衙门合并一处，这才使近代西方意义上的独立审判权获得寄生之所，并借助葡萄牙法律体系在澳门的全面延伸而开始付诸实践。

步入 20 世纪后的澳门司法制度之发展，仍像以往、甚至比以往更明显地受制于澳葡政治体制的结构调整。直至 1976 年颁行的《澳门组织章程》宣告殖民管治体系行将终结之前，澳门法区法院虽然开始拥有并实践其相对独立的审判权，却一直仅仅具有普通管辖性质的第一审资格。实际上，在 20 世纪初期陆续出现的澳门行政法院、审计法院，以及长期有名无实的澳门军事法院，也不过是在各自几经变易的制度发展过程中，于专享的管辖权内行使各自相对独立的审判权。鉴于此，其时的澳门法院是隶属于葡萄牙里斯本高等法院的海外地区法院（里斯本高等法院是葡萄牙三大高等

---

① 对近代中国外交巨变之背景及性质的分析，参见［美］梁伯华：《近代中国外交的巨变——外交制度与中外关系变化的研究》，香港商务印书馆 1990 年版。

② 关于该项条约的出台背景及法理分析，可参阅谭志强：《澳门主权问题始末（1553—1993）》，永业出版社 1994 年版；吴志良：《生存之道——澳门政治制度与政治发展》，澳门成人教育学会 1998 年版，第 173 ~ 189 页；费成康：《澳门：葡萄牙人逐步占领的历史回顾》，上海社会科学院出版社 2004 年版，第 198 ~ 201 页；黄庆华：《中葡关系史》，合肥，黄山书社 2006 年版，第 816 ~ 824 页；黎晓平、何志辉：《澳门法制史研究》，澳门 21 世纪研究中心 2008 年版，第 317 页。相关论文亦可参阅［葡］萨安东：《一八八七年〈葡中和好通商条约〉中有关葡萄牙在澳门主权议题诠释问题》，载《澳门法律学刊》（澳门）1996 年第 2 期；柳华文：《1887 年〈中葡和好通商条约〉国际法简析》，载《澳门研究》（澳门）1999 年总第 10 期。

③ 详见何志辉：《近代澳门司法：制度与实践》，中国民主法制出版社 2012 年版，第 73 ~ 93 页。

法院之一，是葡萄牙共和国最高法院直辖下的机构），仍未衍化为现代意义和完整意义上的审判独立，与现代意义上的终审权更有不可逾越的距离。

一、司法组织纲要及规则指引：“高度自治”的改革蓝图

（一）纲要法之出台背景

基于1974年4月25日葡萄牙爆发“鲜花革命”的冲击波影响，被葡萄牙长期殖民管治的澳门地区政治也随之生变①。1976年出台并获葡萄牙民主政府认可的《澳门组织章程》，宣告了澳门从殖民管治状态开始转向葡管中国领土之下的地区自治时期，进而对澳门现代司法体系的建构产生至关重要的影响。

《澳门组织章程》最初呼应了在1976年出台的《葡萄牙共和国宪法》关于司法权的定位。因为后者在第205条第1款把法院规定为主权机关之一，且有权以人民的名义掌理司法，于是，该章程在第3条第1款规定葡萄牙共和国的主权机关除法院外，在澳门当地以总督为代表。这意味着司法权在国家权力体系中获得了完整的独立性。随后，该章程在1990年的修订中补充规定“澳门法院是独立的，只受法律约束”，更加明确了以独立审判权为重心（但尚未扩及终审权）的司法权在澳门地区权力体系中的地位。

正是在这一章程对于澳门法院之司法权的重新定位的基础上，亦为顺应自1987年《中葡联合声明》关于澳门回归与政权平稳过渡的政治发展，旨在赋予并最终落实澳门地区司法自治的《澳门司法组织纲要法》（第112/91号法律）应运而生。反过来，这部宏观构建澳门司法体系新格局的纲要法，也在客观上成为推动过渡期“法律本地化”使命中的司法本地化进程的制度基础。

（二）构图的重心：独立审判权与上诉审制度

1991年8月，葡萄牙共和国议会通过《澳门司法组织纲要法》，容许澳门逐渐增加司法自主，以便在无断层的情况下，在葡萄牙共和国总统认为适宜时，给予澳门法院具有完全及专属的审判权。该法规定澳门设立高等法院作为新司法体系中的最高机关，审理对初级法院裁判的上诉案；同时设立检察院，作为在司法方面给予合作的自治机关，以独立方式行使其职能。依据该法第三章“高等法院”相关条款，澳门高等法院的权限、组织结构和运作情况构想如下：

---

① 参见吴志良：《生存之道——论澳门政治制度与政治发展》，澳门成人教育学会1998年版，第291～294页。

1. 关于高等法院的组织

根据该法规定，高等法院为澳门法院等级中的最高机关，但不影响最高法院、最高行政法院及宪法法院就上诉事宜的权限。高等法院的权限，主要包括如下方面：一是一般审判权，二是审理行政、税务及海关事宜的权限，三是涉及总督及政务司行为的权限。

高等法院的组成包括：1 名院长及 6 名法官，以全会或以分庭运作。分庭由 3 名法官组成；法院之全会由该法院所有法官组成，运作时法官人数不得少于 5 名。澳门总督得以工作量增加为理由，增添高等法院法官的人数。高等法院院长缺勤或回避时，由在该法院任职时间最长的法官代任。高等法院法官由未参与有关诉讼程序的当地第一审法院法官，按任职时间长短顺次代任[①]。这 6 名法官分别配置于两个法庭，每个法庭有 3 名法官。一个法庭只审理行政和税务案件，另一个法庭则审理其余案件。院长通常不参与审理案件，其任务主要在于协调法庭之间的工作。

2. 关于一般审判权

关于一般审判权，既可以全会方式运作，亦可以分庭方式运作。

若以全会运作时，其权限包括：审判因行使职能而做出犯罪的立法会主席及反贪污暨反行政违法性高级专员；审判对高等法院法官、或在该法院行使职能的检察院司法官因其职能而提起诉讼的案件；为审理上款所指司法官故意犯罪的诉讼程序做出准备，并对该案件予以审判；依据诉讼法律规定，统一高等法院的司法见解；审理其分庭之间管辖权的冲突；审判对于澳门司法委员会之决议而提起上诉的案件；审判对于其分庭以第一审级审判所做之合议庭裁判而提起上诉的案件；行使法律赋予的其它职责。最高法院全会及该法院刑事分庭全会，就上款未规定的事宜，对澳门地区之权限，经必要配合后仍予维持。

若以分庭运作时，其权限包括：审判不属全会管辖的上诉案件；为审理第一审之法院司法官与检察院司法官、以及立法会议员的犯罪与轻微违法的诉讼程序做出准备，并对该案件予以审判；为审理高等法院之法院司法官与检察院司法官的过失犯罪与轻微违法的诉讼程序做出准备，并对该案件予以审判；审理各第一审法院之间管辖权的冲突；审理审判权的冲突；审判待决案件中的认诺、舍弃或和解，以及由该案件产生的附随事项；对刑事判决予以再审，命令撤销不协调的刑罚，以及于命令再审后中止刑罚的执行；就人身保护令事宜行使审判权；审查外国判决；对教会法庭做出的

---

① 但在依据《澳门组织章程》相关规定做出使澳门法院具有完全及专属之审判权的命令前，澳门高等法院由院长及 4 名法官组成。

裁判给予执行认可；审判对第一审之法官与检察院司法官因其职能而提起诉讼的案件；审判对于行政及税务争讼而提起上诉的案件；以及行使法律赋予的其它职责①。

3. 关于审理行政、税务及海关事宜的权限

关于审理行政、税务及海关事宜的权限，同样包括全会及分庭方式。

若以全会运作时，有权限审理：对于合议庭裁判而提起上诉的案件，而该裁判系就同一法律依据，且在法律规范无实质修改的情况下，其体现的解决办法与本庭或其它分庭的合议庭裁判相异者；应否继续审理上项所指的上诉案件，但不影响该事宜之报告制作人的权力；以及以后的法律所赋予的事宜。全会就上款未规定之事宜，对澳门地区的权限经必要配合后仍予维持。

若以分庭运作时，有权限审理：对于行政法院之裁判而提起上诉的案件；对于立法会、其主席及主席团其它成员属行政事宜的行为而提起上诉的案件；对于澳门助理总检察长及反贪污暨反行政违法性高级专员属行政事宜的行为而提起上诉的案件；要求将规章的规定、或在行使行政职能时发出的其它规定，具有普遍约束力宣告其为违法的请求，但上述规定必须曾被任何法院在三个具体案件中判为违法，或该等规定的效力系无须做出任何适用规定的行政行为或审判行为而实时产生者；各行政当局之间权限的冲突，但该等行政当局必须在等级上或监督上不隶属同一机关；行政法院与行政当局之间管辖权的冲突；在待决程序内要求预行调查证据的请求；以后之法律所赋予的事宜。分庭大会就上款未规定的事宜，对澳门地区之权限经必要配合后仍予维持②。

关于总督及政务司的行为，则视乎情况而定。最高行政法院的行政争讼小组分庭或税捐争讼分庭，具有专属权限，以审议及审判对于澳门总督及政务司属行政、税务及海关事宜之行为而提起上诉的案件，但该等行为必须为得被提起司法申诉者。此处所指的上诉，应自公布之日、正式知悉行为或通知之日、执行开始之日或默示驳回行为形成期间终结之日起，计两个月内进行。任何上诉状，应在上款所指期间内提交予最高行政法院办事处或澳门高等法院有权限的部门；如提交予后者，则应由澳门高等法院移送至管辖法院③。

4. 关于特别创设的保护上诉

除上述制度外，该法还创设了“保护上诉”制度。即对于当地法院做出的裁判，

---

① 《澳门司法组织纲要法》（第112/91号法律），第14条。

② 《澳门司法组织纲要法》（第112/91号法律），第15条。

③ 《澳门司法组织纲要法》（第112/91号法律），第16条。

得以违反《澳门组织章程》所保障的基本权利为依据，向高等法院之全会上诉。

依据该纲要法的规定，此上诉应直接做出，并只限对于违反上述所保障之权利的事宜而提起。在不影响上条规定的情况下，对于公权之行政行为或单纯事实行径，得以违反《澳门组织章程》所保障的基本权利为依据，向具有行政审判权的法院上诉[①]。

据此可见，高等法院有权审理来自下级法院的上诉，包括普通管辖法院、刑事预审法院和行政法院的上诉。但有下列情况不能受理：一是对审计法院的上诉，因为审计法院关于独任制法官判决的上诉，由同一法院三名法官组成的合议庭审理；二是对违反基本权利的上诉，仍受葡萄牙最高法院、最高行政法院和宪法法院的制约；三是对于澳门总督及政务司在行政、税务和海关事宜的行为，其管辖权属于葡国最高行政法院诉讼分庭，澳门高等法院此时并无权管辖[②]。高等法院可依各个案件所适用的法律程序，灵活选择不同的运作方式，审议事实问题及法律问题。普通案件由三名法官组成的合议庭做出判决，特殊案件则由全体法官组成全会做出判决。

当然，向葡萄牙最高行政法院提出的对总督和政务司行政行为的上诉，这种情况在现实中鲜有发生。至于就法律或法令的违宪性事项，向葡萄牙宪法法院提出的上诉，据1980年至1990年间统计的上诉资料，没有发现此类上诉[③]。至于该法创设的保护上诉情况，当本地法院的司法判决侵犯了依据《澳门组织章程》所享有的公民权利时，公民可直接向高等法院之全会提起上诉，使之成为一种最后诉求[④]。这种上诉不会削弱行政法院审理侵犯公民权利案件的权力，应视为对侵犯公民权利的补偿，是一种“在与外部法院的纽带消失时”对以往的向葡国宪法法院提起上诉的“部分替代”[⑤]。

（三）司法组织新规则：建构“高度自治”的指引

1992年，作为司法组织纲要法之细则的《澳门司法组织新规则》颁行。该规则第五章进一步补充规定了澳门高等法院制度的构想。该项法律文件是为配合《司法组织纲要法》而颁行的细则，亦是澳葡政府为真正落实司法本地化之政治使命而实现澳门“高度自治”的指引。该法主要规范两大方面内容：一是高等法院之组织架构，二是高等法院之运作规则。略述如下：

---

① 《澳门司法组织纲要法》（第112/91号法律），第17条。

② 《澳门司法组织纲要法》（第112/91号法律），第11～17条。

③ 韦柏伦：《司法组织本地化》，载《澳门1995》，澳门基金会1995年版，第9页。

④ 《澳门司法组织纲要法》（第112/91号法律），第17条第1款。

⑤ 前引韦柏伦：《司法组织本地化》，第10页。

1. 高等法院之组织

其一，关于高等法院的组成。根据该法规定，高等法院包括两个专门分庭，其一为具一般审判权的分庭，另一为具行政、税务及海关审判权的分庭①。

其二，关于填补分庭内的职位。具体规定为：高等法院院长有权在衡量工作之需要、分派之衡平、法官之业务水平及其表示的意向后，每年分派法官于各分庭；如显示有需要确保分派工作的衡平，一分庭之法官得被另一分庭临时借用。上款所指的“临时借用”，得定为行使全部职能或只行使裁判书制作人或助理的职能。最高法院院长得批准不同分庭之法官的对调；裁判书制作人转至另一分庭时，如该制作人及其助理已获经检阅作审判的诉讼卷宗，其权限仍维持不变②。

其三，关于高等法院院长。高等法院院长任期3年。职务终止的院长，继续担任职务，直至代替该院长者就职为止。院长在本地区司法官中享有居先地位③。

院长的权限主要包括：代表澳门各法院及确保法院与其它当局的关系；领导法院、确保其正常运作及监管办专处；主持全会及评议会；订出平常会议的日期、时间及召集特别会议；确保程序的正常进行；确定在评议会中投反对票而落败者；在法律规定投票时投票，并在此情况下签署合议庭的裁判；如法官数目增加，则重新分发卷宗。

根据该法第10条之规定，院长还有权对卷宗做出订正，而该权限得授予高等法院的另一名法官。此外，院长还可行使本法规第8条、第9条及第34条所规定的权限，每年向澳门司法委员会递交一份关于机关状况的报告书，并行使法律对其所赋予的其余职能④。

2. 高等法院之运作

其一，关于高等法院会议。平常会议每周举行一次，特别会议则由院长决定而举行。如平常会议日为假日，则在随后第一个工作日举行，但院长有不同决定者除外。各法官依居先顺序，分别坐于院长的右方及左方⑤。

其二，关于分庭运作。当高等法院以分庭运作时，有权限审判的法官，为裁判书制作人所属分庭的法官。根据诉讼法律，其参与是依年资顺序为之。如在一分庭内，因其法官的出缺或回避，或因诉讼原因而未达至为查核诉讼卷宗及对案件作裁判所需

① 《澳门司法组织新规则》（第17/92/M号法令），第33条。
② 《澳门司法组织新规则》（第17/92/M号法令），第34条。
③ 《澳门司法组织新规则》（第17/92/M号法令），第37条。
④ 《澳门司法组织新规则》（第17/92/M号法令），第38条。
⑤ 《澳门司法组织新规则》（第17/92/M号法令），第35条。

的法官数目时，须邀请另一分庭的法官参与诉讼，并由前次对被协助分庭的诉讼卷宗作检阅的法官之下一名法官开始，依年资顺序为之①。

其三，关于在高等法院内之回避。根据《葡萄牙民事诉讼法典》规定，对高等法院任何法官的回避而做出批示，得向评议会声明异议；该会在涉及回避之法官的法定代任人参与下做出裁判②。

其四，关于高等法院内的分发。为分发之目的，高等法院卷宗依次分为 11 种：实体上的上诉；抗告；刑事诉讼上的上诉；对行政、税务及海关事宜之裁判的上诉；司法上诉；对规定为违法性之宣告的请求；冲突及对外国判决的再审；向全会的上诉；第一审法院审理的案件；单一审级法院审理的案件；以及其它诉讼。

其五，关于高等法院的审理权。高等法院审理事实问题及法律问题。在审理对合议庭所做终局裁判提起的上诉时，是单以载于卷宗内的文件、对疑问的答案及任何其它数据为依据，或与一般经验的规则配合审理之，《葡萄牙刑事诉讼法典》第 665 条及第 666 条不再在澳门生效。

最后，关于司法见解的统一及公布。根据规定，透过判例而使司法见解统一的高等法院合议庭的裁判，须在《澳门政府公报》上公布；而《葡萄牙民事诉讼法典》第 769 条第 2 款列出的资料，应送交总督。如高等法院院长认为高等法院之其它合议庭的裁判为重要而应公布者，亦在《澳门政府公报》上公布。《葡萄牙民事诉讼法典》第 764 条、《葡萄牙刑事诉讼法典》第 669 条及第 267/85 号法令第 16 条（《行政法院诉讼法》），不再在澳门生效。

二、向“高度自治”过渡：高等法院的成立及其使命

（一）高等法院的成立

1993 年 3 月，根据《澳门司法组织纲要法》的规定和授权③，以及澳门司法高等委员会的建议，澳门高等法院正式成立，并于 4 月份投入运作④。澳督委任大法官李栢立（Farinha Ribeiras）为澳门高等法院院长，飞兆文（Amancio Ferreira）、施礼哲（João Rodrigues de Silva）、李明训（Simões Redinha）和白富华（Sebastião Póvoas）为高等法院的法官。经葡国总统颁布法令，1999 年 6 月起，该院开始行使终审权。

① 《澳门司法组织新规则》（第 17/92/M 号法令），第 36 条。

② 《葡萄牙民事诉讼法典》，第 123 条第 2 款。

③ 《澳门司法组织纲要法》（第 112/91 号法律），第 20 条第 1 款。

④ 前引华荔：《澳门法律本地化历程》，第 54 ~ 55 页。

澳门高等法院是澳门的第二审和复审法院，也是澳门在回归前的法院等级中的最高机关，但不影响葡国最高法院、最高行政法院及宪法法院就上诉事宜的权限①。其职权相当于葡国最高法院分庭的职权，实际上已广泛行使终审法院的权力。因此，高等法院的成立与运作，使澳门法区有了自身的上诉审法院，上诉案件不用再去里斯本高等法院。这不仅为澳门居民透过法律和司法途径保护自己的权益提供了方便，也缓和了澳门司法体制对葡萄牙的依赖，增强了本地司法的独立地位和司法架构的完整性②。

（二）过渡后期的司法任务

澳门高等法院的成立，标志着澳门不再是一个殖民宪制时代置于葡萄牙司法体系之中单纯的法区（comarca），而成为一个具有一定自治地位的法域（distrito judicial）。然而，过渡后期澳门司法制度仍有相当艰巨的本地化任务。

其一，关于司法终审权问题。新成立的澳门高等法院作为澳门法院系统中的最高机关，对许多事项均有终审权。但由于葡萄牙最高司法法院、最高行政法院、共和国审计法院与宪法法院在澳门仍有审判管辖权③，因此该法院仍不享有完整和排它的审判权。至于何时被赋予完整及专属的审判权，须由葡萄牙总统在听取国务委员会及政府的意见后做出决定④，这就使澳门地区何时获得完整的本地司法终审权成为过渡后期关注的一大焦点。

其二，关于司法人员问题。为加速司法本地化，《澳门司法组织纲要法》明确了司法官的任命程序和任职条件。如澳门高等法院院长及法官、助理总检察长、审计法院院长及法官，以及驻该法院的检察长，均由澳门司法高等委员会提名，再由澳督任命；第一审法院法官与驻该院的检察官、检察长，由澳门司法委员会提名，并由澳督任命；除定期委任属葡国编制的法官和检察官外，也可委任在澳门居住3年以上、且熟谙中文的法律专业学士学历的人士担任法官或检察官⑤；至于审计法院法官可由具有经济、财政或企业管理学士学位，且在政府或私人机构担任领导或管理职位3年或担任监事会成员3年者选任⑥。

---

① 《澳门司法组织纲要法》（第112/91号法律），第11条。

② 米万英：《司法本地化与司法自治》，载《澳门1996》，澳门基金会1996年版，第30页。

③ 《澳门司法组织纲要法》（第112/91号法律），第10条第6款、第14条第2款、第15条第4款、第16条第1款；以及《澳门组织章程》（第13/90/M号），第11条第1款e项、第20条第3款、第30条第1款a项。

④ 《澳门组织章程》（第13/90/M号），第72条。

⑤ 但在该法生效的最初3年内，在初审法庭不得超过法官检察官编制总数的1/3，在高等法院不得超过编制总数的1/7。

⑥ 《澳门司法组织纲要法》（第112/91号法律），第26～31条。

尽管经历前期一系列准备工作，且这些规定已突破以往按科班法律系培训课程选拔法官和检察官的传统，但本地司法人才的紧缺仍是当时最为紧迫的任务之一①。尤其是依据《澳门司法组织纲要法》以及1997年6月30日澳门政府公布的《重组第一审法院及检察院部门》（第28/97/M号法令），诸如高等法院法官任职资格须有15年之年资、合议庭庭长须由有10年司法经验之第一审法院院长兼任之类严格条件，使司法官队伍本地化的难度更为显著。

囿于上述制度约束，他们在第一审法院也难于短期内担任较高层职务，更别提担任高等法院的法官。而按《澳门基本法》之相应规定，即较高层的法官须由澳门永久居民中的中国公民担任，显然更难以挑选出合乎专业资格、年资与国籍要求的法官人选。这些问题，都是在澳门过渡后期的司法工作中不得不面临并须慎重考虑的。

（三）过渡后期澳门司法制度发展新问题

根据《澳门司法组织纲要法》及相关法律而确立的澳门新型司法体制，呈现出与此前不同的面貌：

其一，在司法机构方面，澳门司法机关由法院与检察院组成。法院由第一审法院、审计法院和高等法院组成。第一审法院包括三个职能不同、相互平行的法院，分别是普通管辖法院、刑事预审法院和行政法院②。

其二，在审级制度方面，形成由高等法院与第一审法院构成的两级三审制，即不仅在同一法院（澳门高等法院）内设两个审级，不服分庭判决时可向该院全会（plenário）提起上诉③。此外，还在自成体系专理财政审判权的澳门审计法院，分设预先监察庭和事后监察庭，第一审以独任庭方式运作，上诉审以合议庭方式运作。

从整体看，这套新型司法体制的建构，改写了澳门近代以来殖民宪制下的葡式司法发展史，并向高度自治的特别行政区司法体制转型，最终比较顺利地延续到澳门回归，成为特别行政区新型司法体制的基石。

然而，任何一个国家在司法改革的问题上，都很难做到一蹴而就。这类改革的复杂性在于，它不仅涉及司法权在宪制体系中与行政权和立法权如何重新配置，还涉及司法组织机构及其配套的一系列条件能否获得满足。对过渡期的澳门政治而言，这一问题显得尤其严峻。

如果以《澳门基本法》所确立的司法建设目标为参照，检验澳门后过渡期司法

① 参见陈海帆：《澳门法律本地化的现状》，载《澳门1998》，澳门基金会1998年版，第42~43页。
② 《澳门司法组织纲要法》（第112/91号法律），第5条、第6条第1款、第18条第1款、第23条。
③ 《澳门司法组织纲要法》（第112/91号法律），第14条第1款f项。

改革的成效，那么，如下问题是值得留意并予以检讨的。

其一，澳门法院尚未获得完全及专属之审判权，未能实现司法自治的目标。

如前所述，《澳门司法组织纲要法》的颁行与高等法院的成立，使澳门司法体制焕发新颜，它不再是葡萄牙的一个法区，在葡国司法体系中的地位已大大提升。但由于葡国最高法院、宪法法院与最高行政法院仍对澳门拥有审判管辖权，总督和政务司任职期间不受澳门法院管辖，何时赋予澳门法院“完全及专属的审判权”取决于葡萄牙总统，而对澳门高等法院院长和助理总检察长之任命与罢免有提议权的澳门司法高等委员会，却长期由葡籍人士掌控（譬如7名成员之中有4位来自葡国），这都使之与《澳门基本法》所要求的“司法自治”相距尚远。

司法自治应当包括享有完全而专属的审判权和终审权。但直至1999年6月1日前，澳门法院在如下领域不具有管辖权：

一是依据1991年《澳门司法组织纲要法》（第112/91号法律），当澳门政府因与澳门审计法院就查核或批阅事宜产生分歧，并因此提起上诉，对该上诉之审判权，归葡萄牙共和国审计法院[①]；对总督及政务司在行政、税务及海关事宜方面所做之行为提起司法争诉，归葡萄牙最高行政法院管辖[②]；对澳门司法高等委员会之决议的司法争诉，归葡萄牙最高法院管辖[③]，澳门法院无权管辖。

二是依据1992年《澳门司法组织新规则》（第17/92/M号法令），对行使政治职能时做出之行为，或对在行使该职能过程中产生之损害所负之责任[④]；以及对立法规范，或对在行使立法职能过程中产生之损害所负之责任[⑤]，澳门法院亦无权管辖。

三是依据1996年修订《澳门组织章程》（第23－A/96号法律），总督有权提请葡国宪法法院审议澳门立法会发出的任何规定有否违宪或违法[⑥]，即违宪审查权归葡萄牙宪法法院；当总督或政务司在任职期间为民事或刑事诉讼的被告时，只能在里斯本法区提起诉讼（但该诉讼非属澳门而属另一法院管辖时不在此限）[⑦]，澳门法院亦无权管辖。

在此之后，依据《葡萄牙宪法》第292条第1款和《澳门组织章程》第72条规

① 《澳门司法组织纲要法》（第112/91号法律），第10条第6款。
② 《澳门司法组织纲要法》（第112/91号法律），第16条第1款。
③ 《澳门司法组织纲要法》（第112/91号法律），第30条第2款。
④ 《澳门司法组织新规则》（第17/92/M号法令），第13条第1款a项。
⑤ 《澳门司法组织新规则》（第17/92/M号法令），第13条第1款b项。
⑥ 《澳门组织章程》（第23－A/96号法律），第11条第1款e项。
⑦ 《澳门组织章程》（第23－A/96号法律），第20条第3款。

定而发布的葡萄牙总统令（第 118 – A/99 号），规定澳门法院自 6 月 1 日开始获授“完全及专属之审判权”，却又附加一条但书：“但不影响《澳门组织章程》第 11 条第 1 款 e 项、第 20 条第 3 款、第 30 条第 1 款 a 项及第 40 条第 3 款之规定”①。这就意味着澳门法院直至回归时止，仍没有针对违宪事项的抽象审查权，也没有对总督或政务司在任职期间应负民事或刑事责任的审判权。

其二，澳门检察院尚未形成统一而有影响的检察体制。

自 1976 年《澳门组织章程》大幅度修订后，澳门检察院的性质、组织与职权也发生了较大转变，与澳门法院共同构成独具特色的澳门司法机关。

依照前述 1992 年《澳门司法官通则》（第 55/92/M 号法令），检察院司法官有助理总检察长、检察长和检察官三个等级，检察体制的运作模式是“公署式代表制”②，具体包括：在高等法院和审计法院，由助理总检察长代表检察院，设立助理总检察长公署，由检察长协助之；在第一审法院合议庭，则由检察长代表检察院，设立检察长公署；其余场合由检察官代表检察院，设立检察官公署。

但由于各级公署分散，附设在各法院内部，不少澳门市民“只知道有检察官，却不知道有检察院”③，此一状况表明澳门检察院尚未具备应有的社会影响力。

其三，澳门本地司法人才培养进展相对缓慢。

本地司法人才不仅包括本地司法官队伍，还包括提供法律服务的本地律师队伍。但就过渡后期澳门司法人才本地化状况而言，两方面工作进展都比较缓慢，难以胜任社会需求。

关于本地司法官的培养，亦即司法人才本地化，自 1996 年开始大举推行。在此之后，为缓解司法本地化进程与本地司法人才紧缺的局面，1997 年 7 月 7 日，《澳门政府公报》又刊登委任 8 名本地法律人士担任第一审法院法官和检察官官职的训令；1998 年 6 月 22 日，再度刊登委任 4 名本地法官和 8 名本地检察官的训令④。澳葡政府还在 1998 年设立司法官团培训中心，培养出 11 位本地司法官（土生葡人 3 位、华人 8 位）；并通过澳门大学开设中葡法律课程，培养法律人才，拓展培养途径⑤，不断推进司法人员的本地化。

---

① 《澳门政府公报》，1999 年 3 月 20 日，第 20 期，第一组副刊。

② 《澳门司法官通则》（第 55/92/M 号法令），第 13 条、第 16 条 a 项、第 17 条。

③ 米万英：《澳门司法制度：延续与变革》，载《澳门 2001》，澳门基金会 2001 年版，第 60 页。

④ 华荔：《澳门法律本地化历程》，澳门基金会 2000 年版，第 92、100、108 页。

⑤ 王志根、陈恒：《澳门的平稳过渡和“三大问题”》，载《澳门 1998》，澳门基金会 1998 年版，第 49 页。

但是，澳葡政府在"夕阳心态"影响下，对如何更快更好更多地培育本地司法人才比较消极，使整个进展相对比较缓慢，无法满足新型司法体制的需求，甚至连普通百姓也对此有所非议。

关于本地律师队伍建设，亦难以胜任社会需求。长期以来，澳门律师业被少数葡籍律师群体所垄断，截至1970年不过区区7人，至1991年前也仅50余人。至1991年5月6日颁行《澳门律师通则》（第31/91/M号法令）[①]，废止葡萄牙法例约束澳门执业律师的有关条文，且规定澳门大学毕业的法学学士可登记为律师，可谓敞开大门扩展律师队伍。原私法人团体性质的澳门大律师协会，亦改为公法人团体性质的澳门律师公会。此后又有1992年《律师职业道德守则》和1995年《律师纪律守则》等规范相继颁行，使澳门律师制度得以逐步展开。

然而，情况并不令人乐观。据相关统计，1992年律师仅55人（其中包括葡国律师11人），1994年初逾60人，1998年才出现4位本地华人律师。显然，这样一支队伍难以胜任人们尤其是广大华人居民对法律服务骤增的需求。因此，澳门律师队伍仍须扩大规模，尤其应加强双语律师人才的培养。

其四，过渡性质的双语司法工作难以展开。

众所周知，澳门司法长期受制于葡萄牙司法体制，但实践中绝大多数案件却都与华人有关。依照《澳门基本法》对特区未来司法的构想，过渡期的司法改革目标理应包括"中文官方化"，尤其在初审法庭和上诉法庭中推行中葡双语司法。但由于懂双语的法官和检察官长期稀缺，而司法活动各个环节均对法律翻译有极大依赖性，这不仅耗费大量时间成本和社会成本，更使司法实践中的当事人利益受损，不惟司法效率低下，亦难保障司法公正，亟待通过双语人才培养予以适时补救。

由于本地司法人员培养进程迟缓，双语司法人才十分紧缺，作为过渡措施的双语司法遂迟迟难以落实。事实上，司法实践中积重难返的语言隔阂，在不断地加剧人们对法律的疑虑，以至长期以来人们遇有纠纷宁肯诉诸教会、街坊或其它手段也不愿诉诸法院。这种畏避法律、远离法庭的消极心态，反过来又使司法本地化工作困阻重重。鉴于过渡后期双语人才紧缺的局面，人们甚至对澳门回归后的司法状况有所忧虑，担心特区政府是否迫于人力而继续大量聘请葡籍司法官，担心特区司法实践仍为仅懂葡语的人士所操持。

以上种种，均是过渡期澳门法律本地化运动中被各界广泛关注的问题。虽然澳门顺利回归祖国之后，这一切都随着特区司法体制的正式运作而成为历史陈迹，但如今

① 前引华荔：《澳门法律本地化历程》，第38～39页。

回顾近代澳门司法制度及其实践的艰难曲折、尤其是从殖民宪制体系向本地化自治体系转型的复杂历程，其间呈现的种种积弊和摸索的种种经验，仍然值得我们继续探讨。

三、独立审判权及终审权：司法层面“高度自治”的实现

（一）基本法的制度预设

1993年3月31日，《中华人民共和国澳门特别行政区基本法》（以下简称《澳门基本法》）正式公布，澳门政治步入所谓“过渡后期”阶段。为使这套司法制度与《澳门基本法》关于特别行政区“司法自治”的规定相衔接，澳葡政府与社会各界都意识到必须推进司法本地化，加速对现行司法制度的改革。

《澳门基本法》关于特区司法制度的规定，包含以下内容：

其一，关于特区的司法权。基本法规定：澳门特别行政区享有独立的司法权与终审权；澳门特别行政区法院除继续保持澳门原有法律制度和原则对法院审判权所做的限制外，对澳门特别行政区所有的案件均有审判权；澳门特别行政区终审权属于澳门特别行政区终审法院①。基本法还赋予澳门特别行政区以完整的司法权，其行使遵循司法独立的原则，法官的审判行为不受法律追究②。

其二，关于特区的司法机关。基本法规定：澳门特别行政区法院将设立三个审级，即初级法院、中级法院和终审法院；初级法院除享有普通管辖权的法院外，还将包括行政法院与刑事预审法院③。

其三，关于特区司法人员的产生程序与任职条件。基本法规定：澳门特别行政区各级法院的院长由行政长官从法官中选任，终审法院院长由特区永久性居民中的中国公民担任，终审法院院长与法官的任免须报全国人大常委会备案；特别行政区检察长由澳门特别行政区永居性居民中的中国公民担任，由行政长官提名，报中央人民政府任命，其免职由中央人民政府根据行政长官的建议做出决定。

至于各级法院的法官，根据当地法官、律师与知名人士组成的独立委员会的推荐，由行政长官任命；法官的选用以其专业资格为标准，符合标准的外籍法官也可聘用；检察官经检察长提名，亦由行政长官任命④。

---

① 《澳门基本法》，第2条、第19条第1~2款、第84条第2款。

② 《澳门基本法》，第83条、第89条第1~2款、第90条第1款。

③ 《澳门基本法》，第84条第1款、第85条第1款、第86条。

④ 《澳门基本法》，第87条第1~4款、第88条、第90条第2款。

由此可见，《澳门基本法》关于特区司法制度的预设，并未割裂与过渡后期澳门司法体制的历史联系，但为从根本性质上做出区别，以体现“一国两制”与“高度自治”的基本精神，对特区未来应具有的独立司法权和终审权予以高度强调。这就为澳门司法改革确立了终极目标和方向，使过渡后期澳门司法体制的架构和司法官选任制度的发展更趋深入。

（二）《澳门基本法》对司法本地化的推进

为回应和衔接《澳门基本法》关于特区高度自治司法体制的构想，澳葡政府对司法本地化进程给予高度关注。澳门回归指日可待，而司法本地化任务难度大、问题多，如何在短期内按基本法要求实现本地化任务，需要社会各界通力合作。

在后过渡期澳门法律本地化历程中，司法本地化引人注目的起点是1996年。

由于1990年修订后的《澳门组织章程》规定何时“赋予澳门完整和专属审判权”要由葡国总统在听取葡国国务委员会和葡国政府的意见后做出决定①，而1996年正是葡国总统换届大选之年，新任总统对澳门问题的态度还不明朗，很多问题要等他正式上任才有答案，以至人们担心“澳门司法自治的时间表还难以预料”②。好在对于澳门立法会拟定《澳门组织章程》修订稿之事，葡萄牙国会完全持开放态度，总统也已表示支持澳门的司法自治。最终，在葡萄牙与澳门政府的共同努力下，澳门在司法本地化领域的改革取得了一系列成果。

其一是《澳门组织章程》的第三次修订。1996年8月7日，第32期《澳门政府公报》刊登了由葡萄牙共和国议会通过的第23－A/96号法律，对《澳门组织章程》进行第三次修改。新修章程规定司法与行政、经济、财政、立法一样成为本地区自治范围内的事项，同时删除“澳门司法制度的纲要由共和国议会订定”条款，并规定修改《澳门司法组织纲要法》不再是葡国议会的专属权限③。自此，对澳门司法体系纲要进行立法，成为澳门总督与立法会的竞合权限。

章程经第三次修订后，对澳门司法自治以及相应的司法组织制度建设产生直接影响。通过赋予澳门本地立法会制定司法组织法律的权力，章程为后过渡期《澳门司法组织纲要法》的进一步完善提供了宪制基础；通过规定“属本地编制之司法官职位，得由共和国编制的司法官以定期委任制度填补”④，也为澳门首次建立本地司法官编制提供了法律依据。立足于此，司法本地化获得进一步发展的空间，使这套司法

① 《澳门组织章程》（第13/90/M号），第75条。

② 前引米万英：《司法本地化与司法自治》，第33页。

③ 《澳门组织章程》（第23－A/96号法律），第2条、第31条第3款j项。

④ 《澳门组织章程》（第23－A/96号法律），第51条第2款。

体制最终得以顺利与《澳门基本法》及相关规定保持衔接。

其二是本地司法官的逐步养成。司法本地化问题的核心和难点，在于本地司法人才的培养。一个严峻的现实问题是，直至1996年初，澳门本地的司法官（包括法官和检察官），仍无一位本澳人士，都是从葡萄牙聘请而来。这种状况真正开始发生转变，是到1996年澳门司法官培训中心养成第一批实习司法官才有的。是年10月2日，根据护督签署的两项法令①，有3名懂双语的本地学员被正式任命为澳门首批编制内的司法官员，分别出任普通管辖法院法官、刑事预审法院法官和驻一审法院的检察官，其余9名则转入法院和检察院实习。此事“在澳门近代司法史上尚属首次”②。此后又开办第二期培训课程，再次招收14名学员进行培训，希望以此不断推进本地司法官的培养规模。

（三）特区中级法院：原“高等法院”的转化

澳门特别行政区成立后，原澳门高等法院过渡为特区中级法院，另依据《基本法》成立特区终审法院。根据法律有关原有法规中的名称或词句的解释等规定，原“高等法院”亦相应解释为中级法院。据此，特区中级法院作为第二级法院，行使《基本法》和《司法组织纲要法》赋予的审判权。

就上诉审而言，中级法院审判对第一审法院的裁判提起上诉的案件，以及对自愿仲裁程序中做出而可予以争执的裁决提起上诉的案件。至于法定上诉利益限额，依据规定包括如下方面：在民事及劳动法上的民事案件为澳门币100万元；在行政上的司法争讼方面的诉讼及请求为澳门币100万元；在税务及海关上的司法争讼方面为澳门币100万元；在刑事、劳动法上的刑事案件，未成年人司法管辖范围的教育及社会保护制度案件，行政、税务及海关上的其它司法争讼案件，以及监察规范的合法性方面，不设法定上诉利益限额。

就组织架构而言，中级法院法官编制共有九名，现时已全数填补，并由行政长官委任其中一名担任中级法院院长，任期三年，可续任。中级法院院长面对其它当局时代表中级法院，除担任法官及院长的一般职务外，还须确保中级法院的运作。

就运作方式而言，中级法院由一个具管辖权审判刑事性质案件的刑事诉讼案件分庭，以及一个具管辖权审判其它案件的分庭组成。在审判案件时以评议会及听证会的方式运作，除《司法组织纲要法》《司法官通则》及诉讼法另有规定外，其运作由规章规范。至于法官数目及各分庭的组成，由法官委员会在考虑工作需要、法官的专业

① 《澳门政府公报》，1996年9月9日，第228/96/M号与230/96/M号训令。

② 伍林：《澳门法律本地化进程述评》，载《澳门1997》，澳门基金会1997年版，第17页。

化以及本人意愿后订定。中级法院每周举行一次平常会议。除法律有相反规定或为宣布不具纯粹中间性质的裁判者外，中级法院的会议不公开。但经听取出席法官的意见后，院长可将法院裁判结果告知社会传播媒介。

就第一审管辖权而言，中级法院作为第一审级，有权审判廉政专员、审计长、警察总局局长、海关关长、行政会委员及立法会议员因履行职务所做行为而被提起的诉讼，以及他们在担任职务时的犯罪及轻微违反的案件；有权审判第一审法院法官、检察官因履行其职务所做行为而被提起的诉讼，以及他们做出的犯罪及轻微违反的案件；有权审判上述人员及机关所做的行政行为或属行政事宜的行为，或所做的有关税务、准税务或海关问题的行为提起上诉的案件，审理第一审法院间的管辖权冲突；审理行政法院与行政、税务或海关当局间的管辖权冲突；以及行使法律赋予的其它管辖权。

（四）特区终审法院：终审权的新建制

依据《澳门基本法》而于1999年设立的特区终审法院（court of last instance of Macao），作为特区最高级别的审判机关，享有终审权。

终审法院负责审理对中级法院第一审、第二审判决提起的上诉案件，法定行政案件等，审理下级法院的管辖权冲突，并对澳门相关法律作统一司法解释。具体而言，包括如下方面：

审判对中级法院作为第二审级所做的属民事或劳动事宜的合议庭裁判，以及对在行政、税务或海关上的司法争讼的诉讼中所做的合议庭裁判提起上诉的案件，只要依据本法规及诉讼法律的规定，对该合议庭裁判系可提出争执者；审判对中级法院作为第二审级所做的属刑事的合议庭裁判提起上诉的案件，只要依据诉讼法律的规定，对该合议庭裁判系可提出争执者；审判对中级法院作为第一审级所做的可予以争执的合议庭裁判提起上诉的案件；审判就行政长官、立法会主席及司长因履行其职务而做出的行为，针对彼等所提起的诉讼，但法律另有规定者除外；审判行政长官、立法会主席及司长在担任其职务时做出的犯罪及轻微违反的案件，但法律另有规定者除外；审判就终审法院法官、检察长、中级法院法官及助理检察长因履行其职务而做出的行为，针对彼等提起的诉讼；审判上项所指司法官做出的犯罪及轻微违反的案件；审理关于法官委员会及检察官委员会选举上的司法争讼；等等。此外，终审法院还有权审理中级法院与第一审法院间的管辖权冲突；审理中级法院与行政、税务及海关当局间的管辖权冲突；并行使法律赋予的其它管辖权。

终审法院亦同时确立了完整而独立的审判权。终审法院法官的免职也同其它法院法官一样，应当符合两方面的条件：一是前提条件，即终审法院法官只有在无力履行其职责或行为与其所任职务不相称的情况下，才会发生免职问题。二是程序条件，这方面的条件终审法院法官与其它法院法官有所不同，即当终审法院法官符合上述前提条件时，行政长官须根据澳门特别行政区立法会议员组成的审议委员会的建议，决定是否免职；其它法院法官免职，则由行政长官根据终审法院院长任命的不少于三名当地法官组成的审议庭的建议，决定是否免职。鉴于终审法院的重要性，基本法还规定，终审法院院长及法官的任命和免职，都须报全国人大常委会备案。

至于终审法院的运作，在审判案件时以评议会及听证会的方式运作。除《司法组织纲要法》《司法官通则》及诉讼法另有规定外，其运作由规章规范。参与评议会及听证会的实体有：院长（作为助审法官）、获分发卷宗的法官（作为裁判书制作人）、另一名助审法官（按年资顺序排在裁判书制作人之后的在职法官）及诉讼法律规定的实体，但法律另有规定者除外。裁判书制作人可行使法律规定的权限及担任诉讼法律所赋予的其它职务。评议会及听证会根据排案表召开，通常在星期三举行，但院长有特别决定的除外。载有会议日期及时间的排案表将提前张贴在法院大堂以供查阅。除法律另有规定，终审法院的会议不公开。但经听取出席法官的意见后，院长可将法院裁判结果告知社会传播媒介。

结 语

澳门回归祖国，是澳门法制发展史上的新起点。就司法制度发展而言，《澳门基本法》赋予特别行政区的独立审判权与终审权，亦已从最初“一国两制”的构想变成实践。在此转变背后之所发生及经历的种种曲折，则因时过境迁而被世人基本遗忘。但对矢志推进司法发展的学界同仁而言，这段漫长的跋涉是不应被轻易遗忘掉的。因为它不仅是两种异质性制度文明长期对垒的产物，也是特定历史语境与空间场域下之诸种因素复杂博弈的结果。基于此，本文期望通过回溯这段历史，促使人们重新认识如今被熟视无睹的独立司法权及终审权的历史根基，从而更好理解“一国两制”基本国策及其在新时代之所面临的新发展。